律师来了

LAWYER
IS
COMING

物业纠纷律师答疑

（第二版）

赵星海　编著

6

legal issues of
property disputes

法律出版社
LAW PRESS · CHINA
北京

图书在版编目(CIP)数据

物业纠纷律师答疑/赵星海编著. -- 2版. -- 北京:法律出版社,2024
(律师来了)
ISBN 978-7-5197-8344-0

Ⅰ.①物… Ⅱ.①赵… Ⅲ.①物业管理—民事纠纷—中国 Ⅳ.①D922.181

中国国家版本馆CIP数据核字(2023)第180680号

物业纠纷律师答疑(第二版)
WUYE JIUFEN LÜSHI DAYI(DI-ER BAN)

赵星海 编著

责任编辑 邢艳萍
装帧设计 李 瞻

出版发行 法律出版社
编辑统筹 法律应用出版分社
责任校对 杨锦华
责任印制 刘晓伟
经　　销 新华书店

开本 A5
印张 13.5　**字数** 320千
版本 2024年3月第2版
印次 2024年3月第1次印刷
印刷 三河市龙大印装有限公司

地址:北京市丰台区莲花池西里7号(100073)
网址:www.lawpress.com.cn
投稿邮箱:info@lawpress.com.cn
举报盗版邮箱:jbwq@lawpress.com.cn
销售电话:010-83938349
客服电话:010-83938350
咨询电话:010-63939796

书号:ISBN 978-7-5197-8344-0　**定价**:58.00元
凡购买本社图书,如有印装错误,我社负责退换。电话:010-83938349

前言

随着我国城市化进程的不断深入，居住聚集程度越来越高，人民群众对于房间内小环境和房间外小区大环境的品质要求越来越高。相应地，业主对于物业服务的专业化管理有了更高和更细致的要求，业主的高品质要求也导致物业服务纠纷和相邻关系纠纷越来越多，业主与物业服务公司之间的纠纷日益凸显。物业服务纠纷的形式也越来越多样化，主要集中在前期物业管理、物业服务费、小区的维修、小区内人身财产损害、业主名誉侵权、小区内车位管理、小区内公用部分的使用及维护等各方面。例如，生活中经常出现的物业服务公司乱收服务费，甚至擅自对业主进行断水、断电，严重影响业主的正常生活；更为突出的是物业服务公司对于小区的安全保卫工作究竟如何界定，物业服务公司对于业主财物，特别是存放于公共位置的重要财物丢失是否应当承担责任；还有小区内公共区域如楼梯、绿化等空闲场所，单个业主是否可以自行处分、擅自利用等问题。

物业服务纠纷存在于我们现实生活之中，城市化程度如此之高的现在，居住在城市中的每一个人都避免不了要与物业服务公司打交道。当然，作为小区的一员，也应该关心小区的正常秩序，了解业主大会与业主委员会的相关职权。因此，学习与物业服务相关的法律知识，对于维护自身合法权益、合理妥善解决邻里纠纷尤为重要。

在此，为了帮助大家学习相关法律知识，笔者特意编写了本书，希望能给大家带来帮助。本书具有以下特色：

第一，实用性。本书所涉及的物业服务问题大多是我们在办理案件时所遇到的生活中普遍存在的法律问题，由专业的律师进行答疑，再附之相关的法律条文，帮助人们去认识和了解法律，以便运用法律武器解决自己遇到的各种难题，维护自身的合法权益。面对实践中发生的各种问题，大家可以有选择性地对照运用，一定会有开卷有益、醍醐灌顶的感觉，因此非常具有实用性。

第二，便捷性。本书以与物业服务有关的最常见的小问题作为目录，采取一问一答的形式，对各种“疑难杂症”对症下药。同时，本书还对各类问题按照科学的方式加以分类整理，使大家检索某一法律问题时能在最短的时间内完成，非常便于查找和阅读。

第三，通俗性。在编辑本书的过程中，笔者始终奉行着这样一个初衷——用最通俗易懂的语言把每一个法律知识点都交代得清清楚楚，让每一位读者都能从中受益。对于每一个知识点，我们都站在读者的立场上，由具体的案例出发，律师答疑时也尽可能地深入浅出，相信读者一定能看得懂。

总之，涉及物业服务的法律问题与居民的生活密切相关，因此了解有关的法律知识至关重要。希望各位读者在读过此书后，能充分了解生活中出现各类物业服务纠纷时的处理方式，从而妥善处理纠纷，保护自己的合法权益。

感谢陈闪闪、王智远、赵灿、刘玉杰在本书编撰过程中所付出的努力，他们都是后起之秀，在他们身上我看到了希望。另外，由于笔者水平有限，本书多有欠缺之处，敬请有关专家和读者提出宝贵建议！

目录

第一章 前期物业服务纠纷

第二章 物业服务费和其他费用

第三章 小区的维修纠纷

第六章　小区车位管理

第七章 小区共用部分的使用及维护

第八章　小区安全防卫

第九章 业主大会的权利义务

第十章 业主的权利义务

第十一章　业主委员会的权利义务

第十二章 小区专项维修资金

Chapter 1

第一章

前期物业服务纠纷

1. 签订购房合同时，附有开发商制定的格式物业服务合同合法吗？

法律咨询

某处新开发了一套楼盘，范某觉得房型、地段等都很合适，便在此处购置了一套房屋。在与房地产公司签订购房合同时，范某发现开发商已委托了某物业服务企业对该小区实行物业服务管理，合同上已包含开发商制定的格式物业服务内容。那么，在签订购房合同时，附有开发商制定的格式物业服务合同合法吗？

律师答疑

《城市房地产开发经营管理条例》第 27 条规定，商品房销售，当事人双方应当签订书面合同。合同应当载明商品房的建筑面积和使用面积、价格、交付日期、质量要求、物业管理方式以及双方的违约责任。也就是说，在商品房销售时，物业服务内容是合同的必备内容之一。这是因为在房屋建成后，当购房的业主入住率没有达到法定的成立业主委员会的条件时，为了维护小区的整体利益，实现对小区公共事务的管理，由建设单位与其委托的物业服务企业签订前期物业服务合同，该合同对已入住的业主和已经购房但尚未入住的业主均具有约束力。《物业管理条例》第 21 条规定，在业主、业主大会选聘物业服务企业之前，建设单位选聘物业服务企业的，应当签订书面的前期物业服务合同。该条例第 25 条也规定，建设单位与物业买受人签订的买卖合同应当包含前期物业服务合同约定的内容。

因此，在新建商品房销售时，由于业主大会和业主委员会尚未成立，由建设单位（此时也是业主）委托物业服务企业对小区进行服务是合法的，也是必要的。购房者在签订商品房买卖合同时就接受了前期物业服务合同约定的内容，但并不是说，购房者在购房时就必须听从建设单位的指令，如果物业服务合同约定的内容有损业主合法权益，则该约定内容无效。根据《物业管理条例》第26条的规定：前期物业服务合同可以约定期限；但是，期限未满，业主委员会与物业服务企业签订的物业服务合同生效的，前期物业服务合同终止。也就是说，成立业主大会、业主委员会后，业主大会通过决议选聘新的物业服务企业，业主委员会和新的物业服务企业签订物业服务合同生效的，前期物业服务合同即终止。

法律依据

《城市房地产开发经营管理条例》

第二十七条　商品房销售，当事人双方应当签订书面合同。合同应当载明商品房的建筑面积和使用面积、价格、交付日期、质量要求、物业管理方式以及双方的违约责任。

《物业管理条例》

第二十一条　在业主、业主大会选聘物业服务企业之前，建设单位选聘物业服务企业的，应当签订书面的前期物业服务合同。

第二十五条　建设单位与物业买受人签订的买卖合同应当包含前期物业服务合同约定的内容。

第二十六条　前期物业服务合同可以约定期限；但是，期限未满、业主委员会与物业服务企业签订的物业服务合同生效的，前期物业服务合同终止。

2. 开发商订立的前期物业服务合同对业主有约束力吗？

法律咨询

廖某向某房地产公司购买某商城A铺面，一年后房屋交付。交付前房地产公司与物业服务企业签订《前期物业管理服务合同》，约定物业服务企业在商城前期物业阶段实施物业管理服务事项至商城业主委员会成立之日，并约定了物业服务费收取标准。廖某觉得该合同是开发商与物业服务企业订立的，不能约束业主。那么，开发商订立的前期物业服务合同对业主有约束力吗？

律师答疑

前期物业服务合同，是指在小区业主大会和业主委员会成立前，由建设单位与其委托的物业服务企业签订的物业服务合同。根据《民法典》第939条的规定，建设单位依法与物业服务人订立的前期物业服务合同，以及业主委员会与业主大会依法选聘的物业服务人订立的物业服务合同，对业主具有法律约束力。但这并非等同于建设单位和物业服务企业签订的前期物业服务合同，购房人就必须遵从。若建设单位和物业服务企业签订的前期物业服务合同存在损害业主合法利益的，业主在签订购房合同时可以要求修改。

法律依据

《中华人民共和国民法典》

第九百三十九条　建设单位依法与物业服务人订立的前期物业服务合同，以及业主委员会与业主大会依法选聘的物业服务人订立的物业服务合同，对业主具有法律约束力。

3. 开发商“赠送物业服务费”的承诺对物业服务企业是否有约束力？

法律咨询

于某打算为儿子购买一套婚房，每日奔波于各个楼盘之间。一日，其在电视上看到某楼盘开发商打出了“买房就送物业服务费”的广告宣传语，觉得可以省下一大笔物业服务费，很划算。那么，开发商“赠送物业服务费”的承诺对物业服务企业是否有约束力？

律师答疑

开发商在售楼广告中作出的“买房就送物业服务费”的承诺只对开发商本身具有法律约束力，对开发商以外的物业服务企业并不具有法律约束力，除非开发商与前期物业服务企业在前期物业服务合同中有明确约定。物业服务费免除的承诺只有同时具备以下两个条件时才可能有效：(1)开发商与前期物业服务企业签订了前期物业服务合同，在合同中约定了物业管理的服务内容、方式、范围以及违约责任，并且明确约定了由开发商向前期物业服务企业交纳购买其房屋的部分或全部买受人的物业服务费或业主入住后的若干时间段内的物业服务费，或者是前期物业服务企业作出免除业主交纳物业服务费的承诺。(2)在商品房预售合同中，建设单位承诺业主的前期物业服务费以及入住后若干时间段内的物业服务费全部由建设单位代为交纳，并就建设单位违反此项承诺的违约责任作出了明确约定，而且必须将前期物业服务合同作为商品房预售合同的附件。在这两个条件下，开发商承诺其承担业主入住之后的部分物业服务费，并且物业服务企业也对签订的物业服务合同的内容表示同意，该承诺才有效。

法律依据

《物业管理条例》

第二十一条 在业主、业主大会选聘物业服务企业之前，建设单位选聘物业服务企业的，应当签订书面的前期物业服务合同。

4. 开发商制定的临时管理规约是否属于“霸王条款”？

法律咨询

马某与开发商签订《商品房买卖合同》时，开发商向其出示了临时管理规约，要求其对遵守临时管理规约予以书面承诺。马某认为，临时管理规约事关业主的切身利益，应该由业主通过业主大会集体决定，建设单位无权制定，他也没有义务遵守。那么，开发商制定的临时管理规约是否属于“霸王条款”？

律师答疑

根据《物业管理条例》第22条的规定，临时管理规约是由建设单位单方面制定的。因为在物业还没有销售，没有为购买物业的小业主办理产权证之前，开发建设单位是唯一的产权人，是大业主。因此，建设单位可以根据物业管理的需要制定临时管理规约，但建设单位制定的临时管理规约，不得侵害物业买受人的合法权益。当物业出售给业主后，小区入住率等符合法定条件，成立业主大会和业主委员会，且业主制定正式的管理规约后，该临时规约就失去效力。

《物业管理条例》第23条规定，建设单位应当在物业销售前将临时管理规约向物业买受人明示，并予以说明。物业买受人在与建设单位签订物业买卖合同时，应当对遵守临时管理规约予以书面承诺。也就是说，物业买受人在与售房单位签订商品房预售（买卖）合同时，合同中均对临时管理规约作了约定，是合同内容之一（有的作为合同的附件）。

购房者签订《商品房预售合同》等同于对临时管理规约的确认，其确认行为应视为对临时管理规约的认可。因此，在业主没有成立业主大会、制定正式管理规约之前，业主对物业的使用及维护等应遵守临时管理规约的规定。业主若违反临时管理规约的规定，妨碍物业正常使用、造成物业损害或损害其他业主合法利益的，受侵害业主可以依据临时管理规约向人民法院起诉，要求其承担相应的责任。若业主认为临时管理规约的内容违反法律、法规规定，可以请求区主管部门予以撤销或通过诉讼方式予以解决。

因此，开发商在签订房屋买卖合同时要求购房者签订并遵守业主临时管理规约，并非“霸王条款”。

法律依据

《中华人民共和国民法典》

第一百四十三条 具备下列条件的民事法律行为有效：

（一）行为人具有相应的民事行为能力；

（二）意思表示真实；

（三）不违反法律、行政法规的强制性规定，不违背公序良俗。

第二百八十七条 业主对建设单位、物业服务企业或者其他管理人以及其他业主侵害自己合法权益的行为，有权请求其承担民事责任。

《物业管理条例》

第二十二条 建设单位应当在销售物业之前，制定临时管理规约，对有关物业的使用、维护、管理，业主的共同利益，业主应当履行的义务，违反临时管理规约应当承担的责任等事项依法作出约定。

建设单位制定的临时管理规约，不得侵害物业买受人的合法权益。

第二十三条 建设单位应当在物业销售前将临时管理规约向物业买受人明示，并予以说明。

物业买受人在与建设单位签订物业买卖合同时，应当对遵守临时管理规约予以书面承诺。

5. 开发商委托自己的子公司担任前期物业服务企业合法吗?

法律咨询

昊天地产是当地有名的房地产开发企业,其名下还有很多子公司,昊然物业有限公司就是其中之一。2018 年 1 月,昊天地产新开发了一处住宅楼。该处住宅楼的小区业主签订购房合同时发现开发商委托的前期物业服务企业正是其子公司——昊然物业。请问,开发商委托自己的子公司担任前期物业服务企业合法吗?

律师答疑

《物业管理条例》第 24 条规定,国家提倡建设单位按照房地产开发与物业管理相分离的原则,通过招投标的方式选聘物业服务企业。住宅物业的建设单位,应当通过招投标的方式选聘物业服务企业;投标人少于 3 个或者住宅规模较小的,经物业所在地的区、县人民政府房地产行政主管部门批准,可以采用协议方式选聘物业服务企业。从上述规定可以看出,前期物业服务企业一般是由建设单位通过招投标的方式选聘,但当投标人少于 3 个或者住宅规模较小的,经物业所在地的区、县人民政府房地产行政主管部门批准,可以采用协议方式选聘物业服务企业。

《公司法》第 14 条第 2 款规定,公司可以设立子公司,子公司具有法人资格,依法独立承担民事责任。从上述规定可以看出,开发商和其子公司之间是各自独立的法人,两者仅仅是投资关系,双方进行业务往来与合作属于正常的行为,因此不能因为物业服务企业是开发商的子公司就断然认定不合法。《物业管理条例》第

56条规定，住宅物业的建设单位未通过招投标的方式选聘物业服务企业或者未经批准，擅自采用协议方式选聘物业服务企业的，由县级以上地方人民政府房地产行政主管部门责令限期改正，给予警告，可以并处10万元以下的罚款。因此，开发商直接委托自己的子公司担任物业服务企业是不合法的，应该经过招投标的形式选聘物业服务企业。如果开发商的子公司符合招投标条件，并且在公平竞争条件下胜出，担任物业服务管理公司也是合法的。

法律依据

《物业管理条例》

第二十四条 国家提倡建设单位按照房地产开发与物业管理相分离的原则，通过招投标的方式选聘物业服务企业。

住宅物业的建设单位，应当通过招投标的方式选聘物业服务企业；投标人少于3个或者住宅规模较小的，经物业所在地的区、县人民政府房地产行政主管部门批准，可以采用协议方式选聘物业服务企业。

第五十六条 违反本条例的规定，住宅物业的建设单位未通过招投标的方式选聘物业服务企业或者未经批准，擅自采用协议方式选聘物业服务企业的，由县级以上地方人民政府房地产行政主管部门责令限期改正，给予警告，可以并处10万元以下的罚款。

《中华人民共和国公司法》

第十四条第二款 公司可以设立子公司，子公司具有法人资格，依法独立承担民事责任。

6. 小区内公共设施的权属究竟归属开发商还是全体业主?

法律咨询

某楼盘的开发商在与业主签订房地产买卖合同时与业主约定，小区的地下停车库提供给本小区业主使用。但是，不久开发商便把地下车库卖给了个人，导致小区的停车费涨价，造成车库有空位而业主却无法停车的现象。那么，小区内公共设施的权属究竟归属开发商还是全体业主?

律师答疑

公共设施作为小区建设的一部分，是与之配套的服务设施，如果开发商处分了小区内的公共设施，必然会损害业主的利益，同时，这些资源也无法达到最优配置。《物业管理条例》第27条规定，业主依法享有的物业共用部位、共用设施设备的所有权或者使用权，建设单位不得擅自处分。《民法典》第274~276条对建筑区划内部分区域的权属问题作了明确规定：建筑区划内的道路，属于业主共有，但是属于城镇公共道路的除外。建筑区划内的绿地，属于业主共有，但是属于城镇公共绿地或者明示属于个人的除外。建筑区划内的其他公共场所、公用设施和物业服务用房，属于业主共有。建筑区划内，规划用于停放汽车的车位、车库的归属，由当事人通过出售、附赠或者出租等方式约定。占用业主共有的道路或者其他场地用于停放汽车的车位，属于业主共有。建筑区划内，规划用于停放汽车的车位、车库应当首先满足业主的需要。

关于地下车库的车位，基于对小区业主权益的保护，如果开发商将车位出售给本小区的业主，开发商作为产权人，有权处分自己的财产，并且这也是符合小区业主利益的；如果开发商将车位出售给小区业主以外的个人，就侵犯了小区业主的利益。

法律依据

《物业管理条例》

第二十七条 业主依法享有的物业共用部位、共用设施设备的所有权或者使用权，建设单位不得擅自处分。

《中华人民共和国民法典》

第二百七十四条 建筑区划内的道路，属于业主共有，但是属于城镇公共道路的除外。建筑区划内的绿地，属于业主共有，但是属于城镇公共绿地或者明示属于个人的除外。建筑区划内的其他公共场所、公用设施和物业服务用房，属于业主共有。

第二百七十五条 建筑区划内，规划用于停放汽车的车位、车库的归属，由当事人通过出售、附赠或者出租等方式约定。

占用业主共有的道路或者其他场地用于停放汽车的车位，属于业主共有。

第二百七十六条 建筑区划内，规划用于停放汽车的车位、车库应当首先满足业主的需要。

7. 前期物业服务合同约定的期限未届满，业主可以解聘物业服务企业吗?

法律咨询

某房地产开发公司与业主签订的房屋买卖合同中附带着前期物业服务合同，约定由A物业服务企业为该小区提供前期物业服务，直至小区业主大会成立。但小区业主对该物业服务企业的服务很不满意，可以提前解聘该物业服务企业吗?

律师答疑

建设单位在和其选聘的物业管理服务企业签订前期物业服务合同时，可以约定服务期限，但该期限不能限制合同的具体履行。也就是说，即使合同期限未满，小区业主入住后成立业主大会，经业主大会决议选聘新的物业管理服务企业，业主委员会与新的物业服务企业签订的物业服务合同生效后，前期物业服务合同即终止，业主也不会因提前终止前期物业服务合同而承担责任。

法律依据

《物业管理条例》

第二十六条　前期物业服务合同可以约定期限；但是，期限未满、业主委员会与物业服务企业签订的物业服务合同生效的，前期物业服务合同终止。

《中华人民共和国民法典》

第九百四十条　建设单位依法与物业服务人订立的前期

物业服务合同约定的服务期限届满前，业主委员会或者业主与新物业服务人订立的物业服务合同生效的，前期物业服务合同终止。

8. 前期物业服务企业遭解聘后，拒绝退出怎么办？

法律咨询

A 物业服务企业于 2020 年 6 月被某小区开发商选聘为该小区前期物业服务企业，2021 年 8 月小区业主委员会成立。同年 11 月，业主委员会向 A 物业服务企业发出解聘书，并且选聘了新的物业服务企业，但 A 物业服务企业拒绝退出该小区。那么，前期物业服务企业遭解聘后，拒绝退出怎么办？

律师答疑

前期物业管理具有过渡性，其产生的前提是房地产物业开始出售后，由于业主尚未达到一定人员，无法召开业主大会来组成业主委员会选聘物业服务企业，而小区物业又需要进行管理的情况下，由房地产开发商选聘物业服务企业对小区物业进行前期管理。业主是小区物业的所有权人，需要何种服务、什么公司服务，应由业主自主决定。在业主大会成立后，对外可以代表全体业主，可以决定是否与进行前期物业管理的公司签订正式的物业管理合同或另外选聘物业服务企业，业主大会的决议对全体业主具有约束力。

小区业主大会成立后，业主大会按照法定程序可以提前解聘前期物业服务企业，重新选聘其他物业服务企业为小区业主提供物业管理服务。如果前期物业服务企业不遵守法律的规定，拒不退出小区，不移交物业管理用房和相关资料，业主委员会可以采取以下措施：(1)向房屋所在地的县级以上地方人民政府房地产行政主管部门投诉，要求房地产行政主管部门予以查处。根据《物业管理条例》第58条的规定，前期物业服务企业不移交有关资料的，由县级以上地方人民政府房地产行政主管部门责令限期改正；逾期仍不移交有关资料的，对物业服务企业予以通报，处1万元以上10万元以下的罚款。(2)《民法典》第949条明确规定：物业服务合同终止的，原物业服务人应当在约定期限或者合理期限内退出物业服务区域，将物业服务用房、相关设施、物业服务所必需的相关资料等交还给业主委员会、决定自行管理的业主或者其指定的人，配合新物业服务人做好交接工作，并如实告知物业的使用和管理状况。原物业服务人违反前款规定的，不得请求业主支付物业服务合同终止后的物业费；造成业主损失的，应当赔偿损失。因此，业主委员会可依法向有管辖权的人民法院提起民事诉讼，要求前期物业服务企业，限期移交物业管理用房和《物业管理条例》第29条规定的相关资料，并赔偿因此给业主造成的损失。

法律依据

《中华人民共和国民法典》

第九百四十九条　物业服务合同终止的，原物业服务人应当在约定期限或者合理期限内退出物业服务区域，将物业服务用房、相关设施、物业服务所必需的相关资料等交还给业主委员会、决定自行管理的业主或者其指定的人，配合新物业服务人做好交接工作，并如实告知物业的使用和管理状况。

原物业服务人违反前款规定的,不得请求业主支付物业服务合同终止后的物业费;造成业主损失的,应当赔偿损失。

《物业管理条例》

第二十九条 在办理物业承接验收手续时,建设单位应当向物业服务企业移交下列资料:

(一)竣工总平面图,单体建筑、结构、设备竣工图,配套设施、地下管网工程竣工图等竣工验收资料;

(二)设施设备的安装、使用和维护保养等技术资料;

(三)物业质量保修文件和物业使用说明文件;

(四)物业管理所必需的其他资料。

物业服务企业应当在前期物业服务合同终止时将上述资料移交给业主委员会。

第五十八条 违反本条例的规定,不移交有关资料的,由县级以上地方人民政府房地产行政主管部门责令限期改正;逾期仍不移交有关资料的,对建设单位、物业服务企业予以通报,处1万元以上10万元以下的罚款。

Chapter 2

第二章

物业服务费和其他费用

9. 如何认定物业服务企业的违约责任？

法律咨询

某小区委托S物业服务企业为其提供物业服务。S物业服务企业为了美化小区环境，在小区内修建了一处水塘，但是由于疏于管理，忘记安装护栏，最终导致不少业主失足落水而受伤，结果水塘成了小区最大的安全隐患。业主都觉得S物业服务企业未尽到服务管理义务，应承担违约责任。那么，如何认定S物业服务企业的违约责任？

律师答疑

物业服务合同是物业服务企业提供物业管理服务，业主支付物业服务费用的合同。《民法典》第577条规定，当事人一方不履行合同义务或者履行合同义务不符合约定的，应当承担继续履行、采取补救措施或者赔偿损失等违约责任。《物业管理条例》第35条规定：物业服务企业应当按照物业服务合同的约定，提供相应的服务。物业服务企业未能履行物业服务合同的约定，导致业主人身、财产安全受到损害的，应当依法承担相应的法律责任。而在审判实践中，对于物业服务企业未全面履行物业管理服务义务的违约责任一般作如下处理：双方当事人可以在合同中明确约定违约责任，没有约定的应按照实际损失的原则承担违约责任。业主委员会有权制止物业服务企业的违约行为，督促其限期改正，并赔偿业主的实际损失。

法律依据

《中华人民共和国民法典》

第五百七十七条　当事人一方不履行合同义务或者履行合同义务不符合约定的，应当承担继续履行、采取补救措施或者赔偿损失等违约责任。

《物业管理条例》

第三十五条　物业服务企业应当按照物业服务合同的约定，提供相应的服务。

物业服务企业未能履行物业服务合同的约定，导致业主人身、财产安全受到损害的，应当依法承担相应的法律责任。

10. 物业服务企业能以住户没有产权证、并非业主为由，拒绝履行相关义务吗？

法律咨询

王某从范某手中购买了一处房屋，并完成了交付，但还未办理房屋产权过户手续。王某入住该小区后，发现自己房屋经常断水断电，且供暖存在问题。王某向该小区物业反映情况，但物业却表示王某没有产权证，并非小区业主，因而拒绝履行相关义务。物业服务企业能以住户没有产权证、并非业主为由，拒绝履行相关义务吗？

律师答疑

“业主”是依法登记或者依据生效法律文书继承或者受遗赠，

以及合法建造房屋等事实行为取得专有部分所有权的人，这是界定业主身份的一般规则。不过在现实生活中，房屋购买人在已经合法占有并使用专有部分的情况下，仍未依法办理所有权登记的情形大量存在。在此种情况下，如果仅以是否已经依法登记取得所有权作为界定业主身份的标准，将与现实生活产生冲突，并有可能对王某等类似业主应当享有的权利造成损害，其对共有部分的利用以及共同管理权的行使需求更为强烈，与其他业主之间的联系程度也更为直接和紧密，因此有必要对其"业主身份"问题进行特别规定。根据《民法典》等法律规定的精神，这种情形下的业主身份，可以认定其为《民法典》第二编第六章所称的"业主"。这样的规定既可以有效地统一司法评价标准，也符合《民法典》的规定精神，同时还可以引导这部分人及时办理物权登记。因此，物业服务企业不得以小区住户没有获得房产证为由，拒绝承认其业主身份，从而怠于履行其对业主应尽的义务。

法律依据

《物业管理条例》

第六条第一款 房屋的所有权人为业主。

《中华人民共和国民法典》

第二百七十一条 业主对建筑物内的住宅、经营性用房等专有部分享有所有权，对专有部分以外的共有部分享有共有和共同管理的权利。

第二百七十二条 业主对其建筑物专有部分享有占有、使用、收益和处分的权利。业主行使权利不得危及建筑物的安全，不得损害其他业主的合法权益。

第二百七十三条 业主对建筑物专有部分以外的共有部分，享有权利，承担义务；不得以放弃权利为由不履行义务。

业主转让建筑物内的住宅、经营性用房，其对共有部分享有的共有和共同管理的权利一并转让。

11. 物业服务企业的收支情况是否应该向业主公开？

法律咨询

T物业服务企业是某小区选聘的物业服务企业，每年向业主收取物业费用于日常的物业管理、维修等。2018年，T物业服务企业以维修管理成本增加为由，要求业主增加物业费。许多业主对此不满，要求T物业服务企业公开其收支情况。那么，物业服务企业的收支情况是否应该向业主公开？

律师答疑

物业服务企业收支情况应该向业主公开，法律依据是最高人民法院《关于审理建筑物区分所有权纠纷案件适用法律若干问题的解释》第13条的规定，业主请求公布、查阅下列应当向业主公开的情况和资料的，人民法院应予支持：(1)建筑物及其附属设施的维修资金的筹集、使用情况；(2)管理规约、业主大会议事规则，以及业主大会或者业主委员会的决定及会议记录；(3)物业服务合同、共有部分的使用和收益情况；(4)建筑区划内规划用于停放汽车的车位、车库的处分情况；(5)其他应当向业主公开的情况和资料。该司法解释实施后，业主有权要求物业服务企业、业主委员会公开物业服务合同、共有部分的使用和收益的情况，物业服务企业、业主委员会拒绝公开的，业主有权提起诉讼。《物业服务收费管理办法》中也有要求物业服务企业公开相关信息的规定。

法律依据

《中华人民共和国民法典》

第九百四十三条 物业服务人应当定期将服务的事项、负责人员、质量要求、收费项目、收费标准、履行情况，以及维修资金使用情况、业主共有部分的经营与收益情况等以合理方式向业主公开并向业主大会、业主委员会报告。

最高人民法院《关于审理建筑物区分所有权纠纷案件适用法律若干问题的解释》

第十三条 业主请求公布、查阅下列应当向业主公开的情况和资料的，人民法院应予支持：

（一）建筑物及其附属设施的维修资金的筹集、使用情况；

（二）管理规约、业主大会议事规则，以及业主大会或者业主委员会的决定及会议记录；

（三）物业服务合同、共有部分的使用和收益情况；

（四）建筑区划内规划用于停放汽车的车位、车库的处分情况；

（五）其他应当向业主公开的情况和资料。

《物业服务收费管理办法》

第八条 物业管理企业应当按照政府价格主管部门的规定实行明码标价，在物业管理区域内的显著位置，将服务内容、服务标准以及收费项目、收费标准等有关情况进行公示。

第十二条　实行物业服务费用酬金制的，预收的物业服务支出属于代管性质，为所交纳的业主所有，物业管理企业不得将其用于物业服务合同约定以外的支出。

物业管理企业应当向业主大会或者全体业主公布物业服务资金年度预决算并每年不少于一次公布物业服务资金的收支情况。

业主或者业主大会对公布的物业服务资金年度预决算和物业服务资金的收支情况提出质询时，物业管理企业应当及时答复。

12. 业主可以以物业服务未达到法定或约定标准为由拒付或要求降低物业服务费吗？

法律咨询

华庭小区是某市一处高档小区，小区物业管理服务也很到位，每位业主每年向物业服务企业交纳约 5 万元物业服务费。陈某是该小区业主，发现近日小区垃圾处理不及时，且公共设施老旧欠维修，其便以物业服务存在瑕疵为由拒绝交纳物业服务费。那么，业主可以以物业服务未达到法定或约定标准为由拒付或要求降低物业服务费吗？

律师答疑

《民法典》第 939 条规定，建设单位依法与物业服务人订立的前期物业服务合同，以及业主委员会与业主大会依法选聘的物业服务人订立的物业服务合同，对业主具有法律约束力。所以，该合同为有效合同。小区的业主接受了某物业服务企业的服务，应当交纳物业服务费用。若物业服务企业提供物业服务与收费标准不相符、存在服务瑕疵，业主应通过合理、合法途径向其主张并督促其积极改进，而不能以此为由拒绝交纳物业服务费。此外，因受众群体广、管理事项多，物业单位提供的服务与各业主衡量之标准可能无法一一吻合；各业主对权利义务关注的重点与物业单位提供服务的基准点也可能存在出入。故双方应以小区和谐为重，秉承宽容理解之念，友好处理纠纷，妥善化解矛盾。

因此，由于法院对判断物业服务企业的服务是否达标的标准不好把握，且各个业主主观感觉差别很大，因而在物业服务企业存在较小瑕疵时不能轻易降低物业管理服务费，而应采取免收业主的物业管理服务费滞纳金、迟延利息等方式惩罚物业服务企业。只有在物业服务企业提供的服务项目和质量与合同约定标准差距明显，且为业主大会或多数业主所确认时，法院才有必要根据物业服务达标的程度，考虑统一降低物业服务收费标准。如果物业服务企业擅自扩大收费范围、提高收费标准、重复收费的，法院可以判决物业服务企业返还业主多交的物业管理服务费。

法律依据

《中华人民共和国民法典》

第九百三十九条 建设单位依法与物业服务人订立的前期物业服务合同，以及业主委员会与业主大会依法选聘的物业服务人订立的物业服务合同，对业主具有法律约束力。

13. 业主拖欠物业服务费，物业服务企业该怎么办？

法律咨询

顾某是某小区业主，S物业服务企业负责该小区的物业管理。2017年3月至今，顾某一直未向S物业服务企业交纳物业费。S物业服务企业多次找到顾某要求其补交物业费，顾某仍拒不交纳。如果业主拖欠物业费，物业服务企业该怎么办？

律师答疑

《民法典》第944条规定，业主应当按照约定向物业服务人支付物业费。物业服务人已经按照约定和有关规定提供服务的，业主不得以未接受或者无需接受相关物业服务为由拒绝支付物业费。业主违反约定逾期不支付物业费的，物业服务人可以催告其在合理期限内支付；合理期限届满仍不支付的，物业服务人可以提起诉讼或者申请仲裁。物业服务人不得采取停止供电、供水、供热、供燃气等方式催交物业费。业主欠交物业费，会产生一定的滞纳金。业主无正当理由拖欠物业管理服务费的，物业服务企业可以根据合同约定，请求业主交纳物业服务费并支付滞纳金，约定的滞纳金标准过高的，业主可以请求变更合同约定，予以调整，调整后的滞纳金一般不应超过欠费金额。双方在合同中未约定滞纳金的，物业服务企业要求业主支付滞纳金的，法院可以按照同期中国人民银行授权全国银行间同业拆借中心公布的贷款市场报价利率计算滞纳金或逾期付款利息。但是，尽管业主可能欠交物业管理服务费，物业服务企业仍无权对欠费的业主采取断水、断电、封门、罚款等措施，也不得以限制业主进入物业服务企业区域等“自力救济”措施对抗业主，迫使业主交纳物业服务费。

法律依据

《中华人民共和国民法典》

第九百四十四条 业主应当按照约定向物业服务人支付物业费。物业服务人已经按照约定和有关规定提供服务的，业主不得以未接受或者无需接受相关物业服务为由拒绝支付物业费。

业主违反约定逾期不支付物业费的，物业服务人可以催告其在合理期限内支付；合理期限届满仍不支付的，物业服务人可以提起诉讼或者申请仲裁。

物业服务人不得采取停止供电、供水、供热、供燃气等方式催交物业费。

《物业管理条例》

第四十一条 业主应当根据物业服务合同的约定交纳物业服务费用。业主与物业使用人约定由物业使用人交纳物业服务费用的，从其约定，业主负连带交纳责任。

已竣工但尚未出售或者尚未交给物业买受人的物业，物业服务费用由建设单位交纳。

14. 物业管理收费不合理的情形有哪些？

法律咨询

S物业服务企业是某小区通过公开招标选聘的物业服务企业，

几年来一直为小区业主提供着优质的物业服务，得到了业主的一致好评。但是近日，有很多业主反映，该物业服务企业存在物业管理收费不合理的情形。那么，究竟什么样的情形属于不合理的物业管理收费？

律师答疑

物业管理收费应当公平合理，实践中常见的不合理收费主要有以下几种情形：

（1）自立名目收费。如擅自收取装修管理费、修缮补贴费、房屋补修费等。

（2）超过规定标准收费。如有的物业管理公司擅自提高小区的物业管理费用。

（3）改变收费方法，变相多收费。有的物业服务企业在住户办理入住手续时，借机向住户多收费。例如，本来应以户为单位收取保安费、保洁费，改为按面积收取；规定按年收取的物业管理费一次收取 5 年或 10 年等。

（4）不执行国家规定的价格。一些物业服务企业接受供水、电、煤公司委托收取的水、电、暖、天然气费等价格不执行国家统一价格或价格管理办法，擅自涨价。

在物业服务企业收费时，业主要弄清管理部门的明码标价，对价格过高或收费项目没有标明的，可以向物价管理部门询问清楚后再交。如果业主想要反映物业服务企业价格违法的问题，可与物价主管部门联系，物价主管部门会及时检查，从而保护业主利益。

法律依据

《中华人民共和国民法典》

第九百四十三条 物业服务人应当定期将服务的事项、负责人员、质量要求、收费项目、收费标准、履行情况，以及维修资金使用情况、业主共有部分的经营与收益情况等以合理方式向业主公开并向业主大会、业主委员会报告。

《物业管理条例》

第四十条 物业服务收费应当遵循合理、公开以及费用与服务水平相适应的原则，区别不同物业的性质和特点，由业主和物业服务企业按照国务院价格主管部门会同国务院建设行政主管部门制定的物业服务收费办法，在物业服务合同中约定。

15. 开发商是否应当为闲置房交纳物业服务费？

法律咨询

某房地产开发公司新开发了一处楼盘，一共250套房屋，现卖出200套，还有50套房屋处于闲置状态。该公司已委托D物业服务企业负责小区的前期物业服务管理，入住的业主每月按时向D物业服务企业交纳物业费。那么，对于那些尚未售出而处于闲置状态的房屋，开发商是否应当交纳物业服务费？

律师答疑

开发商也是业主之一，应当为没有售出的房屋交纳物业费。《物业管理条例》第 41 条第 2 款规定，已竣工但尚未出售或者尚未交给物业买受人的物业，物业服务费用由建设单位交纳。此条明确了开发商应当为没有售出的房屋交纳物业费。此外，业主在购房时，购房合同中都有前期物业服务方面的协议条款，其中应当有关于闲置房如何交纳物业服务费用的条款，开发商也是业主之一，应当按此标准交纳物业费。同时，开发商在售房前，一般会制定临时管理规约，如果规约中有关于闲置房物业服务的条款，作为业主之一的开发商当然应当遵守。

法律依据

《物业管理条例》

第四十一条第二款　已竣工但尚未出售或者尚未交给物业买受人的物业，物业服务费用由建设单位交纳。

16. 物业服务费应从何时起算？

法律咨询

业主赵某购买了一个小区的房屋，开发商交付房屋的时间比预售合同约定期限晚了 3 个月。但当赵某去物业服务企业交费时发现，物业服务企业是按合同约定的交房日期收取物业服务费的。赵某认为物业服务费应从实际交房日起算，而不能按照预售合同约定的交房日起算。那么，物业服务费应从何时起算？

律师答疑

《物业管理条例》第 41 条第 2 款规定，已竣工但尚未出售或者尚未交给物业买受人的物业，物业服务费用由建设单位交纳。业主应该从实际接收房屋之次日起开始承担物业服务费，物业服务企业要求业主按照预售合同约定的交房日交纳物业服务费的做法是没有法律依据的。业主可以就此事和物业服务企业协商，若无法协商一致，则可以向人民调解委员会申请调解或直接向人民法院起诉，要求物业服务企业退回多收的物业服务费。

房地产开发商迟延交房属于违约，应承担违约责任。开发商要求用迟延交房违约金为业主抵扣物业服务费，业主对此予以同意，物业服务企业也为业主开具物业服务收费凭据的，可以认定为业主、开发商、物业服务企业三方一致同意，以开发商应付给业主的迟延交房违约金作为业主应交纳的物业服务费。但在交房前该物业实际仍然由建设单位（开发商）占有，因此在交房前物业服务费不应由购房人承担，业主要求按照从物业实际交付之日计算应交纳物业服务费的请求，符合法律规定。

法律依据

《物业管理条例》

第四十一条 业主应当根据物业服务合同的约定交纳物业服务费用。业主与物业使用人约定由物业使用人交纳物业服务费用的，从其约定，业主负连带交纳责任。

已竣工但尚未出售或者尚未交给物业买受人的物业，物业服务费用由建设单位交纳。

17. 交房时必须交纳物业服务费吗?

法律咨询

唐某与某房产公司签订《商品房买卖合同》,约定由P物业服务企业对所在小区实行前期物业管理,1年后房屋交付,由P物业服务企业代为办理交付手续。该合同签订1年后,P物业服务企业向唐某交付房屋,但要求唐某先交纳物业费。那么,交房时必须交纳物业服务费吗?

律师答疑

实践中,开发商在交接房屋时,一般都是委托物业服务企业代为办理交付手续,此时物业服务企业往往要求业主先交纳一定的物业服务费,否则不给业主办理房屋交接手续。这不仅混淆了房屋买卖和物业服务两个不同性质的法律关系,也严重侵害了业主的合法权益。《物业管理条例》第21条规定,在业主、业主大会选聘物业服务企业之前,建设单位选聘物业服务企业的,应当签订书面的前期物业服务合同。第25条规定,建设单位与物业买受人签订的买卖合同应当包含前期物业服务合同约定的内容。从上述规定可以看出,业主和物业服务企业之间是一种服务合同关系。业主签订房屋买卖合同时,已经对物业服务企业的服务及收费标准等进行了确认,故应遵守物业服务合同中按时交付物业服务费的义务。但从通常意义上讲,业主在没有接收房屋之前,没有义务先交付物业服务费。《物业管理条例》第41条规定,业主应当根据物业服务合同的约定交纳物业服务费用。已竣工但尚未出售或者尚未交给物业买受人的物业,物业服务费应由建设单位(开发商)

交纳。因此，业主应在接收房屋后才有交纳物业服务费的义务。

法律依据

《物业管理条例》

第二十一条 在业主、业主大会选聘物业服务企业之前，建设单位选聘物业服务企业的，应当签订书面的前期物业服务合同。

第二十五条 建设单位与物业买受人签订的买卖合同应当包含前期物业服务合同约定的内容。

第四十一条 业主应当根据物业服务合同的约定交纳物业服务费用。业主与物业使用人约定由物业使用人交纳物业服务费用的，从其约定，业主负连带交纳责任。

已竣工但尚未出售或者尚未交给物业买受人的物业，物业服务费用由建设单位交纳。

18. 房屋未入住是否可以以未享有物业服务为由拒交物业服务费？

法律咨询

李女士出国进修两年，房子一直空着。李女士回家后物业服务企业向她追缴这两年的物业服务费，但李女士认为她自己这两年不在家，没有享受物业服务，不应该交物业服务费。那么，房屋未入住是否可以以未享有物业服务为由拒交物业服务费？

律师答疑

根据《民法典》和《物业管理条例》的规定，物业管理是指业主通过选聘物业服务企业，由业主和物业服务企业按照物业服务合同约定，对房屋及配套的设施设备和相关场地进行维修、养护、管理，维护物业管理区域内的环境卫生和相关秩序的活动。业主违反物业服务合同约定，逾期不交纳物业服务费用的，业主委员会应当督促其限期交纳；逾期仍不交纳的，物业服务企业可以向人民法院起诉。物业服务企业已经按照合同约定以及相关规定提供服务，业主仅以未享受或者无须接受相关物业服务为理由拒交物业费的，人民法院不予支持。

对于这个案例，李女士所在小区的物业只要根据《物业管理合同》的约定，提供了物业服务，李女士就必须交纳物业管理服务费，不能以没享用或不需要享用物业服务为理由不交纳物业管理服务费。类似李女士这样的情况，其虽长期不在小区居住，但并不意味着就减少了物业管理公司的物业服务工作量。小区电梯、共用照明、消防设施等共用设备、设施仍然要投入正常运行，仍需维修和保养；物业保安的值勤、巡逻、安全检查等工作量也不会减少，所以业主不能因此拒绝交纳物业费。

法律依据

《中华人民共和国民法典》

第九百四十四条 业主应当按照约定向物业服务人支付物业费。物业服务人已经按照约定和有关规定提供服务的，业主不得以未接受或者无需接受相关物业服务为由拒绝支付物业费。

业主违反约定逾期不支付物业费的，物业服务人可以催告其在合理期限内支付；合理期限届满仍不支付的，物业服务人可以提起诉讼或者申请仲裁。

物业服务人不得采取停止供电、供水、供热、供燃气等方式催交物业费。

《物业管理条例》

第三十四条 业主委员会应当与业主大会选聘的物业服务企业订立书面的物业服务合同。

物业服务合同应当对物业管理事项、服务质量、服务费用、双方的权利义务、专项维修资金的管理与使用、物业管理用房、合同期限、违约责任等内容进行约定。

第六十四条 违反物业服务合同约定，业主逾期不交纳物业服务费用的，业主委员会应当督促其限期交纳；逾期仍不交纳的，物业服务企业可以向人民法院起诉。

19. 房屋质量有问题，业主可以拒交物业服务费吗？

法律咨询

肖某从某房地产开发公司购买了一处房屋，合同中约定，该房屋所在小区由B物业服务企业提供前期物业服务，业主每年向B物业服务企业交纳物业服务费。房屋交付后，肖某发现房屋墙壁存在断裂情形，影响居住，因此拒绝交纳物业服务费。请问：房屋质量有问题，业主可以拒交物业服务费吗？

律师答疑

现在的小区在建设、销售过程中会出现不少问题，如房屋建筑质量差、发布虚假广告、配套设施设备不齐全或面积有误差、房款计算错误等。这些问题大多要等广大业主入住后才会逐渐暴露出来，而此时造成这些问题的开发商已将楼盘销售完毕，因此，业主往往以拒交物业服务费作为抗议和斗争的方法。从法律角度来看，物业管理与房屋买卖是两种法律关系，物业服务企业与开发商是两个不同的企业法人，业主不应该因为开发商的问题而拒绝向物业服务企业交付物业服务费。

但是，在实践中两者界限有时非常模糊。很多开发商在建设与营销过程中，就物业管理方面作了不少宣传，给人感觉物业管理工作很像是这个楼盘的售后服务工作。给业主造成这种错觉的原因是：很多开发商在售房广告中将物业管理也作为一个卖点大力宣传；有些开发商在促销活动中还将优惠、免收物业服务费作为一种促销手段；甚至有的还将物业服务费，物业服务的条件、标准、内容等写入了房屋买卖合同。业主由此认为物业服务活动是房屋建设、销售的一部分。

由于目前我国物业管理行业的发展刚起步不久，真正市场化竞争与运作、发展的格局远没有形成，很多物业服务企业往往极度依靠开发商，与开发商有着千丝万缕的关系。如果物业服务企业确实是开发商的一个部门，房屋质量若有问题，业主可以拒交物业服务费，这种做法实际上可以理解为一种债务抵销。在物业管理法律关系中，业主应该向物业服务企业给付物业服务费，业主是债务人，物业服务企业是债权人；而在房屋买卖关系中，由于前期的质量问题或其他问题，开发商应该向业主给付赔偿或者补偿等，业主是债权人，开发商是债务人。如果物业服务企业与开发商确实是单纯的两个民事主体，则它们之间是相对独立的，互相之间不应为对方承担民事责任，业主不能要求物业服务企业为开发商前期的建设质量等问题负责，因此不能以物业服务费来抵销前述遗留问题产生的损失。除非三方有约定或协商一致，可就开发商应支付给业主的违约金与业主应支付给物业服务企业的物业服务费予以抵销。至于前期出现的遗留问题，如果保修服务可以解决的，通过保修服务解决。保修服务解决不了的问题或者其他非保修方面的问题，应该由开发商负责解决。

法律依据

《物业管理条例》

第四十一条 业主应当根据物业服务合同的约定交纳物业服务费用。业主与物业使用人约定由物业使用人交纳物业服务费用的，从其约定，业主负连带交纳责任。

已竣工但尚未出售或者尚未交给物业买受人的物业，物业服务费用由建设单位交纳。

《中华人民共和国民法典》

第五百六十八条 当事人互负债务，该债务的标的物种类、品质相同的，任何一方可以将自己的债务与对方的到期债务抵销；但是，根据债务性质、按照当事人约定或者依照法律规定不得抵销的除外。

当事人主张抵销的，应当通知对方。通知自到达对方时生效。抵销不得附条件或者附期限。

第五百六十九条 当事人互负债务，标的物种类、品质不相同的，经协商一致，也可以抵销。

20. 业主在什么情况下可以拒绝交纳物业服务费？

法律咨询

王某是某小区业主，自入住时就发现物业服务企业没有按照合同的约定履行物业管理与服务义务，导致小区卫生环境差，垃圾随处可见，仅有的十几平方米的绿地也被业主随意破坏。因此，王某和部分业主一直拒绝支付物业服务费，后被物业服务企业起诉至法院。请问：业主在什么情况下可以拒绝交纳物业服务费？

律师答疑

物业服务合同是民事合同的一种，根据《民法典》第 937 条第 1 款的规定，物业服务合同是物业服务人在物业服务区域内，为业主提供建筑物及其附属设施的维修养护、环境卫生和相关秩序的管理维护等物业服务，业主支付物业费的合同。《民法典》第 577 条规定，当事人一方不履行合同义务或者履行合同义务不符合约定的，应当承担继续履行、采取补救措施或者赔偿损失等违约责任。

在物业服务企业未能按照物业服务合同的约定履行服务、管理职能时，业主可以要求物业服务企业按照合同约定履行其应尽的义务。否则业主可行使抗辩权，拒绝支付物业服务费。如果物业服务费用是分不同项目收取的，则业主仅能就物业服务企业未尽职责部分的费用行使抗辩权，而不能以拒交全部物业服务费用的方式行使抗辩权。业主针对此种情况除行使抗辩权外，还可以在掌握物业服务企业没有按照物业服务合同履行义务的充分证据后，追究物业服务企业的违约责任，要求物业服务企业赔偿损失。

法律依据

《中华人民共和国民法典》

第五百七十七条 当事人一方不履行合同义务或者履行合同义务不符合约定的，应当承担继续履行、采取补救措施或者赔偿损失等违约责任。

第九百三十七条 物业服务合同是物业服务人在物业服务区域内，为业主提供建筑物及其附属设施的维修养护、环境卫生和相关秩序的管理维护等物业服务，业主支付物业费的合同。

物业服务人包括物业服务企业和其他管理人。

21. 业主未交纳物业服务费，物业服务企业可以不为其提供物业服务吗？

法律咨询

T物业服务企业为某小区提供物业服务，业主每年需要交纳1000元物业管理费。该小区大多数业主依约交纳物业费，但有几户业主以不满该小区物业为由拒绝交纳物业费。那么，业主未交纳物业服务费，物业服务企业可以不为其提供物业服务吗？

律师答疑

业主和物业服务企业之间是典型的双务合同关系：物业服务企业要按照物业服务合同的约定对物业及其附属设施、小区环境卫生等进行维护和管理服务；业主应按照物业服务合同的约定，及时交纳物业服务费用。《民法典》第525条规定，当事人互负债务，没有先后履行顺序的，应当同时履行。一方在对方履行之前有权拒绝其履行请求。一方在对方履行债务不符合约定时，有权拒绝其相应的履行请求。第526条规定，当事人互负债务，有先后履行顺序，应当先履行债务一方未履行的，后履行一方有权拒绝其履行请求。先履行一方履行债务不符合约定的，后履行一方有权拒绝其相应的履行请求。根据上述规定，业主不交纳物业服务费，物业服务企业似乎可以不为业主提供物业服务。但物业服务合同和一般双务合同有所不同，表现为在物业服务合同中作为当事人的业主是为数众多的业主之一，但物业服务企业提供的服务却是为众多业主的共同利益（如共用设施、设备、区域秩序、环境卫生等）。这就决定了个别业主不按物业服务合同交纳物业服务费时，物业服务企业不能以不提供服务的方式进行抗辩；即使业主未交纳物业管理费，业主要求物业服务企业进行维修、提供帮助时，物业服务企业也不应该拒绝。

法律依据

《中华人民共和国民法典》

第五百二十五条　当事人互负债务，没有先后履行顺序的，应当同时履行。一方在对方履行之前有权拒绝其履行请求。一方在对方履行债务不符合约定时，有权拒绝其相应的履行请求。

第五百二十六条　当事人互负债务，有先后履行顺序，应当先履行债务一方未履行的，后履行一方有权拒绝其履行请求。先履行一方履行债务不符合约定的，后履行一方有权拒绝其相应的履行请求。

《物业管理条例》

第三十五条第一款 物业服务企业应当按照物业服务合同的约定，提供相应的服务。

第四十一条第一款 业主应当根据物业服务合同的约定交纳物业服务费用。业主与物业使用人约定由物业使用人交纳物业服务费用的，从其约定，业主负连带交纳责任。

22. 物业服务企业代收电费等公共事业费的，可以收取手续费吗？

法律咨询

胡女士租用了某商务楼中的半层用于开设饭店，一直以来电费都是由物业服务企业代收的，后来因经营不善，饭店倒闭。结算的时候，发现物业服务企业代收的电费比实际产生的要多得多，询问后得到的回答是其中的一部分是物业服务企业代收的手续费。那么，物业服务企业代收电费等公共事业费的，可以收取手续费吗？

律师答疑

公共事业费，一般指居民为负责维持公共服务基础设施的公司缴纳的费用，包括电费、水费、废物处理费、污水处理费、燃气供应费、交通费、通信费、宽带费等。根据《物业管理条例》第44条的规定，物业管理区域内，供水、供电、供气、供热、通信、有线电视等单位应当向最终用户收取有关费用。物业服务企业接受委托代收前款费用的，不得向业主收取手续费等额外费用。因此，如果物业服务企业代收上述公共事业费的，只能按照实际产生的费用据实收取，不能额外收取其他费用。

法律依据

《物业管理条例》

第四十四条　物业管理区域内，供水、供电、供气、供热、通信、有线电视等单位应当向最终用户收取有关费用。

物业服务企业接受委托代收前款费用的，不得向业主收取手续费等额外费用。

23. 尚未办理产权变更登记，正在使用物业的业主有权拒交物业服务费吗？

法律咨询

某大厦业主孙某一直拒交物业服务费，物业服务企业多次催讨无果，遂提起诉讼。该业主辩称自己虽出资购买和使用该房屋，但该房屋产权尚未转到自己名下，故物业服务企业应向房屋产权人主张物业服务费；且自己不从小区进出，即使要支付也应扣除其中的保安费、保洁费。那么，尚未办理产权变更登记，正在使用物业的业主有权拒交物业服务费吗？

律师答疑

根据《民法典》第944条第1款的规定，业主应当按照约定向物业服务人支付物业费。物业服务人已经按照约定和有关规定提供服务的，业主不得以未接受或者无需接受相关物业服务为由拒绝支付物业费。根据《物业管理条例》第41条的规定，业主应当根据物业服务合同的约定交纳物业服务费用。业主与物业使用人约定由物业使用人交纳物业服务费用的，从其约定，业主负连带交纳责任。已竣工但尚未出售或者尚未交给物业买受人的物业，物业服务费用由建设单位交纳。本案中没有提到物业管理合同签订的问题，但该业主既然已经购买了该房屋且一直使用，则为实际的业主，且其实际享受了物业服务，故不得以房屋产权尚未办理到其名下为由拒交物业服务费。

法律依据

《中华人民共和国民法典》

第九百四十四条 业主应当按照约定向物业服务人支付物业费。物业服务人已经按照约定和有关规定提供服务的，业主不得以未接受或者无需接受相关物业服务为由拒绝支付物业费。

业主违反约定逾期不支付物业费的，物业服务人可以催告其在合理期限内支付；合理期限届满仍不支付的，物业服务人可以提起诉讼或者申请仲裁。

物业服务人不得采取停止供电、供水、供热、供燃气等方式催交物业费。

《物业管理条例》

第四十一条　业主应当根据物业服务合同的约定交纳物业服务费用。业主与物业使用人约定由物业使用人交纳物业服务费用的,从其约定,业主负连带交纳责任。

已竣工但尚未出售或者尚未交给物业买受人的物业,物业服务费用由建设单位交纳。

24. 物业服务企业是否可以预收物业服务费?

法律咨询

曹女士刚购买到一套三居室,物业服务企业向其送来收费单,通知她要先一次性交纳 5 年的物业服务费。曹女士一算,自己家是 150 平方米的大三居室,按规定的标准计算物业服务费一年就将近 3000 元,一次性交纳 5 年的就是近 15,000 元。曹女士觉得物业服务费一次要交纳 5 年的做法不合理,便拒绝交纳。请问:物业服务企业是否可以预收物业服务费?

律师答疑

不同地区或者不同小区,物业服务企业收取物业服务费的时间和范围都不尽相同,但应遵循合理、公开及与物业产权人、使用人的承受能力相适应的原则。故无论哪种收费模式,物业服务企业都不可以预收 5 年或 10 年物业管理费用,并且物业服务费的交纳通常都是在物业服务合同中约定交费时间和交费期限的。各地基本允许预收物业服务费,但预收的期限一般不得超过 1 年。比如，《江苏省物业管理条例》第 51 条第 3 款就规定，物业服务企业可以根据物业服务合同预收物业费，但是预收物业费的期限最长不得超过 1 年。对于物业服务企业的无理要求，业主可以拒绝交纳，并可以向法院提起诉讼。

法律依据

《物业管理条例》

第四十条 物业服务收费应当遵循合理、公开以及费用与服务水平相适应的原则，区别不同物业的性质和特点，由业主和物业服务企业按照国务院价格主管部门会同国务院建设行政主管部门制定的物业服务收费办法，在物业服务合同中约定。

《中华人民共和国民法典》

第六条 民事主体从事民事活动，应当遵循公平原则，合理确定各方的权利和义务。

《江苏省物业管理条例》

第五十一条 物业服务收费应当明码标价，物业服务企业应当在物业管理区域内显著位置，将服务内容、服务标准、收费项目、收费标准等有关情况如实公示。

物业服务企业应当按照物业服务合同的约定定期将物业费和经营设施收益收支情况、公共水电费分摊情况如实公示。

物业服务企业可以根据物业服务合同预收物业费，但是预收物业费的期限最长不得超过一年。

25. 业主可以以没有签订物业服务合同为由拒交物业服务费吗？

法律咨询

某小区多年未成立业主委员会，某物业服务企业一直恪守小区委托管理协议，提供优质的物业管理服务。小区绝大多数住户均能按约支付物业服务费，但程某却拒交物业服务费，理由是物业服务协议是小区管委会与某物业服务企业签订的，自己没有签订。那么，业主可以以没有签订物业服务合同为由拒交物业服务费吗？

律师答疑

本案中因为小区内一直没有成立业主委员会，使业主与物业服务企业之间未签订物业服务合同。但是，该物业服务企业已实际履行了物业管理服务，并得到了小区内绝大多数业主的认可。根据我国《民法典》的规定，物业服务企业与业主之间的物业服务合同成立且生效的，业主应该交纳相应的物业服务费用。物业服务企业应依法提供合格的物业管理服务，业主也应履行相关房屋管理法律法规和物业管理规约规定的各项义务。即使发生不可归因于物业服务企业和业主双方的事件，使业主和物业服务企业没有签订正式的物业服务合同，如果业主已享受了物业服务企业依法提供的物业管理服务，也应履行及时交纳物业服务费的义务。

法律依据

《中华人民共和国民法典》

第九百四十四条 业主应当按照约定向物业服务人支付物业费。物业服务人已经按照约定和有关规定提供服务的，业主不得以未接受或者无需接受相关物业服务为由拒绝支付物业费。

业主违反约定逾期不支付物业费的，物业服务人可以催告其在合理期限内支付；合理期限届满仍不支付的，物业服务人可以提起诉讼或者申请仲裁。

物业服务人不得采取停止供电、供水、供热、供燃气等方式催交物业费。

《物业管理条例》

第三十五条 物业服务企业应当按照物业服务合同的约定，提供相应的服务。

物业服务企业未能履行物业服务合同的约定，导致业主人身、财产安全受到损害的，应当依法承担相应的法律责任。

第四十一条 业主应当根据物业服务合同的约定交纳物业服务费用。业主与物业使用人约定由物业使用人交纳物业服务费用的，从其约定，业主负连带交纳责任。

已竣工但尚未出售或者尚未交给物业买受人的物业，物业服务费用由建设单位交纳。

26. 业主装修不遵守管理规约，物业服务企业是否有权制止？

法律咨询

刘某是某小区一楼业主，装修时想安装防盗窗，但被物业服务企业人员阻止，告知其业主临时规约中规定不能安装防盗窗。刘某认为，物业服务企业是为业主服务的，无权限制业主装修。请问：业主装修不遵守管理规约，物业服务企业是否有权制止？

律师答疑

《民法典》第945条第1款规定，业主装饰装修房屋的，应当事先告知物业服务人，遵守物业服务人提示的合理注意事项，并配合其进行必要的现场检查。

《物业管理条例》第52条规定，业主需要装饰装修房屋的，应当事先告知物业服务企业。物业服务企业应当将房屋装饰装修中的禁止行为和注意事项告知业主。第45条规定，对物业管理区域内违反有关治安、环保、物业装饰装修和使用等方面法律、法规规定的行为，物业服务企业应当制止，并及时向有关行政管理部门报告。有关行政管理部门在接到物业服务企业的报告后，应当依法对违法行为予以制止或者依法处理。因此，对业主违反临时规约的装修行为，物业服务企业可以制止，并且如果业主因违反临时规约造成他人损害的还应承担赔偿责任。

小区临时规约约定不得安装防盗窗，所有业主都要遵守，物业服务企业制止业主安装防盗窗，既是其物业管理的权利，也是对其他业主必须履行的义务。首先，业主应遵守业主临时规约的约定。其次，业主在装修时，违反业主临时规约的，物业服务企业有权制止并向有关行政管理部门报告。业主违反业主临时规约装修房屋，并以物业服务企业阻止其装修为由起诉，要求物业服务企业承担排除妨碍、赔偿损失责任的，很难得到法律支持。但如果业主认为业主规约中的某些约定违反了法律规定或自己的意愿，侵害了自己的权益，可以提请业主大会重新讨论和表决，以修改和完善业主规约。

法律依据

《中华人民共和国民法典》

第九百四十五条 业主装饰装修房屋的，应当事先告知物业服务人，遵守物业服务人提示的合理注意事项，并配合其进行必要的现场检查。

业主转让、出租物业专有部分、设立居住权或者依法改变共有部分用途的，应当及时将相关情况告知物业服务人。

《物业管理条例》

第四十五条 对物业管理区域内违反有关治安、环保、物业装饰装修和使用等方面法律、法规规定的行为，物业服务企业应当制止，并及时向有关行政管理部门报告。

有关行政管理部门在接到物业服务企业的报告后，应当依法对违法行为予以制止或者依法处理。

第五十二条 业主需要装饰装修房屋的，应当事先告知物业服务企业。

物业服务企业应当将房屋装饰装修中的禁止行为和注意事项告知业主。

最高人民法院《关于审理物业服务纠纷案件适用法律若干问题的解释》

第一条　业主违反物业服务合同或者法律、法规、管理规约，实施妨碍物业服务与管理的行为，物业服务人请求业主承担停止侵害、排除妨碍、恢复原状等相应民事责任的，人民法院应予支持。

27. 物业服务企业单方面提高物业服务费，业主可以拒交吗？

法律咨询

李某居住的小区一直按每年1元/平方米的标准收取物业服务费。2018年年初，物业服务企业陆续口头告知住户物业服务费将按照每年3元/平方米标准收取，李某以物业服务企业擅自提价为由，拒绝按照新标准交纳物业费。那么，物业服务企业单方面提高物业服务费，业主可以拒交吗？

律师答疑

首先，根据《物业服务收费管理办法》的规定，物业服务的收费标准分为政府指导价和市场调节价。实行政府指导价的物业收费标准不可由物业服务企业单方随意更改。

其次，无论实行哪种标准，物业服务企业作为物业服务合同的一方当事人，其未经对方当事人即业主同意就擅自变更物业服务合同的内容、提高物业服务费的行为不具有法律效力，业主可以拒交相关的物业服务费。最高人民法院《关于审理物业服务纠纷案件适用法律若干问题的解释》第 2 条规定，物业服务人违反物业服务合同约定或者法律、法规、部门规章规定，擅自扩大收费范围、提高收费标准或者重复收费，业主以违规收费为由提出抗辩的，人民法院应予支持。业主请求物业服务人退还其已经收取的违规费用的，人民法院应予支持。

物业服务企业应遵守相关的房屋管理法律法规的规定和物业服务合同的约定，正确履行物业管理职责，依照约定提供服务，收取费用。如果需要改变服务项目和收费标准，应与业主充分协商；小区成立业主委员会的，应与业主委员会充分协商，达成一致后方可进行，不得单方面改变物业服务合同条款，更无权擅自提高物业管理费，否则要承担相应的违约责任。业主也有权拒绝交纳增加的物业服务费。

法律依据

《物业服务收费管理办法》

第五条 物业服务收费应当遵循合理、公开以及费用与服务水平相适应的原则。

第六条 物业服务收费应当区分不同物业的性质和特点分别实行政府指导价和市场调节价。具体定价形式由省、自治区、直辖市人民政府价格主管部门会同房地产行政主管部门确定。

第七条 物业服务收费实行政府指导价的，有定价权限的人民政府价格主管部门应当会同房地产行政主管部门根据物业管理服务等级标准等因素，制定相应的基准价及其浮动幅度，并定期公布。具体收费标准由业主与物业管理企业根据规定的基准价和浮动幅度在物业服务合同中约定。

实行市场调节价的物业服务收费，由业主与物业管理企业在物业服务合同中约定。

《物业管理条例》

第四十条　物业服务收费应当遵循合理、公开以及费用与服务水平相适应的原则，区别不同物业的性质和特点，由业主和物业服务企业按照国务院价格主管部门会同国务院建设行政主管部门制定的物业服务收费办法，在物业服务合同中约定。

最高人民法院《关于审理物业服务纠纷案件适用法律若干问题的解释》

第二条　物业服务人违反物业服务合同约定或者法律、法规、部门规章规定，擅自扩大收费范围、提高收费标准或者重复收费，业主以违规收费为由提出抗辩的，人民法院应予支持。

业主请求物业服务人退还其已经收取的违规费用的，人民法院应予支持。

28. 业主有权以开发商违约为由拒绝交纳物业服务费吗？

法律咨询

周某购买了一套预售商品房，验房时发现购买的房屋与预售合同中的小区平面图不相符,房屋左侧多出一排自行车棚,前面还建了一个高度超过5米的儿童游乐场。周某与物业服务企业交涉此问题,物业服务企业未予理会。那么,周某有权以开发商违约为由拒绝交纳物业服务费吗?

律师答疑

实践中,如果开发商存在违约的情况,业主是无权以此为由拒绝向物业服务企业交纳物业服务费的。业主与开发商签订商品房预售合同,双方可能因房屋保修、规划变更、绿地、车库、会所等遗留问题产生纠纷,业主可能会要求物业服务企业履行开发商的义务或要求物业服务企业协助开发商履行约定义务。但此种情况下,法律关系主体是业主与开发商,其所发生的纠纷事项不属于物业服务企业的管理服务范围,业主应直接向开发商主张权利,而不能以此为由拒绝交纳物业服务费。

本案中,业主在验房时发现所购买的房屋与预售合同中的小区平面图不相符,属于开发商违约的情形,业主不得以此为由对抗物业服务企业而拒绝交纳物业服务费。实践中,经常存在业主与开发商之间、业主与其他业主之间、业主与物业服务企业之间、物业服务企业与开发商之间发生重叠或错位纠纷的情况,此时应分清相关法律关系主体各自的法律权利和义务,不能混淆。业主不能因为开发商存在违约或与其他业主之间基于相邻关系产生的噪声污染等纠纷,由于物业服务企业无法协调或协调不成而拒绝交纳物业管理费,否则业主应承担相应的违约责任。

法律依据

《中华人民共和国民法典》

第四百六十五条　依法成立的合同，受法律保护。

依法成立的合同，仅对当事人具有法律约束力，但是法律另有规定的除外。

第五百六十八条　当事人互负债务，该债务的标的物种类、品质相同的，任何一方可以将自己的债务与对方的到期债务抵销；但是，根据债务性质、按照当事人约定或者依照法律规定不得抵销的除外。

当事人主张抵销的，应当通知对方。通知自到达对方时生效。抵销不得附条件或者附期限。

第五百六十九条　当事人互负债务，标的物种类、品质不相同的，经协商一致，也可以抵销。

《物业管理条例》

第四十一条　业主应当根据物业服务合同的约定交纳物业服务费用。业主与物业使用人约定由物业使用人交纳物业服务费用的，从其约定，业主负连带交纳责任。

已竣工但尚未出售或者尚未交给物业买受人的物业，物业服务费用由建设单位交纳。

29. 开发商有权要求业主在办理入住前先交纳物业服务费吗？

法律咨询

吴某与某房地产开发商签订了商品房买卖合同，约定房屋总价款为 80 万元，一年后交付房屋。吴某按约定付清了首付款，其余按商业贷款进行按揭。但过了一年多，开发商仍未交付房屋。吴某与房地产公司交涉，房地产公司称要先交纳物业服务费才为其办理入住手续。那么，开发商有权要求业主在办理入住前先交纳物业服务费吗？

律师答疑

交付房屋是房地产开发商的法定义务，而交纳物业服务费是业主与物业服务企业签订物业服务合同并享受物业管理服务之后，由业主依法向物业服务企业履行的义务。本案中开发商在业主办理入住时强行要求其交纳物业服务费是没有法律依据的，在无不可抗力情形下，房地产公司延迟交房属违约行为，应承担相应的违约责任。开发商应遵守相关的房地产管理法律法规和商品房买卖合同的约定，不应将事先交纳物业服务费作为业主办理入住的前提条件而拒绝按约交付房屋，否则就构成违约。

当前，相关房地产管理法律法规没有明确规定物业服务费的交纳时间是在入住前还是入住后，不过《物业管理条例》规定开发商有义务事先委托前期物业服务企业进行物业管理。实践中，开发商为了便于管理，防范少数业主拖欠物业服务费而影响整个小区的物业管理，防止前期物业服务企业的利益受损，一般将物业服务费的交纳作为办理入住的必要条件，应该说这一做法有其一定的合理性。但如果开发商以业主不交纳物业服务费而拒绝交房，业主可以向有关房地产管理部门反映，寻求合理解决途径，若业主一味消极抵抗，其对于扩大的损失可能会丧失赔偿请求权。

法律依据

《物业管理条例》

第二十二条　建设单位应当在销售物业之前，制定临时管理规约，对有关物业的使用、维护、管理，业主的共同利益，业主应当履行的义务，违反临时管理规约应当承担的责任等事项依法作出约定。

建设单位制定的临时管理规约，不得侵害物业买受人的合法权益。

第四十一条　业主应当根据物业服务合同的约定交纳物业服务费用。业主与物业使用人约定由物业使用人交纳物业服务费用的，从其约定，业主负连带交纳责任。

已竣工但尚未出售或者尚未交给物业买受人的物业，物业服务费用由建设单位交纳。

30. 物业服务企业能以“二次供水”为由提高水价吗？

法律咨询

胡某在甲公司购买一套商品房，甲公司委托某物业服务企业对小区进行前期物业管理，并负责向业主代收水费、电费。物业服务企业称由于是二次供水，暂定水费 1.40 元 / 吨，但胡某觉得自来水公司一次供水的终端用户是整个小区，并不属于二次供水。请问，物业服务企业能以“二次供水”为由提高水价吗？

律师答疑

业主属于“终端用户”，物业服务企业以“二次供水”为由在政府定价之上擅自提高水价不合理。从技术层面来讲，“终端用户”是指安装和使用产品的最终用户，是经销商直接开发并进行售后服务的对象。终端用户概念使用范围极广，如电信、供电、供水、供气行业等。“二次供水”是指供水系统的传输管道，在输送压力不能直接将水输送到终端用户，而在传输管道中采用泵压等技术手段以保证水源满足终端用户用水需要的供水方式。开发商可能因为偷工减料致使工程达不到供水标准，必须采用技术手段进行二次供水，此为不合理的二次供水，其水费高出政府定价部分应由开发商承担。对于达标建筑工程的合理的二次供水，其费用在实际操作中也各有所异：有供水企业承担的，也有物业服务企业承担的，还有小区二次供水用户分摊，或由小区全体用户分摊的。

从现有法律法规的规定来看，为了保持低楼层用户和高楼层用户的公平性，政府定价的城市居民用水终端价原则上应是同城同价，同网同价。无论是合理的二次供水，还是不合理的二次供水，业主作为终端用户，都不应该承担高出政府定价的水费。就法律层面而言，自来水公司、物业服务企业和小区业主是一种受托人与委托人间的水费收缴代理关系。其中，物业服务企业居于受托代理的地位：一方面代理自来水公司履行供水义务，行使收费权利；另一方面代理小区业主履行缴费义务。根据《物业管理条例》第 44 条的规定，向终端用户收取水费的单位是自来水公司，物业服务企业只有委托代收的资格，而不具备经营的资格。我国城市供水是特许经营，物业服务企业不得超越经营范围进行“零售性”的供水经营，所以物业服务企业超出政府定价擅自提高水价的行为不合理。

法律依据

《物业管理条例》

第四十四条　物业管理区域内，供水、供电、供气、供热、通信、有线电视等单位应当向最终用户收取有关费用。

物业服务企业接受委托代收前款费用的，不得向业主收取手续费等额外费用。

31. 物业服务合同终止后至新的物业服务企业入驻之间的空档期，原物业服务企业能继续收取物业费吗？

法律咨询

某小区原由开发商选聘的前期物业服务企业管理，后来前期物业服务合同到期，小区业主委员会决定不再聘用原来的物业服务企业，但是由于一些情况，一直没有能够确定新的物业服务企业。所以，在合同到期后，前期物业服务企业没有立即撤出，而是继续为小区提供物业服务。那么，在前期物业服务合同终止后直至新的物业服务企业入驻之间的空档期，前期物业服务企业能继续收取物业费吗？

律师答疑

根据《民法典》第950条的规定，物业服务合同终止后，在业主或者业主大会选聘的新物业服务人或者决定自行管理的业主接管之前，原物业服务人应当继续处理物业服务事项，并可以请求业主支付该期间的物业费。因此，即使此时原物业服务企业和小区之间已经没有合同关系，但基于原物业服务企业仍然为小区提供事实上的物业管理服务，小区业主仍然应该支付物业费。要注意的是，如果物业服务合同终止后，原物业服务企业拒绝配合交接工作并撤出的，那么在物业服务合同终止后的这段时间内，原物业服务企业不得请求业主支付物业服务合同终止后的物业费；造成业主损失的，还应当赔偿损失。

法律依据

《中华人民共和国民法典》

第九百四十九条 物业服务合同终止的，原物业服务人应当在约定期限或者合理期限内退出物业服务区域，将物业服务用房、相关设施、物业服务所必需的相关资料等交还给业主委员会、决定自行管理的业主或者其指定的人，配合新物业服务人做好交接工作，并如实告知物业的使用和管理状况。

原物业服务人违反前款规定的，不得请求业主支付物业服务合同终止后的物业费；造成业主损失的，应当赔偿损失。

第九百五十条 物业服务合同终止后，在业主或者业主大会选聘的新物业服务人或者决定自行管理的业主接管之前，原物业服务人应当继续处理物业服务事项，并可以请求业主支付该期间的物业费。

32. 物业服务企业强行收取装修押金是否合法？

法律咨询

陈某在某小区购买了一套两居室房屋，后由于家庭人口增多，陈某想要对屋子进行大规模装修。装修之前，陈某通知了该小区的物业服务企业，物业服务企业同意陈某进行装修，但需要陈某交纳一定的装修押金，保证该装修的安全和合法。那么，物业服务企业强行收取装修押金是否合法？

律师答疑

业主是房屋所有权人，依法对其物业享有占有、使用、收益、处分的权利。可以说，业主对房屋怎么装修完全是业主自己的事情，但由于房屋属于不动产，其改造、使用等都有严格的规定，所以业主在进行装修时，必须遵守相关的法律规定，不能随心所欲。

《民法典》第 945 条第 1 款的规定，业主装饰装修房屋的，应当事先告知物业服务人，遵守物业服务人提示的合理注意事项，并配合其进行必要的现场检查。

《物业管理条例》第 52 条规定，业主需要装饰装修房屋的，应当事先告知物业服务企业。物业服务企业应当将房屋装饰装修中的禁止行为和注意事项告知业主。物业服务企业作为物业管理维护的专业单位，其对房屋的装修、使用拥有专业知识，为了维护业主的合法权益，法律要求业主装修时要通知物业服务企业。实践中，业主在装修时，物业服务企业会要求业主签署一份装修协议书，将房屋装修中应遵守的事项及禁止行为告知业主，并要求业主承诺不破坏物业的主体结构、承重墙等。有的物业服务企业为了限制业主装修中的违法行为，会要求业主交纳装修押金或保证金，待装修完毕没有违法行为的，押金予以退还。若出现违法装修或因装修造成物业损害的，物业服务企业可以从押金中扣除赔偿款。但从法律上来说，是否交纳装修押金，完全是业主和物业服务企业之间协商一致的结果，物业服务企业无权强行要求业主交纳装修押金。若物业服务企业因业主不交纳装修押金就阻止业主进行装修，属于侵害业主的合法权益。

物业服务企业本质是为业主服务的，而不是来管理业主或根据自己的意志来约束业主的。《物业管理条例》第45条规定，对物业管理区域内违反有关治安、环保、物业装饰装修和使用等方面法律、法规规定的行为，物业服务企业应当制止，并及时向有关行政管理部门报告。有关行政管理部门在接到物业服务企业的报告后，应当依法对违法行为予以制止或者依法处理。可见，法律赋予了物业服务企业对物业装饰装修和使用等方面的管理权，其对违法装修可以制止，并向有关行政管理部门报告，但不得强行收取装修押金。

法律依据

《中华人民共和国民法典》

第九百四十五条　业主装饰装修房屋的，应当事先告知物业服务人，遵守物业服务人提示的合理注意事项，并配合其进行必要的现场检查。

业主转让、出租物业专有部分、设立居住权或者依法改变共有部分用途的，应当及时将相关情况告知物业服务人。

《物业管理条例》

第四十五条　对物业管理区域内违反有关治安、环保、物业装饰装修和使用等方面法律、法规规定的行为，物业服务企业应当制止，并及时向有关行政管理部门报告。

有关行政管理部门在接到物业服务企业的报告后，应当依法对违法行为予以制止或者依法处理。

第五十二条　业主需要装饰装修房屋的，应当事先告知物业服务企业。

物业服务企业应当将房屋装饰装修中的禁止行为和注意事项告知业主。

33. 物业合同终止后物业服务企业应履行哪些义务？

法律咨询

某小区与M物业服务企业签订了为期两年的物业服务合同。合同到期后，该小区与M物业服务企业终止了合同关系，又与N物业服务企业签订了物业服务合同。那么，M物业服务企业应该注意些什么？物业合同终止后M物业服务企业应履行哪些义务？

律师答疑

业主和物业之间是一种平等的民事合同关系，双方的权利义务主要是依据物业服务合同来进行约定的。《民法典》第558条规定，债权债务终止后，当事人应当遵循诚信等原则，根据交易习惯履行通知、协助、保密、旧物回收等义务。第949条规定，物业服务合同终止的,原物业服务人应当在约定期限或者合理期限内退出物业服务区域,将物业服务用房、相关设施、物业服务所必需的相关资料等交还给业主委员会、决定自行管理的业主或者其指定的人,配合新物业服务人做好交接工作,并如实告知物业的使用和管理状况。原物业服务人违反前款规定的,不得请求业主支付物业服务合同终止后的物业费;造成业主损失的,应当赔偿损失。因此,业主与M物业服务企业合同到期,合同自然终止,M物业服务企业和业主之间权利义务终止。双方应按照《民法典》的规定遵循诚实信用原则办理物业用房和物业管理资料的移交手续。

法律依据

《中华人民共和国民法典》

第五百五十八条 债权债务终止后,当事人应当遵循诚信等原则,根据交易习惯履行通知、协助、保密、旧物回收等义务。

第九百四十九条 物业服务合同终止的,原物业服务人应当在约定期限或者合理期限内退出物业服务区域,将物业服务用房、相关设施、物业服务所必需的相关资料等交还给业主委员会、决定自行管理的业主或者其指定的人,配合新物业服务人做好交接工作,并如实告知物业的使用和管理状况。

原物业服务人违反前款规定的,不得请求业主支付物业服务合同终止后的物业费;造成业主损失的,应当赔偿损失。

34. 物业服务合同终止，物业服务企业不办理移交手续怎么办？

法律咨询

某小区经业主大会决议，物业服务合同期满后不再续聘A物业服务企业，并经招投标新聘了一家物业服务企业。业主委员会向A物业服务企业送达了不再聘用决议，但该服务公司拒不退出小区，也不办理交接手续，致使新聘的物业服务企业无法开展工作。那么，物业服务合同终止，物业服务企业不办理移交手续怎么办？

律师答疑

根据《民法典》第949条的规定，物业服务合同终止的，原物业服务人应当在约定期限或者合理期限内退出物业服务区域，将物业服务用房、相关设施、物业服务所必需的相关资料等交还给业主委员会、决定自行管理的业主或者其指定的人，配合新物业服务人做好交接工作，并如实告知物业的使用和管理状况。原物业服务人违反前款规定的，不得请求业主支付物业服务合同终止后的物业费；造成业主损失的，应当赔偿损失。据此，业主委员会可以在履行法定程序后，依法向有管辖权的人民法院提起民事诉讼。

此外，业主委员会还可以根据《物业管理条例》第58条的规定向房屋所在地的县级以上地方人民政府房地产行政主管部门投诉，要求房地产行政主管部门予以查处。为避免纠纷，业主委员会在和物业服务企业签订服务合同时，有必要在合同中对新老物业的交接作出约定，约定拒绝办理移交手续的违约责任，便于追究违约方法律责任。

法律依据

《中华人民共和国民法典》

第九百四十九条 物业服务合同终止的,原物业服务人应当在约定期限或者合理期限内退出物业服务区域,将物业服务用房、相关设施、物业服务所必需的相关资料等交还给业主委员会、决定自行管理的业主或者其指定的人,配合新物业服务人做好交接工作,并如实告知物业的使用和管理状况。

原物业服务人违反前款规定的,不得请求业主支付物业服务合同终止后的物业费;造成业主损失的,应当赔偿损失。

《物业管理条例》

第二十九条 在办理物业承接验收手续时,建设单位应当向物业服务企业移交下列资料:

(一)竣工总平面图,单体建筑、结构、设备竣工图,配套设施、地下管网工程竣工图等竣工验收资料;

(二)设施设备的安装、使用和维护保养等技术资料;

(三)物业质量保修文件和物业使用说明文件;

(四)物业管理所必需的其他资料。

物业服务企业应当在前期物业服务合同终止时将上述资料移交给业主委员会。

第三十八条 物业服务合同终止时,物业服务企业应当将物业管理用房和本条例第二十九条第一款规定的资料交还给业主委员会。

物业服务合同终止时,业主大会选聘了新的物业服务企业的,物业服务企业之间应当做好交接工作。

第五十八条　违反本条例的规定，不移交有关资料的，由县级以上地方人民政府房地产行政主管部门责令限期改正；逾期仍不移交有关资料的，对建设单位、物业服务企业予以通报，处1万元以上10万元以下的罚款。

35. 物业服务企业可以向不交纳物业服务费的业主收取滞纳金吗？

法律咨询

D物业服务企业是某小区委托的物业服务企业，为小区提供基础的物业管理服务。业主大多按时交纳物业服务费，但有少数业主拒不交纳物业费。此时，D物业服务企业可以向不交纳物业服务费的业主收取滞纳金吗？

律师答疑

从现行法律规定来看，滞纳金具有法定性，往往存在于《税收征收管理法》《海关法》等法律规范中。滞纳金的计算一般是按超过规定期限的天数，每天征收应缴款额的一定百分比。在物业服务中，物业服务企业和业主之间不是行政管理关系，而是普通民事主体之间的合同关系。故物业服务企业能否就业主拖欠物业服务费加收滞纳金，应完全依照物业服务合同的规定。如果业主与物业服务企业签订的物业服务合同中含有加收滞纳金的条款，则物业服务企业是可以按照合同规定，对逾期不交纳物业服务费的业主收取滞纳金的。因《民法典》中并未规定滞纳金，若物业服务合同中约定了滞纳金，应视为对违约金的约定，可参照适用违约金的相关规定。故在物业服务合同中，如果物业费滞纳金标准设定过高，明显有失公平的，可以由业主申请减少。

法律依据

北京市高级人民法院《关于审理物业管理纠纷案件的意见（试行）》

第二十五条 业主拖欠物业服务费用，物业管理企业依据约定请求一并支付滞纳金的，应予支持。滞纳金数额过高的，可以依据欠费方的请求予以适当调整，调整后的滞纳金一般不应超过欠费金额。

36. 物业服务合同中约定业主未按时交纳物业服务费需要交纳滞纳金的该怎么处理？

法律咨询

某小区业主大会与A物业服务企业签订了物业服务合同。合同中约定，A物业服务企业为小区业主提供优质的物业服务，业主每年向A物业服务企业交纳1500元物业费，并在违约责任一条中约定，如果业主未按时交纳物业费，则需要按照所欠物业费的5%交纳滞纳金。那么，物业服务合同中约定业主未按时交纳物业服务费需要交纳滞纳金的该怎么处理？

律师答疑

从法理上来看，滞纳金的约定其实就是业主对没有按时支付物业费所应承担的一种违约责任，因此可以把滞纳金看作一种违约责任的约定。根据《民法典》第585条的规定，当事人可以约定一方违约时应当根据违约情况向对方支付一定数额的违约金，也可以约定因违约产生的损失赔偿额的计算方法。约定的违约金低于造成的损失的，人民法院或者仲裁机构可以根据当事人的请求予以增加；约定的违约金过分高于造成的损失的，人民法院或者仲裁机构可以根据当事人的请求予以适当减少。当事人就迟延履行约定违约金的，违约方支付违约金后，还应当履行债务。北京市高级人民法院《关于审理物业管理纠纷案件的意见（试行）》第25条规定："业主拖欠物业服务费用，物业管理企业依据约定请求一并支付滞纳金的，应予支持。滞纳金数额过高的，可以依据欠费方的请求予以适当调整，调整后的滞纳金一般不应超过欠费金额。"因此，如果物业费滞纳金标准设定过高，明显有失公平的，业主可以请求减少。

法律依据

《中华人民共和国民法典》

第五百八十五条　当事人可以约定一方违约时应当根据违约情况向对方支付一定数额的违约金，也可以约定因违约产生的损失赔偿额的计算方法。

约定的违约金低于造成的损失的，人民法院或者仲裁机构可以根据当事人的请求予以增加；约定的违约金过分高于造成的损失的，人民法院或者仲裁机构可以根据当事人的请求予以适当减少。

当事人就迟延履行约定违约金的，违约方支付违约金后，还应当履行债务。

北京市高级人民法院《关于审理物业管理纠纷案件的意见（试行）》

第二十五条 业主拖欠物业服务费用，物业管理企业依据约定请求一并支付滞纳金的，应予支持。滞纳金数额过高的，可以依据欠费方的请求予以适当调整，调整后的滞纳金一般不应超过欠费金额。

37. 业主以没有看到业主委员会和物业服务企业签订的合同为由拒交物业服务费合理吗？

法律咨询

李某是某小区业主，购买的是二手房，入住时小区已有业主委员会，且已选聘了物业服务企业。物业服务企业要求李某支付物业服务费时，李某称自己未看到物业服务企业和业主委员会签订的物业服务合同，要求对方提供物业服务合同和收费依据，物业服务企业拒绝。那么，李某能否以未看到业主委员会和物业服务企业签订的合同为由，拒交物业服务费？

律师答疑

《消费者权益保护法》第 2 条规定，消费者为生活消费需要购买、使用商品或者接受服务，其权益受本法保护。由此可见，业主作为物业服务消费者受《消费者权益保护法》保护。《消费者权益保护法》第8条规定："消费者享有知悉其购买、使用的商品或者接受的服务的真实情况的权利。消费者有权根据商品或者服务的不同情况，要求经营者提供商品的价格、产地、生产者、用途、性能、规格、等级、主要成份、生产日期、有效期限、检验合格证明、使用方法说明书、售后服务，或者服务的内容、规格、费用等有关情况。"因此，作为物业服务消费者的业主享有知情权。由于业主大会、业主委员会的决议对业主具有约束力，而物业的出售、赠与、继承等又会产生新的业主，新业主同样要遵守物业管理区域内业主大会、业主委员会已经作出的决议，但在制定业主规约、选聘物业服务企业及物业收费标准的讨论时，新业主又不可能参与，这样就不可避免地出现新业主对物业服务合同具体内容等不了解的情况。物业服务企业起诉时，必须将物业服务合同、收取物业服务费的标准等作为证据向法院提交，庭审时业主可以知悉物业服务合同及收费标准。由于是物业服务企业不提供服务合同和收费标准，业主才没有按时交纳物业服务费，过错在物业服务企业一方，因此，物业服务企业要求业主承担违约金的请求，不会得到法律支持。

法律依据

《中华人民共和国消费者权益保护法》

第二条　消费者为生活消费需要购买、使用商品或者接受服务，其权益受本法保护；本法未作规定的，受其他有关法律、法规保护。

第八条　消费者享有知悉其购买、使用的商品或者接受的服务的真实情况的权利。

消费者有权根据商品或者服务的不同情况，要求经营者提供商品的价格、产地、生产者、用途、性能、规格、等级、主要成份、生产日期、有效期限、检验合格证明、使用方法说明书、售后服务,或者服务的内容、规格、费用等有关情况。

38. 房屋租金是否可以抵销物业服务费?

法律咨询

林某买了一套二手房用来投资,后由于工作忙,便委托小区物业服务企业代其出租房屋,租金由物业代收,然后每季度通过银行转账给自己。年底,物业给林某打电话通知他交物业服务费,林某想正好也该收下季度的房租了。那么,林某可以用房屋租金抵销物业服务费吗?

律师答疑

先看约定,有明确约定的,可以抵销。在本案设定的情形下,小区物业是代收租金的主体,同时也是收取物业费的主体。因而,在双方协商一致的情形下,房屋租金和物业服务费可以抵销。房屋租金能否抵销物业服务费取决于房屋租金与物业服务费的数额是否一致,如果数额相同,则可以抵销;如果数额不同,则应遵循“多退少补”的原则。物业服务费是物业产权人或使用人委托物业管理企业对其所居住小区内的房屋建筑及其设备、共用设施、绿化、卫生、交通、治安和环境等项目进行日常维护、修缮、整治及提供其他与居民生活相关的服务所应支付的费用。

如果物业产权人要把自己的房子租给他人,并委托物业服务单位收取房屋租金，产权人可以用房屋租金抵销房屋物业服务费。当房屋租金超过物业服务费时，物业服务单位必须将余额返还给产权人；相反，房屋租金不够物业服务费时，产权人必须补足物业服务费。

法律依据

《中华人民共和国民法典》

第五百六十八条 当事人互负债务，该债务的标的物种类、品质相同的，任何一方可以将自己的债务与对方的到期债务抵销；但是，根据债务性质、按照当事人约定或者依照法律规定不得抵销的除外。

当事人主张抵销的，应当通知对方。通知自到达对方时生效。抵销不得附条件或者附期限。

第五百六十九条 当事人互负债务，标的物种类、品质不相同的，经协商一致，也可以抵销。

39. 物业服务企业占用业主共有道路作为停车场收取的小区停车费是否该返还给业主?

法律咨询

某小区规划的停车场不能满足业主需要，小区建成后，业主委员会委托的物业服务企业基于业主停车需要，占用了一处业主共有的道路作为停车场，供业主停车，并收取停车费用。那么，此种情形下，物业服务企业收取的小区停车费是否该返还给业主？

律师答疑

《民法典》第275条、第276条规定:建筑区划内,规划用于停放汽车的车位、车库的归属,由当事人通过出售、附赠或者出租等方式约定。占用业主共有的道路或者其他场地用于停放汽车的车位,属于业主共有。建筑区划内,规划用于停放汽车的车位、车库应当首先满足业主的需要。最高人民法院《关于审理建筑物区分所有权纠纷案件适用法律若干问题的解释》第6条规定,建筑区划内在规划用于停放汽车的车位之外,占用业主共有道路或者其他场地增设的车位,应当认定为《民法典》第275条第2款所称的车位。

从上述规定可以看出,小区停车位的所有权取得有两种方式:一是根据约定取得。规划用于停放汽车的车位或车库,若开发商在销售时没有计入销售成本、没有算入公摊面积,其所有权归于开发商或业主个人,开发商可以通过出售、附赠或者出租等方式约定给小区内的业主。此种情况下,因停车位、停车库所有权属于开发商或业主个人,因此所得收益也应归开发商或业主个人。二是根据法律规定直接取得。即利用业主共有的道路或者其他场地用于停放汽车的车位,其所有权属于业主共有,此种情况下取得的收益应归全体业主共有。《物业管理条例》第54条规定,利用物业共用部位、共用设施设备进行经营的,应当在征得相关业主、业主大会、物业服务企业的同意后,按照规定办理有关手续。业主所得收益应当主要用于补充专项维修资金,也可以按照业主大会的决定使用。也就是说,因共用设施(包括停车位)取得的收益应该主要用于补充专项维修资金,也可以按照业主大会的决定具体安排使用。

占用业主共有的道路或者其他场地用于停放汽车的车位，属于业主共有，因此停车费的收益也应该归业主共有。物业服务企业已经收取了物业服务费，该费用本身包含了物业服务企业对物业管理区域的维护、服务和管理的费用。因此，物业服务企业不能再将收取的停车费据为己有，用于物业服务成本开支。当然，若物业服务合同中，对物业服务企业因管理停车收取一定的管理服务费用有约定的，可以按照约定处理。根据《物业管理条例》第 15 条的规定，业主委员会作为业主大会的执行机构，可以在取得业主授权后，以原告身份向人民法院提起诉讼，要求物业服务企业返还其收取的停车费。

法律依据

《中华人民共和国民法典》

第二百七十五条　建筑区划内，规划用于停放汽车的车位、车库的归属，由当事人通过出售、附赠或者出租等方式约定。

占用业主共有的道路或者其他场地用于停放汽车的车位，属于业主共有。

第二百七十六条　建筑区划内，规划用于停放汽车的车位、车库应当首先满足业主的需要。

最高人民法院《关于审理建筑物区分所有权纠纷案件适用法律若干问题的解释》

第六条　建筑区划内在规划用于停放汽车的车位之外，占用业主共有道路或者其他场地增设的车位，应当认定为民法典第二百七十五条第二款所称的车位。

《物业管理条例》

第十五条 业主委员会执行业主大会的决定事项，履行下列职责：

（一）召集业主大会会议，报告物业管理的实施情况；

（二）代表业主与业主大会选聘的物业服务企业签订物业服务合同；

（三）及时了解业主、物业使用人的意见和建议，监督和协助物业服务企业履行物业服务合同；

（四）监督管理规约的实施；

（五）业主大会赋予的其他职责。

第五十四条 利用物业共用部位、共用设施设备进行经营的，应当在征得相关业主、业主大会、物业服务企业的同意后，按照规定办理有关手续。业主所得收益应当主要用于补充专项维修资金，也可以按照业主大会的决定使用。

40. 业主拖欠物业服务费，物业服务企业有权停水、停电吗？

法律咨询

赵某所居住的小区物业管理很混乱，卫生状况较差，小区内很多业主对物业不满，拒绝交纳物业服务费，物业服务企业便扬言要断了不交纳物业服务费业主的水、电。那么，业主拖欠物业服务费，物业服务企业有权停水、停电吗？

律师答疑

业主和物业服务企业是平等的民事主体，双方均应按照合同的约定履行自己应尽的义务，任何一方违反的，都要承担相应的违约责任。业主不及时交纳物业服务费，应承担法律责任，物业服务企业有权要求业主交纳物业费，并承担一定的违约金，但是物业服务企业无权采取断水、断电的措施。《民法典》第944条规定，业主应当按照约定向物业服务人支付物业费。物业服务人已经按照约定和有关规定提供服务的，业主不得以未接受或者无需接受相关物业服务为由拒绝支付物业费。业主违反约定逾期不支付物业费的，物业服务人可以催告其在合理期限内支付；合理期限届满仍不支付的，物业服务人可以提起诉讼或者申请仲裁。物业服务人不得采取停止供电、供水、供热、供燃气等方式催交物业费。此外，业主是与供水、供电公司签订合同，只要业主向供水、供电公司交纳了相应的费用，供水、供电公司就应该供水、供电。物业服务企业不是供水、供电的合同当事人，无权擅自中断对业主的供水、供电。

法律依据

《中华人民共和国民法典》

第九百四十四条　业主应当按照约定向物业服务人支付物业费。物业服务人已经按照约定和有关规定提供服务的，业主不得以未接受或者无需接受相关物业服务为由拒绝支付物业费。

业主违反约定逾期不支付物业费的，物业服务人可以催告其在合理期限内支付；合理期限届满仍不支付的，物业服务人可以提起诉讼或者申请仲裁。

物业服务人不得采取停止供电、供水、供热、供燃气等方式催交物业费。

41. 物业服务收费标准未经物价局备案是否合法?

法律咨询

某小区业主大会成立后,经过公开招标,与L物业服务企业签订了物业服务合同。由于该小区是高档小区,L物业服务企业经与业主大会商议,确定了略高于一般物业服务收费的标准,且该收费标准并未向物价局备案。那么,这种情形合法吗?

律师答疑

《物业服务收费管理办法》规定,物业服务收费应当遵循合理、公开以及费用与服务水平相适应的原则。物业服务收费应当区分不同物业的性质和特点分别实行政府指导价和市场调节价。具体定价形式由省、自治区、直辖市人民政府价格主管部门会同房地产行政主管部门确定。物业服务收费实行政府指导价的,有定价权限的人民政府价格主管部门应当会同房地产行政主管部门根据物业管理服务等级标准等因素,制定相应的基准价及浮动幅度,并定期公布。具体收费标准由业主与物业服务企业根据规定的基准价和浮动幅度在物业服务合同中约定。实行市场调节价的物业服务收费,由业主与物业管理企业在物业服务合同中约定。物业服务企业应当按照政府价格主管部门的规定实行明码标价,在物业服务区域内的显著位置公示服务内容、服务标准以及收费项目、收费标准等有关情况。

国家相关规定并没有要求物业服务企业必须将与业主约定的具体收费标准到物价局备案。包括上海在内的部分地区，会要求物业服务企业在签订物业服务合同之后的一定时间内，将物业服务合同报房管机构备案，物业服务合同备案实质上也是对物业费收费标准进行了备案。

此外，备案是登记性质的，是行政管理的需要，而不是行政审批，不能因为没有进行登记备案，就认为物业服务企业和业主委员会签订的物业服务合同中约定的收费标准是无效的。

法律依据

《中华人民共和国民法典》

第一百四十三条　具备下列条件的民事法律行为有效：

（一）行为人具有相应的民事行为能力；

（二）意思表示真实；

（三）不违反法律、行政法规的强制性规定，不违背公序良俗。

《物业服务收费管理办法》

第五条　物业服务收费应当遵循合理、公开以及费用与服务水平相适应的原则。

第六条　物业服务收费应当区分不同物业的性质和特点分别实行政府指导价和市场调节价。具体定价形式由省、自治区、直辖市人民政府价格主管部门会同房地产行政主管部门确定。

第七条 物业服务收费实行政府指导价的，有定价权限的人民政府价格主管部门应当会同房地产行政主管部门根据物业管理服务等级标准等因素，制定相应的基准价及其浮动幅度，并定期公布。具体收费标准由业主与物业管理企业根据规定的基准价和浮动幅度在物业服务合同中约定。

实行市场调节价的物业服务收费，由业主与物业管理企业在物业服务合同中约定。

第八条 物业管理企业应当按照政府价格主管部门的规定实行明码标价，在物业管理区域内的显著位置，将服务内容、服务标准以及收费项目、收费标准等有关情况进行公示。

《上海市住宅物业管理规定》

第四十四条 物业服务企业应当按照物业服务合同的约定，提供相应的服务。物业服务合同可以约定下列服务事项：

（一）物业共用部位、共用设施设备的使用管理和维护；

（二）共有绿化的维护；

（三）共有区域的保洁；

（四）共有区域的秩序维护；

（五）车辆的停放管理；

（六）物业使用中对禁止性行为的管理措施；

（七）物业维修、更新、改造和养护费用的账务管理；

（八）物业档案资料的保管；

（九）业主大会或者业主委托的其他物业服务事项。

物业服务企业将物业服务区域内的部分专项服务事项委托给专业性服务组织或者其他第三人的，应当就该部分专项服务事项向业主负责。物业服务企业不得将其应当提供的全部物业服务转委托给第三人，或者将全部物业服务支解后分别转委托给第三人。

物业服务企业应当在签订物业服务合同之日起三十日内，将物业服务合同报房管机构备案。

42. 居住在一层的业主，可否不交电梯费？

法律咨询

家住合肥某小区的业主因住在一层便拒绝向物业支付电梯费，故物业服务企业将其告上法庭。那么，居住在一层的业主，可否不交电梯费？

律师答疑

《民法典》第283条规定："建筑物及其附属设施的费用分摊、收益分配等事项，有约定的，按照约定；没有约定或者约定不明确的，按照业主专有部分面积所占比例确定。"电梯属于建筑物的附属设施，其设计、施工、使用都综合考虑了整体物业的需要，与建筑物的规模相配套。电梯的有无以及使用性能的好坏，对建筑物本身的价值是有重要影响的，关系到对应建筑物全体业主的利益。因此，在电梯费用分摊问题上，有明确约定的，从约定；没有约定或约定不明确的，在电梯使用范围内对应的建筑物内全体业主，都应该按照其专有部分占建筑物总面积的比例来分摊电梯的费用。也就是说，业主对建筑物专有部分以外的共有部分，权利与义务对等，不得以放弃权利为由不履行其义务。

法律依据

《中华人民共和国民法典》

第二百八十三条 建筑物及其附属设施的费用分摊、收益分配等事项，有约定的，按照约定；没有约定或者约定不明确的，按照业主专有部分面积所占比例确定。

43. 什么是包干制和酬金制？二者有哪些具体的规定？

法律咨询

某小区业主委员会准备选聘某物业服务企业，通过询问得知，现在物业服务企业存在两种收费方式，即包干制和酬金制。那么，什么是包干制和酬金制？二者有哪些具体的规定？

律师答疑

根据《物业服务收费管理办法》第9条的规定，包干制是指由业主向物业管理企业支付固定物业服务费用，盈余或者亏损均由物业管理企业享有或者承担的物业服务计费方式。酬金制是指在预收的物业服务资金中按约定比例或者约定数额提取酬金支付给物业管理企业，其余全部用于物业服务合同约定的支出，结余或者不足均由业主享有或者承担的物业服务计费方式。两种模式各有优缺点。包干制简便易行，但由于其僵硬的设计导致其很难发挥物业服务企业的潜力，并在一定程度上制约着物业管理行业的发展。酬金制更体现了市场经济的要求，通过利润的灵活分配，更有助于企业自我管理，有利于物业服务企业专业化水平的提高。缺点就是比较复杂，需要专业化的审计人员或者机构对其进行监督。以上海市为例，上海市规定实行酬金制的物业服务企业，应当每年向业主委员会或者全体业主报告经审计的上一年度物业服务项目收支情况，实行包干制的物业服务企业应当在调整物业服务收费标准前，将经审计的物业服务费用收支情况或者经第三方机构评估的收费标准向业主委员会或者全体业主报告，并在物业管理区域内公告。

法律依据

《物业服务收费管理办法》

第九条 业主与物业管理企业可以采取包干制或者酬金制等形式约定物业服务费用。

包干制是指由业主向物业管理企业支付固定物业服务费用，盈余或者亏损均由物业管理企业享有或者承担的物业服务计费方式。

酬金制是指在预收的物业服务资金中按约定比例或者约定数额提取酬金支付给物业管理企业，其余全部用于物业服务合同约定的支出，结余或者不足均由业主享有或者承担的物业服务计费方式。

第十二条 实行物业服务费用酬金制的，预收的物业服务支出属于代管性质，为所交纳的业主所有，物业管理企业不得将其用于物业服务合同约定以外的支出。

物业管理企业应当向业主大会或者全体业主公布物业服

务资金年度预决算并每年不少于一次公布物业服务资金的收支情况。

业主或者业主大会对公布的物业服务资金年度预决算和物业服务资金的收支情况提出质询时，物业管理企业应当及时答复。

《上海市住宅物业管理规定》

第四十八条 物业服务收费实行市场调节价，由业主和物业服务企业遵循合理、公开、质价相符的原则进行协商，并在物业服务合同中予以约定。

同一物业管理区域内实施同一物业服务内容和标准的，物业服务收费执行同一价格标准。

市房屋行政管理部门应当定期发布住宅小区物业服务标准。物业管理行业协会应当定期发布物业服务价格监测信息，供业主和物业服务企业在协商物业服务费用时参考。

物业服务企业应当将服务事项、服务标准、收费项目、收费标准等有关情况在物业管理区域内公告。实行物业服务酬金制收费方式的，物业服务企业应当每年向业主委员会或者全体业主报告经审计的上一年度物业服务项目收支情况，提出本年度物业服务项目收支预算，并在物业管理区域内公告；实行物业服务包干制收费方式的，物业服务企业应当在调整物业服务收费标准前，将经审计的物业服务费用收支情况或者经第三方机构评估的收费标准向业主委员会或者全体业主报告，并在物业管理区域内公告。

前款中的公告应当在物业管理区域内显著位置予以公示。

上海市房屋管理局《关于住宅物业项目物业服务收费实行酬金制物业服务计费方式有关事项的通知》

三、关于物业服务资金的构成

物业服务合同约定物业费实行酬金制计费方式的，物业服务企业收取的物业费即为物业服务资金，包括物业服务支出和酬金，其中物业服务支出属交纳的业主所有，由物业服务企业代管。物业服务企业不得将其用于物业服务合同约定以外的支出。

（一）物业服务支出构成一般包括以下部分：

1. 管理服务人员的工资和社会保险、公积金、福利费等法律法规规定的相关费用；

2. 物业共用部位、共用设施设备的日常运行、维护费用；

3. 物业管理区域清洁卫生费用；

4. 物业管理区域绿化养护费用；

5. 物业管理区域秩序维护费用；

6. 办公费用；

7. 物业服务企业与该项目物业服务相关的固定资产折旧；

8. 物业共用部位、共用设施设备及公众责任保险费用；

9. 物业服务资金审计费用；

10. 经业主同意的其他费用。

应当在专项维修资金中列支的物业共用部位、共用设施设备维修、更新和改造费用，不得计入物业服务支出。

（二）物业服务企业的酬金

物业服务企业的酬金包括物业服务企业管理费用分摊、企业利润等。酬金由物业服务企业与建设单位或者业主大会协商确定，可以按照物业服务合同的约定采用固定金额或者固定比例等方式在预收的物业服务资金中提取。

四、关于物业服务资金的收支管理

(一)单列核算账户的开立

物业服务企业应为实行酬金制计费方式的项目单独开设银行账户及财务核算账套。银行账户专门存放预收的物业服务资金、公共收入、区维修资金专户及业主大会账户划转资金等；财务核算账套专门用于核算该项目有关的物业服务资金、公共收入、代收代付资金等。

账户的使用与管理应遵守国家会计管理相关制度，并接受业主与业主大会的监督。

五、关于物业服务资金的账目公布

物业服务企业应当定期向全体业主公布上一季度物业服务资金收支情况表。

物业服务企业应当按照物业服务合同约定时限向业主大会或者全体业主书面报告经审计的物业服务项目收支情况，并在物业管理区域内公告上一年度物业服务资金的决算情况。物业服务资金年度决算应当根据该年度物业服务资金年度预算逐项进行决算。

六、关于物业服务资金的审计情况

物业服务企业和建设单位或者业主大会应当聘请审计机构对物业服务资金上一年度的预算执行和收支情况进行审计，并出具审计报告。

根据年度审计结果，物业服务资金结余或不足的处理方式：

（一）物业服务资金有结余

物业服务合同期限内，上一年度结余的物业服务资金可以结转至下一年度使用或按照物业服务合同约定处理。

物业服务合同终止后，物业服务资金仍有结余的，应当退还给相关交费业主或者按照业主大会的决定处理。

（二）物业服务资金不足

物业服务资金不足的，应由相关业主一次性补缴相关费用或者根据物业服务合同约定处理。

Chapter 3

第三章

小区的维修纠纷

44. 物业服务企业与业主的维修责任应如何划分？

法律咨询

北京市东城区有一处六层的老旧小区，因为某年夏天雨水太多，导致小区里有几栋楼的楼顶开始漏水，几位业主便去找业主委员会主任，要求他找物业服务企业帮忙维修楼顶。但因为保修期已过，物业服务企业拒绝免费维修，业主便主张使用专项维修资金来维修。那么，物业服务企业与业主的维修责任应如何划分？

律师答疑

根据《物业管理条例》第 34 条、第 35 条的规定，业主委员会应当与业主大会选聘的物业服务企业订立书面的物业服务合同。物业服务合同应当对物业管理事项、服务质量、服务费用、双方的权利义务、专项维修资金的管理与使用、物业管理用房、合同期限、违约责任等内容进行约定。物业服务企业应当按照物业服务合同的约定，提供相应的服务。物业服务企业与业主维修责任划分的主要依据是物业服务合同，那么，合同对维修责任应当如何约定？

根据各地区的实践经验和一贯做法，当房屋共用设备和设施超过保修期后，在物业服务合同没有特别约定的情况下，不应该由物业服务企业负责维修。根据“谁所有、谁负担”的原则，业主作为物业的所有权人，应对其所有的物业承担维修养护责任。房屋的室内部分即户门以内的部位和设备，包括水、电、气户表以内的管线和自用阳台，由业主负责维修。房屋共用部位和共用的设施设备，包括房屋的外墙面、楼梯间、通道、屋面、上下水管道、共用水箱、加压水泵、电梯、机电设备、共用天线和消防设施等，由物业管理公司组织定期养护，业主按照国家有关规定交纳专项维修资金。业主可以自行维修养护其自用部分和自用设备，也可以委托物业管理公司或其他专业维修人员代修。由于业主拒不履行维修责任，致使房屋及附属设施已经或者可能危害毗邻房屋安全及公共安全，造成损失的，应当赔偿损失。人为造成共用设施损坏的，由损坏者负责修复。物业管理区域内，供水、供电、供气、供热、通信、有线电视等相关管线和设施设备，按照《物业管理条例》第51条的规定，由相应单位负责维修和养护。

法律依据

《物业管理条例》

第三十四条　业主委员会应当与业主大会选聘的物业服务企业订立书面的物业服务合同。

物业服务合同应当对物业管理事项、服务质量、服务费用、双方的权利义务、专项维修资金的管理与使用、物业管理用房、合同期限、违约责任等内容进行约定。

第三十五条　物业服务企业应当按照物业服务合同的约定，提供相应的服务。

物业服务企业未能履行物业服务合同的约定，导致业主人身、财产安全受到损害的，应当依法承担相应的法律责任。

第五十一条　供水、供电、供气、供热、通信、有线电视等单位，应当依法承担物业管理区域内相关管线和设施设备维修、养护的责任。

前款规定的单位因维修、养护等需要，临时占用、挖掘道路、场地的，应当及时恢复原状。

45. 物业服务企业对业主报修不及时处理，给业主造成损失怎么办？

法律咨询

刘某是某小区业主。某日，刘某家中漏水，刘某立即向物业报修，但工作人员称过两天才能维修。结果第二天发生大面积漏水，刘某家中受损严重。刘某认为这是物业没及时维修导致的，但物业服务企业对此不予以理赔。那么，因物业服务企业对业主报修不及时处理，从而给业主造成损失的应该如何处理？

律师答疑

《民法典》第509条第1款规定，当事人应当按照约定全面履行自己的义务。所谓全面履行义务，就是指义务人应按照合同的约定，及时、保质、保量地履行合同。第577条规定，当事人一方不履行合同义务或者履行合同义务不符合约定的，应当承担继续履行、采取补救措施或者赔偿损失等违约责任。第583条规定，当事人一方不履行合同义务或者履行合同义务不符合约定的，在履行义务或者采取补救措施后，对方还有其他损失的，应当赔偿损失。《民法典》第942条第1款规定，物业服务人应当按照约定和物业的使用性质，妥善维修、养护、清洁、绿化和经营管理物业服务区域内的业主共有部分，维护物业服务区域内的基本秩序，采取合理措施保护业主的人身、财产安全。

本案中，业主发现漏水后及时向物业服务企业进行了报修，物业服务企业工作人员虽然及时上门查看，但又因水电工程人员请假而未及时采取维修措施，客观上延长了漏水的时间，致使损失扩大。因此，物业服务企业在履行物业服务合同中存在一定的过错，应承担相应的民事责任。

法律依据

《中华人民共和国民法典》

第五百零九条　当事人应当按照约定全面履行自己的义务。

当事人应当遵循诚信原则，根据合同的性质、目的和交易习惯履行通知、协助、保密等义务。

第五百七十七条　当事人一方不履行合同义务或者履行合同义务不符合约定的，应当承担继续履行、采取补救措施或者赔偿损失等违约责任。

第五百八十三条　当事人一方不履行合同义务或者履行合同义务不符合约定的，在履行义务或者采取补救措施后，对方还有其他损失的，应当赔偿损失。

第九百四十二条　物业服务人应当按照约定和物业的使用性质，妥善维修、养护、清洁、绿化和经营管理物业服务区域内的业主共有部分，维护物业服务区域内的基本秩序，采取合理措施保护业主的人身、财产安全。

对物业服务区域内违反有关治安、环保、消防等法律法规的行为，物业服务人应当及时采取合理措施制止、向有关行政主管部门报告并协助处理。

46. 小区公共设施维修养护不及时，物业服务企业应承担哪些责任？

法律咨询

很多老人喜欢在小区里晨练，但一些老旧小区里的健身器材年久失修，并且有很多已经严重损坏。老张及其他晨练者多次向物业管理部门反映器材损坏情况并希望他们能及时维修，可是小区的物业对此事总是置之不理。那么，小区内公共设施维修养护不及时，物业服务企业需要承担哪些责任？

律师答疑

根据《民法典》第942条第1款的规定，物业服务人应当按照约定和物业的使用性质，妥善维修、养护、清洁、绿化和经营管理物业服务区域内的业主共有部分，维护物业服务区域内的基本秩序，采取合理措施保护业主的人身、财产安全。如果物业服务企业因为计划不周、人力不足或是服务态度等，造成房屋及公用设施、设备修缮不及时的，业主可以向法院起诉，要求物业服务企业承担继续履行、采取补救措施或赔偿损失等违约责任。

此外，小区的物业管理部门维修不及时的，业主也可以去业主委员会或房地产行政主管部门投诉。

法律依据

《中华人民共和国民法典》

第九百四十二条 物业服务人应当按照约定和物业的使

用性质，妥善维修、养护、清洁、绿化和经营管理物业服务区域内的业主共有部分，维护物业服务区域内的基本秩序，采取合理措施保护业主的人身、财产安全。

对物业服务区域内违反有关治安、环保、消防等法律法规的行为，物业服务人应当及时采取合理措施制止、向有关行政主管部门报告并协助处理。

47. 物业服务企业追讨物业服务费有诉讼时效限制吗？

法律咨询

李某是某小区业主，因4年前和物业服务企业发生纠纷，就再没有交纳过物业服务费，物业也一直没有向李某催要过。2017年年初，物业服务企业发催缴物业服务费通知给李某，李某收到通知但没有答复。后物业服务企业将李某起诉至法院，要求李某支付拖欠了4年的物业服务费。那么，物业服务企业追讨物业服务费有诉讼时效限制吗？

律师答疑

现实生活中常常出现业主对物业服务企业服务有意见而拒绝交纳物业服务费的情况，物业服务企业又碍于情面，不愿意得罪业主，于是就对个别拖欠物业费的业主没有及时主张权利，导致因为过了诉讼时效期而得不到法律保护。

实际上，过了诉讼时效物业服务企业依然有权追讨物业服务费，但由于已超过诉讼时效，业主可以主张超过诉讼时效抗辩；然而，自物业服务企业主张权利之日起3年内的物业服务费，还是可以得到法律支持的。根据最高人民法院《关于审理民事案件适用诉讼时效制度若干问题的规定》第8条的规定，当事人一方以发送信件或者数据电文方式主张权利，信件或者数据电文到达或者应当到达对方当事人的，应当认定为《民法典》第195条规定的"权利人向义务人提出履行请求"，产生诉讼时效中断的效力。因此，物业服务企业追讨物业服务费的诉讼时效自业主收到通知之日起中断，物业服务企业提起诉讼前3年内所拖欠的物业服务费业主应该交纳；超过3年的物业服务费业主行使诉讼时效抗辩的，法院不支持物业服务企业的请求。

物业服务企业对拖欠物业服务费的业主应及时行使权利，同时物业服务企业也可以请求业主委员会协助催讨物业服务费。当然，业主在物业纠纷诉讼中，对超过诉讼时效的请求，必须主动行使诉讼时效抗辩，否则人民法院不对诉讼时效问题进行释明或主动适用诉讼时效的规定进行裁判。物业服务企业向业主追缴物业服务费的诉讼时效为3年，从费用交纳期限届满的第二日开始计算，若物业服务企业期间曾向业主追缴过欠费或业主同意交纳欠费，则可适用诉讼时效中断，从物业服务企业向业主追缴物业服务费或业主同意付费第二日起，诉讼时效重新计算。

法律依据

《中华人民共和国民法典》

第一百八十八条 向人民法院请求保护民事权利的诉讼时效期间为三年。法律另有规定的，依照其规定。

诉讼时效期间自权利人知道或者应当知道权利受到损害以及义务人之日起计算。法律另有规定的，依照其规定。但是，自权利受到损害之日起超过二十年的，人民法院不予保护，有特殊情况的，人民法院可以根据权利人的申请决定延长。

第一百九十五条　有下列情形之一的，诉讼时效中断，从中断、有关程序终结时起，诉讼时效期间重新计算：

（一）权利人向义务人提出履行请求；

（二）义务人同意履行义务；

（三）权利人提起诉讼或者申请仲裁；

（四）与提起诉讼或者申请仲裁具有同等效力的其他情形。

最高人民法院《关于审理民事案件适用诉讼时效制度若干问题的规定》

第八条　具有下列情形之一的，应当认定为民法典第一百九十五条规定的“权利人向义务人提出履行请求”，产生诉讼时效中断的效力：

（一）当事人一方直接向对方当事人送交主张权利文书，对方当事人在文书上签名、盖章、按指印或者虽未签名、盖章、按指印但能够以其他方式证明该文书到达对方当事人的；

（二）当事人一方以发送信件或者数据电文方式主张权利，信件或者数据电文到达或者应当到达对方当事人的；

（三）当事人一方为金融机构，依照法律规定或者当事人约定从对方当事人账户中扣收欠款本息的；

（四）当事人一方下落不明，对方当事人在国家级或者下落不明的当事人一方住所地的省级有影响的媒体上刊登具有主张权利内容的公告的,但法律和司法解释另有特别规定的,适用其规定。

前款第(一)项情形中,对方当事人为法人或者其他组织的,签收人可以是其法定代表人、主要负责人、负责收发信件的部门或者被授权主体;对方当事人为自然人的,签收人可以是自然人本人、同住的具有完全行为能力的亲属或者被授权主体。

48. 业主入住后房屋受损,物业服务企业和开发商应在各自职责范围内负责吗?

法律咨询

金某结婚前在某小区向开发商买了一套三居室的房子作为婚房。但是,在装修入住后,金某发现房屋出现了渗水现象,并导致家里的地板、家具等遭到不同程度的损坏。那么,业主入住后房屋受损,物业服务企业和开发商应在各自职责范围内负责吗?

律师答疑

开发商和物业服务企业作为不同的民事主体,其对业主的房屋所承担的法定职责是不同的。开发商作为房屋的设计、建筑者,对房屋的质量问题应承担责任;而作为物业管理主体的物业服务企业,根据《民法典》第942条的规定,其对物业承担维护和管理责任。因此,对于业主入住后房屋受损的问题,具体由谁来承担损害赔偿责任,应该视房屋的损失原因而定。如果房屋的设计、建设、施工过程中的问题使房屋受损的，应该由开发商承担责任；如果物业服务企业未尽到维护和管理职责使房屋受损的，应由物业服务企业承担责任。

法律依据

《中华人民共和国民法典》

第九百四十二条　物业服务人应当按照约定和物业的使用性质，妥善维修、养护、清洁、绿化和经营管理物业服务区域内的业主共有部分，维护物业服务区域内的基本秩序，采取合理措施保护业主的人身、财产安全。

对物业服务区域内违反有关治安、环保、消防等法律法规的行为，物业服务人应当及时采取合理措施制止、向有关行政主管部门报告并协助处理。

49. 业主违章修建户外设施，物业服务企业是适格的诉讼主体吗？

法律咨询

董先生入住某小区时签署了临时管理规约，承诺遵守该公约的一切条款。该临时公约禁止业主在平台、阳台、露台、屋顶或者其他场地搭建建造物、构筑物。董先生装修时在南面阳台上安装移动窗后又安装了防盗窗，物业服务企业多次劝说其拆除未果，遂打算诉至法院要求董先生拆除该搭建物。那么，业主违章修建户外设施，物业服务企业是适格的诉讼主体吗？

律师答疑

近年来，业主自行搭建、改建等行为屡有发生，因此引发的物业管理纠纷占了民事案件相当大的比重。对于业主此类行为，物业服务企业是否有权提起民事诉讼，审判实践中把握不一。具体来说，主要存在以下几个权利主体：

（1）对业主违反相关禁止性规定的违章搭建、改建行为的处罚权在有关行政管理部门。有些地方性法规（如《上海市住宅物业管理规定》第59条、第84条）规定业主出现违章搭建、改建行为时，有关行政管理部门在接到物业服务企业的报告后，应当对违法行为予以制止或者依法处理，如责令改正、限期拆除、恢复原状，向人民政府申请强制拆除、罚款等。由此可知，对于业主违反法律法规禁止性规定的行为的处罚，属于行政管理部门的主管范围和执法范畴，当事人对行政管理部门的具体行政行为不服的，可以依照《行政复议法》或者《行政诉讼法》的规定，申请行政复议或提起行政诉讼。临时管理规约或业主装修守则的具体内容可由当事人自行约定，但该约定不得违反相关法律法规或规章制度的强制性规定，更不能将有关行政机关的行政执法权力变相约定为物业服务企业所享有的管理权。

（2）业主违反禁止性规定或临时管理规约的行为，损害相邻方或公共利益时，应由特定相邻方或经业主大会授权代表公共利益的业主委员会提起民事诉讼。如果业主在装修过程中损害了相邻方的利益，如通风权、采光权等，应按《民法典》中的相邻关系予以调整，被损害的特定相邻人应根据《民法典》的规定提起民事诉讼。就涉及全体业主公共利益的事项，如出现小区内的公共绿地被侵占，业主在共有的外墙、屋顶擅自搭建，损坏小区内公共设施的情形，业主委员会作为维护业主公共利益的机构，对于个别业主违反相关约定、侵害全体业主公共利益的行为，可以提起民事诉讼，追究违约方的违约责任，或者要求其排除妨碍。

（3）对于业主违反禁止性规定或临时管理规约的行为，妨碍物业服务与管理时，物业服务企业可以提起民事诉讼。根据最高人民法院《关于审理物业服务纠纷案件适用法律若干问题的解释》第1条的规定，业主违反物业服务合同或者法律、法规、管理规约，实施妨碍物业服务与管理的行为，物业服务人请求业主承担停止侵害、排除妨碍、恢复原状等相应民事责任的，人民法院应予支持。因而，物业服务企业对于业主的不当行为，除劝阻、制止，并报告有权力的行政管理部门处理外，也可以作为适格主体起诉。

因此，业主违章修建室外设施，作为物业服务企业，其职责和义务首先是对业主的擅自搭建行为进行劝阻、制止；在劝阻、制止无效的情况下，应当在24小时内报告房屋行政管理部门。在业主实施妨碍物业服务与管理行为时，物业服务企业可以作为适格主体，向法院起诉请求业主恢复原状、停止侵害、排除妨碍。

法律依据

《上海市住宅物业管理规定》

第五十九条　物业服务企业发现业主、使用人在物业使用、装饰装修过程中有违反国家和本市有关规定以及临时管理规约、管理规约行为的，应当依据有关规定或者临时管理规约、管理规约予以劝阻、制止；劝阻、制止无效的，应当在二十四小时内报告业主委员会和有关行政管理部门。有关行政管理部门在接到物业服务企业的报告后，应当依法对违法行为予以制止或者处理。

第八十四条 违反本规定第五十六条第二款第二项规定，违法搭建建筑物、构筑物的，由城管执法或者规划资源行政管理部门根据职责分工，依照《上海市拆除违法建筑若干规定》的相关规定予以拆除，可处一万元以上十万元以下的罚款。

《物业管理条例》

第四十五条 对物业管理区域内违反有关治安、环保、物业装饰装修和使用等方面法律、法规规定的行为，物业服务企业应当制止，并及时向有关行政管理部门报告。

有关行政管理部门在接到物业服务企业的报告后，应当依法对违法行为予以制止或者依法处理。

最高人民法院《关于审理物业服务纠纷案件适用法律若干问题的解释》

第一条 业主违反物业服务合同或者法律、法规、管理规约，实施妨碍物业服务与管理的行为，物业服务人请求业主承担停止侵害、排除妨碍、恢复原状等相应民事责任的，人民法院应予支持。

50. 物业服务企业不允许业主封闭阳台的约定要受到合法性审查吗？

法律咨询

裴某购买某小区房屋一套，物业服务合同中约定："业主不得擅自封闭阳台。"裴某入住后，发现房屋挑檐过窄，雨天积水，遂在南侧阳台上加装了无色、无边框、平推开合式的玻璃窗。物业服务企业起诉要求裴某将南侧阳台恢复原状。那么，物业服务企业不允许业主封闭阳台的约定要受到合法性审查吗？

律师答疑

首先，业主对阳台享有专有所有权。所谓专有部分，一般认为是构造上能够明确区分，具有排他性且可以独立使用的作为区分所有权标的的建筑物部分。阳台与房屋主体紧密相连，不存在建筑物中的共有部分，专属于业主个人独立使用。因此，阳台在构造和使用上均具有独立性，应确定为房屋的专有部分，业主对此依法享有专有所有权。

其次，开发商在销售物业之前，会制定临时管理规约，对有关物业的使用、维护、管理，业主的共同利益，业主应当履行的义务，违反临时管理规约应当承担的责任等事项依法作出约定。如果在临时管理规约中明确约定了小区业主不得封闭阳台，那么，物业服务企业就可以在物业服务合同中设置限制业主封闭阳台的约定。

当然，如果业主认为禁止封闭阳台的规定侵犯了业主的合法权益，可以在成立业主大会、业主委员会之后，通过法定程序，制定符合全体业主共同利益的新的管理规约。新的管理规约中如没有不允许封闭阳台的约定，物业服务企业就无权限制业主封闭阳台。

法律依据

《中华人民共和国民法典》

第二百七十一条 业主对建筑物内的住宅、经营性用房等专有部分享有所有权，对专有部分以外的共有部分享有共有和共同管理的权利。

第二百七十二条 业主对其建筑物专有部分享有占有、使用、收益和处分的权利。业主行使权利不得危及建筑物的安全,不得损害其他业主的合法权益。

第二百七十八条 下列事项由业主共同决定:

(一)制定和修改业主大会议事规则;

(二)制定和修改管理规约;

(三)选举业主委员会或者更换业主委员会成员;

(四)选聘和解聘物业服务企业或者其他管理人;

(五)使用建筑物及其附属设施的维修资金;

(六)筹集建筑物及其附属设施的维修资金;

(七)改建、重建建筑物及其附属设施;

(八)改变共有部分的用途或者利用共有部分从事经营活动;

(九)有关共有和共同管理权利的其他重大事项。

业主共同决定事项,应当由专有部分面积占比三分之二以上的业主且人数占比三分之二以上的业主参与表决。决定前款第六项至第八项规定的事项,应当经参与表决专有部分面积四分之三以上的业主且参与表决人数四分之三以上的业主同意。决定前款其他事项,应当经参与表决专有部分面积过半数的业主且参与表决人数过半数的业主同意。

第二百八十条 业主大会或者业主委员会的决定,对业主具有法律约束力。

业主大会或者业主委员会作出的决定侵害业主合法权益的,受侵害的业主可以请求人民法院予以撤销。

《物业管理条例》

第二十二条 建设单位应当在销售物业之前,制定临时管理规约，对有关物业的使用、维护、管理，业主的共同利益，业主应当履行的义务，违反临时管理规约应当承担的责任等事项依法作出约定。

建设单位制定的临时管理规约，不得侵害物业买受人的合法权益。

51. 部分业主违反业主委员会通过的协议自封阳台，物业服务企业或者业主委员会有权起诉业主吗？

法律咨询

某小区业主封闭了自己房子的景观阳台。后来，业主委员会对该事项投票表决，表决结果为不允许封闭景观阳台。同时，业主委员会还致函物业服务企业，要求物业服务企业采取措施拆除阳台封闭物。故物业服务企业分别对几户业主提起诉讼，那么，物业服务企业可以这样做吗？

律师答疑

根据我国《民法典》的有关规定，是否自封阳台属于业主建筑物区分所有权中专有权的一部分，业主对其专有部分的所有权可以自由行使，不受他人干涉。但是，业主大会可以为了小区内业主公共利益的需要而通过协议，在一定程度上限制业主专有权的行使范围。最高人民法院《关于审理物业服务纠纷案件适用法律若干问题的解释》第 1 条规定，业主违反物业服务合同或者法律、法规、管理规约，实施妨碍物业服务与管理的行为，物业服务人请求业主承担停止侵害、排除妨碍、恢复原状等相应民事责任的，人民法院应予支持。

若业主违反规定封闭景观阳台，物业服务企业可向人民法院提起诉讼。其中涉及以下两个问题：

(1)物业服务企业的诉讼主体资格。物业服务企业与小区业主签订了物业服务合同，该合同对全体业主具有约束力。物业服务企业受委托进行物业管理，同时，业主委员会还致函物业服务企业，要求物业服务企业采取措施拆除阳台封闭物。因此，对于小区业主擅自封闭景观阳台损害全体业主利益的行为，物业服务企业可以以自己的名义提起诉讼。

(2)全体业主共同利益标准。根据法律的规定和管理规约的约定，对于物业服务企业维护业主共同利益的有关物业的使用、维护、管理行为，业主应当配合履行相关义务。如果业主委员会按照法定程序向全体小区业主发出召开业主大会的公告，就“是否封闭景观阳台”进行了全体业主代表大会的表决。在业主大会决议不允许封闭阳台的情况下，部分业主一意孤行擅自封闭的行为，应该属于侵害了全体业主的共同利益。所以，个体业主进行的房屋改造行为，如果没有遵守符合全体业主共同利益的原则，就要承担相应的责任。

因此，广大业主在自己装修房屋的时候，应该遵守物业服务企业公布的房屋装饰装修中的禁止行为和注意事项，并事先告知物业服务企业，征得同意后方可进行。如果觉得物业服务企业规定的房屋装修装饰的禁止行为和注意事项不合理，可以通过业主大会进行修改完善，甚至解聘物业服务企业。

法律依据

《中华人民共和国民法典》

第二百七十一条　业主对建筑物内的住宅、经营性用房等专有部分享有所有权，对专有部分以外的共有部分享有共有和共同管理的权利。

第二百七十二条　业主对其建筑物专有部分享有占有、使用、收益和处分的权利。业主行使权利不得危及建筑物的安全，不得损害其他业主的合法权益。

第二百八十条　业主大会或者业主委员会的决定，对业主具有法律约束力。

业主大会或者业主委员会作出的决定侵害业主合法权益的，受侵害的业主可以请求人民法院予以撤销。

最高人民法院《关于审理物业服务纠纷案件适用法律若干问题的解释》

第一条　业主违反物业服务合同或者法律、法规、管理规约，实施妨碍物业服务与管理的行为，物业服务人请求业主承担停止侵害、排除妨碍、恢复原状等相应民事责任的，人民法院应予支持。

52. 物业服务企业应当对维修过程中的不当行为负责吗？

法律咨询

周某家中自来水不能使用，遂向小区物业报修。物业派人上门更换了水阀并收取了维修费。次日,周某楼下的陶先生发现家中屋顶大量渗水。物业得到报告后立即关闭了供水系统,但因周某家中无人,其家中地面积水仍渗漏不止。事后,周某赔偿了陶某全部损失,但向物业服务企业追偿未果。那么,物业服务企业应当对维修过程中的不当行为负责吗?

律师答疑

根据法律的规定和物业服务合同的约定,物业服务企业不当履行物业管理服务工作或履行不到位,侵害了业主的人身、财产安全的,应该依法承担相应的责任。

现代高层住房基本都是联体建筑,各业主共有相关的建筑物,极易发生相邻业主使用房屋或进行装修装饰时损害对方权益的情形。业主在遇到房屋部分设施设备不能正常使用的情况时,应主动报请物业服务企业进行相应的维修或排除妨碍,而不能擅自自行修复,以免因修复不当侵害相邻业主权益而承担法律责任;而且也应督促物业服务企业认真检查确认相应的维修效果,以确保房屋设施设备能正常使用,以减少麻烦和纠纷。对于物业服务企业的不当或不到位的维修行为,可以向法院起诉要求其承担相应的法律责任。

法律依据

《物业管理条例》

第三十五条 物业服务企业应当按照物业服务合同的约定,提供相应的服务。

物业服务企业未能履行物业服务合同的约定,导致业主人身、财产安全受到损害的,应当依法承担相应的法律责任。

53. 物业服务企业有权阻止业主安装可能影响大楼主体结构的室内设备吗?

法律咨询

顾某购买了某小区房屋一套并办理了入住手续。随后,顾某购买了一只超负荷的大浴缸准备安装在房屋内,物业服务企业以安装该浴缸需经批准及通过安全测定为由加以拒绝。顾某再次准备吊装大浴缸时遭到物业服务企业制止,顾某遂诉至法院。那么,物业服务企业有权阻止业主安装可能影响大楼主体结构的室内设备吗?

律师答疑

业主作为自己财产的所有者,有权处分自己的财产,包括大浴缸。从民法理论角度上看,业主有权安装浴缸,但业主处分自己财产的权利也是有边界的,即不能侵害其他业主的公共权益。按照《民法典》和《物业管理条例》的规定,业主装饰装修房屋前,应当事先告知物业。对于物业管理区域内违反有关治安、环保、物业装饰装修和使用等方面法律、法规规定的行为,物业服务企业应当制止,并及时向有关行政管理部门报告。最高人民法院《关于审理物业服务纠纷案件适用法律若干问题的解释》第1条规定,业主违反物业服务合同或者法律、法规、管理规约,实施妨碍物业服务与管理的行为,物业服务人请求业主承担停止侵害、排除妨碍、恢复原状等相应民事责任的,人民法院应予支持。

本案中,超负荷的室内设备有可能会影响大楼的结构,进而威胁到大楼的安全,损害业主的公共权益。因此,物业服务企业基于物业管理权,阻止业主行使财产处分权,是合理的。如果业主确需安装大型的家具或设备，应该在相关行业标准规定的范围内，征得物业服务企业的同意。业主若觉得物业服务企业无理阻挠，可以聘请相关的专业技术专家进行鉴定分析；如果是在规定的限度内，物业服务企业仍然阻止的话，业主可以向法院起诉物业服务企业，要求其排除妨碍，赔偿损失。

法律依据

《中华人民共和国民法典》

第九百四十二条 物业服务人应当按照约定和物业的使用性质，妥善维修、养护、清洁、绿化和经营管理物业服务区域内的业主共有部分，维护物业服务区域内的基本秩序，采取合理措施保护业主的人身、财产安全。

对物业服务区域内违反有关治安、环保、消防等法律法规的行为，物业服务人应当及时采取合理措施制止、向有关行政主管部门报告并协助处理。

《物业管理条例》

第四十五条 对物业管理区域内违反有关治安、环保、物业装饰装修和使用等方面法律、法规规定的行为，物业服务企业应当制止，并及时向有关行政管理部门报告。

有关行政管理部门在接到物业服务企业的报告后，应当依法对违法行为予以制止或者依法处理。

第五十二条 业主需要装饰装修房屋的，应当事先告知物业服务企业。

物业服务企业应当将房屋装饰装修中的禁止行为和注意事项告知业主。

最高人民法院《关于审理物业服务纠纷案件适用法律若干问题的解释》

第一条　业主违反物业服务合同或者法律、法规、管理规约，实施妨碍物业服务与管理的行为，物业服务人请求业主承担停止侵害、排除妨碍、恢复原状等相应民事责任的，人民法院应予支持。

54. 业主能以前期物业服务合同不合理为由而进行违章装修吗？

法律咨询

宋某购得某区住房一套，该楼设有跃层露天阳台（阳台上留有两个排气口）。宋某和物业服务企业签订承诺书，载明宋某须遵守《住宅物业管理公约》。该公约规定，产权人因特殊情况需要改变房屋使用性质的，应征得相邻产权人以及物业服务企业的书面同意。宋某以排气口影响室内空气质量为由，擅自在跃层阳台上建设塑钢结构房屋。那么，业主能以前期物业服务合同不合理为由而进行违章装修吗？

律师答疑

前期物业管理公约具有相应的法律效力。根据《民法典》第939条的规定，建设单位依法与物业服务人订立的前期物业服务合同，以及业主委员会与业主大会依法选聘的物业服务人订立的物业服务合同，对业主具有法律约束力。根据《物业管理条例》第

21~23 条的相关规定，在业主、业主大会选聘物业服务企业之前，建设单位选聘物业服务企业的，应当签订书面的前期物业服务合同。建设单位制定的临时管理规约，不得侵害物业买受人的合法权益。建设单位应当在物业销售前将临时管理规约向物业买受人明示，并予以说明。物业买受人在与建设单位签订物业买卖合同时，应当对遵守临时管理规约予以书面承诺。同时，业主不能进行违章装修属于法定义务，即使在前期物业管理公约中没有相关规定，业主也负有不进行违章装修的义务。

作为小区业主，除对其房屋享有建筑物区分所有权外，其还负有维护小区整体利益的义务。不进行违章装修是小区业主的法定义务，即使没有前期公约进行约定，业主也不能违反。如果物业管理临时公约有明显的违法情况，或者侵犯了业主的共同利益，业主可以通过成立业主委员会召集业主大会，制定新的物业管理公约或者干脆重新选聘物业服务企业等途径，保护业主的共同权益。如果部分业主违反物业管理临时公约，擅自改变房屋结构、外貌和用途，侵害业主共同利益，应承担相应的法律责任。

法律依据

《中华人民共和国民法典》

第九百三十九条　建设单位依法与物业服务人订立的前期物业服务合同，以及业主委员会与业主大会依法选聘的物业服务人订立的物业服务合同，对业主具有法律约束力。

《物业管理条例》

第二十一条　在业主、业主大会选聘物业服务企业之前，建设单位选聘物业服务企业的，应当签订书面的前期物业服务合同。

第二十二条　建设单位应当在销售物业之前，制定临时管理规约，对有关物业的使用、维护、管理，业主的共同利益，业主应当履行的义务，违反临时管理规约应当承担的责任等事项依法作出约定。

建设单位制定的临时管理规约，不得侵害物业买受人的合法权益。

第二十三条　建设单位应当在物业销售前将临时管理规约向物业买受人明示，并予以说明。

物业买受人在与建设单位签订物业买卖合同时，应当对遵守临时管理规约予以书面承诺。

最高人民法院《关于审理物业服务纠纷案件适用法律若干问题的解释》

第一条　业主违反物业服务合同或者法律、法规、管理规约，实施妨碍物业服务与管理的行为，物业服务人请求业主承担停止侵害、排除妨碍、恢复原状等相应民事责任的，人民法院应予支持。

55. 业主违章装修，物业服务企业有权采取罚款或断水、断电等惩罚措施吗？

法律咨询

张某入住位于顶层的新房后，未经同意便封了观景阳台并加了防护栏。物业服务企业根据《物业服务企业公约》中关于“业主不得私自封闭观景阳台、不得在窗户上加装防护栏”的约定，要求张某拆除，但遭到拒绝，于是物业服务企业对张某采取了断水、断电的惩罚措施。那么，业主违章装修，物业服务企业有权采取罚款或断水、断电等惩罚措施吗？

律师答疑

物业服务企业对于业主的违法违章行为没有处罚权。业主应该遵守相关法律法规以及物业管理公约，不得擅自进行装饰装修。如果业主违反了相关公约擅自违章装修，应当及时排除妨碍，消除危险，因此给其他业主造成的损失应该予以赔偿。物业服务企业如果发现业主有违章装饰装修的行为，应及时制止，并向有关行政管理部门报告，但是物业服务企业无权对业主进行罚款或断水、断电等处罚。对于业主的违法行为，只能由有关行政管理部门依法进行制止或依法处理。如果物业服务企业违法对业主进行停水停电等处罚，造成危害后果的，也应依法承担相应的法律责任。

此类案件涉及两个问题：（1）业主不得擅自进行装饰装修，应及时拆除违章建筑。业主应该遵守相关的法律法规的规定和物业管理公约的约定，不得擅自进行违章装饰装修；如果不听劝阻进行了违章装饰装修的，应该及时排除妨碍、恢复原状，以免造成更大的危害后果，承担更大的法律责任。（2）物业服务企业无权对业主进行罚款或断水、断电等处罚。根据《民法典》的规定，物业服务人不得采取停止供电、供水、供热、供燃气等方式催交物业费，业主违规装修的情况也类似。罚款或断水、断电等处罚措施属于国家公权力的行使范围，只有经法律、法规授权的行政机关等公权力机关才能够行使处罚权。物业服务企业发现业主有违章装修或装饰的行为，应及时加以制止，并向有关行政管理机关报告，不得违法对其采取罚款或停水停电的处罚措施，否则应承担相应的法律责任。业主如果发现物业服务企业违法进行处罚的，可以向有关行政管理机关反映，或向法院起诉。

法律依据

《中华人民共和国民法典》

第九百四十四条　业主应当按照约定向物业服务人支付物业费。物业服务人已经按照约定和有关规定提供服务的，业主不得以未接受或者无需接受相关物业服务为由拒绝支付物业费。

业主违反约定逾期不支付物业费的，物业服务人可以催告其在合理期限内支付；合理期限届满仍不支付的，物业服务人可以提起诉讼或者申请仲裁。

物业服务人不得采取停止供电、供水、供热、供燃气等方式催交物业费。

《物业管理条例》

第四十五条　对物业管理区域内违反有关治安、环保、物业装饰装修和使用等方面法律、法规规定的行为，物业服务企业应当制止，并及时向有关行政管理部门报告。

有关行政管理部门在接到物业服务企业的报告后，应当依法对违法行为予以制止或者依法处理。

第五十二条　业主需要装饰装修房屋的，应当事先告知物业服务企业。

物业服务企业应当将房屋装饰装修中的禁止行为和注意事项告知业主。

56. 相邻业主造成的侵权，物业服务企业应该负责赔偿吗？

法律咨询

郭某入住小区后，与物业服务企业签订了物业服务协议。后因上层住户将装修施工的白灰膏倒入主卫排水管导致排水管堵塞，使郭某房屋卫生间的下水道污水反灌，造成屋内地面和墙体污损。郭某认为，由于物业管理不善，给自己的财产及精神造成了极大损失，要求物业服务企业赔偿其损失。那么，相邻业主造成的侵权，物业服务企业应该负责赔偿吗？

律师答疑

按照《物业管理条例》第35条的规定，物业服务企业应当按照物业服务合同的约定，提供相应的服务。如果发生物业服务事故，应及时进行排除，否则应承担相应的责任。对于其他相邻业主造成的侵害行为，物业服务企业如果及时履行了物业管理和服务职责，及时排除妨碍，减少损失，就不承担物业管理责任。如果物业服务企业在发生物业服务事故后怠于进行物业管理和服务的，应在侵权行为人承担责任之外承担相应的物业管理责任。

法律依据

《中华人民共和国民法典》

第二百八十七条 业主对建设单位、物业服务企业或者其他管理人以及其他业主侵害自己合法权益的行为，有权请求其承担民事责任。

《物业管理条例》

第三十五条 物业服务企业应当按照物业服务合同的约定，提供相应的服务。

物业服务企业未能履行物业服务合同的约定，导致业主人身、财产安全受到损害的，应当依法承担相应的法律责任。

57. 业主在承重墙上凿孔，邻居有权起诉制止吗？

法律咨询

杜某系某小区一层住户，其楼上住户未经杜某同意，擅自使用大型开凿设备改造下水主管道，在楼道内开凿了两个过墙眼，并在杜某房屋旁的外延承重墙上开凿了一个160毫米过墙眼，使杜某房屋的顶部、一体橱柜及墙砖等受到不同程度的损坏，双方就此发生争议，杜某欲起诉。那么，业主在承重墙上凿孔，邻居有权起诉制止吗？

律师答疑

不动产所有权人或用益物权人之间存在相邻关系，不动产所有权人对自己权利的行使要受到一定的限制，不能对他人权利造成侵害。根据《民法典》第295~296条的规定，不动产权利人挖掘土地、建造建筑物、铺设管线以及安装设备等，不得危及相邻不动产的安全。不动产权利人因用水、排水、通行、铺设管线等利用相邻不动产的，应当尽量避免对相邻的不动产权利人造成损害。《物业管理条例》第7条规定，业主应当遵守物业管理区域内物业共用部位和共用设施设备的使用、公共秩序和环境卫生的维护等方面的规章制度。如果业主违反法律法规的规定对房屋进行装修、改造而给其他所有者对其所有物的享有造成妨碍或危险，该业主应该排除妨碍、消除危险，造成损失的应该同时赔偿损失。

在邻里纠纷案件中，为妥善解决纠纷，避免当事人双方矛盾激化，应从情理的角度对双方进行劝导。因此，如遇类似情况发生，双方应当协商解决，寻找恰当的解决办法。双方应当为相邻权利人的基本生活需求提供必要的便利，营造和睦的邻里关系、和谐的社区环境。如协商不成，双方可通过诉讼途径解决纠纷。

法律依据

《物业管理条例》

第七条 业主在物业管理活动中，履行下列义务：

（一）遵守管理规约、业主大会议事规则；

（二）遵守物业管理区域内物业共用部位和共用设施设备的使用、公共秩序和环境卫生的维护等方面的规章制度；

（三）执行业主大会的决定和业主大会授权业主委员会作出的决定；

（四）按照国家有关规定交纳专项维修资金；

（五）按时交纳物业服务费用；

（六）法律、法规规定的其他义务。

《中华人民共和国民法典》

第二百九十五条 不动产权利人挖掘土地、建造建筑物、铺设管线以及安装设备等，不得危及相邻不动产的安全。

第二百九十六条 不动产权利人因用水、排水、通行、铺设管线等利用相邻不动产的，应当尽量避免对相邻的不动产权利人造成损害。

58. 业主在其独用的平台上搭建玻璃房，物业服务企业有权制止吗？

法律咨询

陈先生入住某公寓办理入户手续时，按《物业管理条例》的规定，双方签订了《物业管理服务公约》，其中明确约定屋顶平台禁止搭建建筑物。然而，陈先生在对新房进行装修时，不顾小区物业的多次上门劝阻和制止，擅自在其独用的平台上违章搭建了玻璃阳光房。那么，业主在其独用的平台上搭建玻璃房，物业服务企业有权制止吗？

律师答疑

根据《民法典》第 272 条的规定，业主对其建筑物专有部分享有占有、使用、收益和处分的权利。业主行使权利不得危及建筑物的安全，不得损害其他业主的合法权益。业主作为其房产的所有权人，有权支配其房产，并进行合法合理的装修或装饰，任何人不得违法予以干涉。但是，任何权利的行使都有其合理的界限，应当符合法律法规的规定和相关约定，并不得侵害公共利益。业主需要装饰装修房屋的，应当事先告知物业服务企业，物业服务企业应当将房屋装饰装修中的禁止行为和注意事项告知业主，业主不能违反物业管理公约私自搭建建筑物。

陈先生家的屋顶平台虽然为业主独用，但业主应该遵守《物业管理服务公约》的约定，未经业主大会或物业服务企业的同意，擅自在平台上搭建违章建筑，影响了小区整体环境面貌，侵犯了整幢楼业主的利益。因此，在未经其他业主同意的情况下，业主不得在其自有平台上修建玻璃房。最高人民法院《关于审理物业服务纠纷案件适用法律若干问题的解释》第1条规定,业主违反物业服务合同或者法律、法规、管理规约,实施妨碍物业服务与管理的行为,物业服务人请求业主承担停止侵害、排除妨碍、恢复原状等相应民事责任的,人民法院应予支持。业主在自己享有所有权的房产或设施上进行装饰装修的,应该遵守相关房产管理的法律法规规定和物业服务合同的约定,业主的个人所有权不得侵犯整幢大楼业主的所有权,否则将承担相应的法律责任。

法律依据

《中华人民共和国民法典》

第二百七十一条 业主对建筑物内的住宅、经营性用房等专有部分享有所有权,对专有部分以外的共有部分享有共有和共同管理的权利。

第二百七十二条 业主对其建筑物专有部分享有占有、使用、收益和处分的权利。业主行使权利不得危及建筑物的安全,不得损害其他业主的合法权益。

《物业管理条例》

第七条 业主在物业管理活动中,履行下列义务:

(一)遵守管理规约、业主大会议事规则;

(二)遵守物业管理区域内物业共用部位和共用设施设备的使用、公共秩序和环境卫生的维护等方面的规章制度;

(三)执行业主大会的决定和业主大会授权业主委员会作出的决定;

(四)按照国家有关规定交纳专项维修资金;

（五）按时交纳物业服务费用；

（六）法律、法规规定的其他义务。

第五十二条 业主需要装饰装修房屋的，应当事先告知物业服务企业。

物业服务企业应当将房屋装饰装修中的禁止行为和注意事项告知业主。

最高人民法院《关于审理物业服务纠纷案件适用法律若干问题的解释》

第一条 业主违反物业服务合同或者法律、法规、管理规约，实施妨碍物业服务与管理的行为，物业服务人请求业主承担停止侵害、排除妨碍、恢复原状等相应民事责任的，人民法院应予支持。

59. 业主装修不当造成损失的，物业服务企业应对其疏于监督管理造成的损失负责吗？

法律咨询

周某发现卫生间的地漏返水，立刻通知物业服务企业。物业服务企业派人疏通时发现，堵塞的部位是在该套房屋下部与楼下房屋相连的主下水管线处，堵塞物是装修垃圾。因为该层其他几户业主都在装修，无法查清堵塞物的来源，但周某认为因此受损严重，要求物业服务企业赔偿。请问，业主装修不当造成损失的，物业服务企业应对其疏于管理造成的损失负责吗？

律师答疑

由于业主不当装修造成主下水管道堵塞，因此造成的损失包括两个部分：（1）业主不当装修造成主下水管道堵塞，导致房屋遭到返水浸泡造成损害的，物业服务企业不应承担直接侵权责任。（2）对业主不当装修但物业服务企业怠于监督管理的，物业服务企业应承担相应的责任。物业服务企业负有物业管理的职责，因其怠于监督管理而使业主损失扩大的部分，物业服务企业应该承担责任。因此，业主在办理交房验收时，应与物业服务企业对相关设备设施进行验收，特别是下水管线等，以免给将来在使用过程中出现管道堵塞等问题引发争执留下隐患。

法律依据

《中华人民共和国民法典》

第九百四十二条 物业服务人应当按照约定和物业的使用性质，妥善维修、养护、清洁、绿化和经营管理物业服务区域内的业主共有部分，维护物业服务区域内的基本秩序，采取合理措施保护业主的人身、财产安全。

对物业服务区域内违反有关治安、环保、消防等法律法规的行为，物业服务人应当及时采取合理措施制止、向有关行政主管部门报告并协助处理。

《物业管理条例》

第三十五条 物业服务企业应当按照物业服务合同的约定，提供相应的服务。

物业服务企业未能履行物业服务合同的约定，导致业主人身、财产安全受到损害的，应当依法承担相应的法律责任。

第三十六条　物业服务企业承接物业时，应当与业主委员会办理物业验收手续。

业主委员会应当向物业服务企业移交本条例第二十九条第一款规定的资料。

60. 业主违反物业管理规约自行安装防盗设施合法吗？物业服务企业是否有权要求业主拆除？

法律咨询

周某购买某小区房屋一套，并与物业签订了《房屋装饰装修管理协议》，该协议为格式合同，约定窗口外侧不可安装防盗网、纱窗，相应的防护设备须安装于窗户内侧。后周某在阳台、窗户外侧安装防盗窗，但防盗窗与房屋外墙面持平。物业遂向法院提起诉讼，要求周某拆除防盗窗，恢复窗户、阳台外侧原状。那么，业主违反《房屋装饰装修管理协议》自行安装防盗设施合法吗？物业服务企业是否有权要求业主拆除？

律师答疑

一般来说，物业服务企业是否有权要求业主排除妨碍取决于双方签订协议的相关条款是否有效。物业服务企业与业主是物业管理经营者与消费者的关系，经营者不得以格式合同的方式作出对消费者不公平、不合理的规定。双方签订的房屋装饰装修管理协议为物业服务企业提供的格式合同文本，如物业服务企业不能举证证明对合同中限制业主权益的条款已尽提醒义务，而该条款又排除了被告对自己房屋的阳台、窗户享有的主要权利,物业与业主签订的《房屋装饰装修管理协议》中关于窗口外侧不可安装防盗网、纱窗,相应的防护设备须安装于窗户内侧的条款无效。业主对自己房屋的阳台、窗户享受专属的区分所有权,可以自主使用,且业主在阳台、窗户外侧安装防盗窗,没有危及建筑物的安全,也没有损害其他业主的合法权益。

法律依据

《中华人民共和国民法典》

第二百七十一条 业主对建筑物内的住宅、经营性用房等专有部分享有所有权,对专有部分以外的共有部分享有共有和共同管理的权利。

第二百七十二条 业主对其建筑物专有部分享有占有、使用、收益和处分的权利。业主行使权利不得危及建筑物的安全,不得损害其他业主的合法权益。

第四百九十六条 格式条款是当事人为了重复使用而预先拟定,并在订立合同时未与对方协商的条款。

采用格式条款订立合同的,提供格式条款的一方应当遵循公平原则确定当事人之间的权利和义务,并采取合理的方式提示对方注意免除或者减轻其责任等与对方有重大利害关系的条款,按照对方的要求,对该条款予以说明。提供格式条款的一方未履行提示或者说明义务,致使对方没有注意或者理解与其有重大利害关系的条款的,对方可以主张该条款不成为合同的内容。

第四百九十七条 有下列情形之一的,该格式条款无效:

（一）具有本法第一编第六章第三节和本法第五百零六条规定的无效情形；

（二）提供格式条款一方不合理地免除或者减轻其责任、加重对方责任、限制对方主要权利；

（三）提供格式条款一方排除对方主要权利。

《中华人民共和国消费者权益保护法》

第二十六条　经营者在经营活动中使用格式条款的，应当以显著方式提请消费者注意商品或者服务的数量和质量、价款或者费用、履行期限和方式、安全注意事项和风险警示、售后服务、民事责任等与消费者有重大利害关系的内容，并按照消费者的要求予以说明。

经营者不得以格式条款、通知、声明、店堂告示等方式，作出排除或者限制消费者权利、减轻或者免除经营者责任、加重消费者责任等对消费者不公平、不合理的规定，不得利用格式条款并借助技术手段强制交易。

格式条款、通知、声明、店堂告示等含有前款所列内容的，其内容无效。

61. 相邻业主不当装修造成损失，物业服务企业应当承担责任吗？

法律咨询

成某新居的粪管突然破裂，致使室内多处被粪水浸渍。成某发现只有邻居彭先生家正在进行卫生间装修，推测粪管破损是因为彭某家砖块坠落管道所致，便将彭某和物业一并诉至法院。那么，相邻业主不当装修造成损失，物业服务企业应当承担责任吗？

律师答疑

《民法典》第942条规定，物业服务人应当按照约定和物业的使用性质，妥善维修、养护、清洁、绿化和经营管理物业服务区域内的业主共有部分，维护物业服务区域内的基本秩序，采取合理措施保护业主的人身、财产安全。对物业服务区域内违反有关治安、环保、消防等法律法规的行为，物业服务人应当及时采取合理措施制止、向有关行政主管部门报告并协助处理。物业服务企业根据法律法规的规定和《物业管理公约》的约定，具有物业管理的权利和义务。因公共部位、公共设施等造成业主损失的，物业服务企业作为直接侵权人承担责任。在因为其他业主或业主自己的行为造成损失的情况下，物业服务企业对损失不直接承担赔偿责任，但物业服务企业负有防止损失扩大的责任。如果因为物业服务企业的不作为或疏于监督管理而使损失扩大，对于扩大部分的损失应该由物业服务企业负责。物业服务企业如果已将房屋装饰装修中的禁止行为和注意事项告知业主，并及时排除妨碍，其对于装饰装修造成的损害不应承担直接侵权责任。业主擅自装饰装修，如果对相邻业主造成侵害的，应该承担直接的侵权责任。物业服务企业在监督业主不当装潢时，未尽及时纠正的职责，应承担部分责任。根据《物业管理条例》第52条的规定，业主在装饰装修房屋的时候，必须遵守相关物业管理法律法规的规定和管理规约的约定，并及时通知物业服务企业，征得其同意，并不得侵犯其他业主的权益，否则应对不当装饰装修造成的损害承担直接侵权责任。物业服务企业应当将房屋装饰装修中的禁止行为和注意事项告知业主，并对业主的装饰装修进行监督、对不当装饰装修行为应及时纠正，否则就应承担物业管理责任。

法律依据

《中华人民共和国民法典》

第二百九十五条 不动产权利人挖掘土地、建造建筑物、铺设管线以及安装设备等，不得危及相邻不动产的安全。

第二百九十六条 不动产权利人因用水、排水、通行、铺设管线等利用相邻不动产的，应当尽量避免对相邻的不动产权利人造成损害。

第九百四十二条 物业服务人应当按照约定和物业的使用性质，妥善维修、养护、清洁、绿化和经营管理物业服务区域内的业主共有部分，维护物业服务区域内的基本秩序，采取合理措施保护业主的人身、财产安全。

对物业服务区域内违反有关治安、环保、消防等法律法规的行为，物业服务人应当及时采取合理措施制止、向有关行政主管部门报告并协助处理。

《物业管理条例》

第五十二条 业主需要装饰装修房屋的，应当事先告知物业服务企业。

物业服务企业应当将房屋装饰装修中的禁止行为和注意事项告知业主。

62. 业主能以与其他业主进行同样装修为由违反物业管理约定擅自装修吗？

法律咨询

王某系某小区业主，购房时与物业服务企业签订了《装修管理承诺书》，约定业主不得擅自对房屋阳台、外墙乱拆、乱凿，不得改变房屋结构。但王某看邻居谢某装修房屋时将阳台门拆除，便在自家阳台安装玻璃窗。物业服务企业要求王某整改，王某以谢某也这样做为由拒绝。那么，业主能以与其他业主进行同样装修为由违反物业管理约定擅自装修吗？

律师答疑

业主与物业服务企业签订的物业管理公约具有法律效力，业主应该按照物业管理公约的约定遵守相关的义务，否则应该对物业服务企业承担相应责任。业主不能以他人未履行义务为由免除自己的义务。业主应当遵守相关约定，不得进行影响建筑物的整体美观和协调的违章装修，否则物业服务企业也有权予以制止，要求其恢复原状。业主如果觉得前期物业管理公约违法或不合理，可以通过召开业主大会，制定新的物业管理公约来解决问题，而不得违反约定，进行影响建筑物的整体美观和协调的违章装修。如果其他业主的同样违章装饰装修行为影响到整栋建筑物的公共利益，业主可以通知物业服务企业予以制止，要求其恢复原状。

法律依据

《物业管理条例》

第七条　业主在物业管理活动中，履行下列义务：

（一）遵守管理规约、业主大会议事规则；

（二）遵守物业管理区域内物业共用部位和共用设施设备的使用、公共秩序和环境卫生的维护等方面的规章制度；

（三）执行业主大会的决定和业主大会授权业主委员会作出的决定；

（四）按照国家有关规定交纳专项维修资金；

（五）按时交纳物业服务费用；

（六）法律、法规规定的其他义务。

最高人民法院《关于审理物业服务纠纷案件适用法律若干问题的解释》

第一条　业主违反物业服务合同或者法律、法规、管理规约，实施妨碍物业服务与管理的行为，物业服务人请求业主承担停止侵害、排除妨碍、恢复原状等相应民事责任的，人民法院应予支持。

63. 排污管道堵塞，相邻业主负有排除妨碍的配合义务吗？

法律咨询

沈某下班回家时发现装修一新的居室到处是污水和粪便，后物业服务企业查明祸因是沈某家与楼下住户杨某家之间的管道内有建筑废渣，彻底解决的方法是在杨某家截开管道“梗阻”部位，清除残渣。为此，沈某与物业服务企业多次与杨某协商，但杨某坚决不同意。那么，排污管道堵塞，相邻业主负有排除妨碍的配合义务吗？

律师答疑

根据《民法典》和《物业管理条例》的相关规定，鉴于建筑物联体相邻的特殊性，相邻业主之间负有排除安全隐患的责任。不动产权利人应当为相邻权利人用水、排水提供必要的便利。

同时，物业服务企业作为物业管理主体，其对小区内公共设施、公共场所的安全负有保障义务，在存在安全隐患或其他情形时，应该予以解决。

业主对于共用设施，如下水管道堵塞或存在安全隐患等问题，应及时通知物业服务企业，由其履行物业管理责任。物业服务企业应及时排除妨碍。确需相邻业主予以配合的，应事先说明；在其坚决拒绝时，可以向法院要求相邻业主承担相应责任。相邻业主应本着相互理解、相互配合的心态，积极配合物业服务企业排除共用部位、共用设施设备存在的安全隐患。

法律依据

《中华人民共和国民法典》

第二百八十八条 不动产的相邻权利人应当按照有利生产、方便生活、团结互助、公平合理的原则，正确处理相邻关系。

第二百九十条 不动产权利人应当为相邻权利人用水、

排水提供必要的便利。

对自然流水的利用，应当在不动产的相邻权利人之间合理分配。对自然流水的排放，应当尊重自然流向。

《物业管理条例》

第四十六条 物业服务企业应当协助做好物业管理区域内的安全防范工作。发生安全事故时，物业服务企业在采取应急措施的同时，应当及时向有关行政管理部门报告，协助做好救助工作。

物业服务企业雇请保安人员的，应当遵守国家有关规定。保安人员在维护物业管理区域内的公共秩序时，应当履行职责，不得侵害公民的合法权益。

64. 业主封闭自家阳台，房地产行政管理部门有权处罚吗？

法律咨询

徐某家有一个面向小区的敞开式阳台，为了安全，徐某自行封闭了阳台。该区的房屋土地管理局认定徐某擅自破坏房屋外貌（阳台违章搭建），违反了《物业管理条例》的相关规定，故依据该条例对其作出了行政处罚决定。徐某不服，随后向区人民政府提出复议。那么，业主封闭自家阳台，房地产行政管理部门有权处罚吗？

律师答疑

业主只要未违反法律法规的相关规定和物业管理公约，未侵害其他业主的合法权益和小区的公共利益,就有权对自己所有的房屋进行装修、改造。政府主管部门只有在有法律、法规明确授权的情况下才能够对业主的行为进行行政处罚。

对于业主进行装窗封闭阳台等没有法律法规明确规定禁止的行为,主要应由立法机关或是有权的行政主管部门,如房屋土地管理局,通过制定相应的规定加以规范和统一。此外,在商品房买卖合同、物业服务合同、物业管理公约中,开发商或物业服务企业可以与业主明确约定“未经允许,业主不得擅自进行装窗封闭阳台等行为”。这样,既可以避免基层执法机关在执法之时无法可依,导致随意处罚,又可以使房屋业主知晓自己的行为是否违法,避免纠纷的产生。

当前,业主为了自己的利益,有可能违反物业管理公约的相关约定,擅自进行装饰装修,甚至搭建违反法律法规规定的违章建筑,侵害全体业主的共有利益。对于这些行为,房产管理机关并非都有权进行行政处罚。只有对于那些法律明确规定的禁止行为,房产管理机关才有权进行行政处罚。业主对于那些缺乏事实和法律依据的行政处罚决定,有权向相关房产管理机关的上级机构申请行政复议;在合法权益仍然得不到保护的情形下,也可以向法院起诉房产管理机关。

法律依据

《中华人民共和国民法典》

第二百八十七条 业主对建设单位、物业服务企业或者其他管理人以及其他业主侵害自己合法权益的行为,有权请求其承担民事责任。

《物业管理条例》

第四十五条　对物业管理区域内违反有关治安、环保、物业装饰装修和使用等方面法律、法规规定的行为，物业服务企业应当制止，并及时向有关行政管理部门报告。

有关行政管理部门在接到物业服务企业的报告后，应当依法对违法行为予以制止或者依法处理。

第五十二条　业主需要装饰装修房屋的，应当事先告知物业服务企业。

物业服务企业应当将房屋装饰装修中的禁止行为和注意事项告知业主。

65. 物业服务企业是否拥有进入居民住宅进行维修的权利？

法律咨询

张某是某小区的业主。某日，张某楼下的李某夫妇发现楼上不停地渗水，便给物业服务企业打电话。经核实，张某于几日前去外地出差并不在家，且经多方努力后仍联系不上张某。无奈之下，物业服务企业只得在未经许可的情况下进入张某家进行紧急维修。那么，物业服务企业是否拥有进入居民住宅进行维修的权利？

律师答疑

物业服务企业进入业主家里分为以下三种情况：第一种是业

主许可的情况，如业主离开家后希望物业服务企业经常到家里帮忙照看；第二种是物业服务企业跟业主预约的情况，经业主允许进入；第三种是紧急情况下，物业服务企业有权进入民宅进行维修。

物业服务企业本身是承担维修责任的。通常来说，煤气公司、水电公司、物业服务企业都有权利进入房间内进行维修。但若家中无人，那只有在以上三种情形下物业服务企业才有权利进入业主房间。特别是在紧急情况下，若不进入会引发严重事故，物业服务企业可破门而入，但须有警察、居委会成员等第三者在场见证。

法律依据

《中华人民共和国民法典》

第二百八十五条 物业服务企业或者其他管理人根据业主的委托，依照本法第三编有关物业服务合同的规定管理建筑区划内的建筑物及其附属设施，接受业主的监督，并及时答复业主对物业服务情况提出的询问。

物业服务企业或者其他管理人应当执行政府依法实施的应急处置措施和其他管理措施，积极配合开展相关工作。

第二百八十六条 业主应当遵守法律、法规以及管理规约，相关行为应当符合节约资源、保护生态环境的要求。对于物业服务企业或者其他管理人执行政府依法实施的应急处置措施和其他管理措施，业主应当依法予以配合。

业主大会或者业主委员会，对任意弃置垃圾、排放污染物或者噪声、违反规定饲养动物、违章搭建、侵占通道、拒付物业费等损害他人合法权益的行为，有权依照法律、法规以及管理规约，请求行为人停止侵害、排除妨碍、消除危险、恢复原状、赔偿损失。

业主或者其他行为人拒不履行相关义务的，有关当事人可以向有关行政主管部门报告或者投诉，有关行政主管部门应当依法处理。

《物业管理条例》

第四十六条　物业服务企业应当协助做好物业管理区域内的安全防范工作。发生安全事故时，物业服务企业在采取应急措施的同时，应当及时向有关行政管理部门报告，协助做好救助工作。

物业服务企业雇请保安人员的，应当遵守国家有关规定。保安人员在维护物业管理区域内的公共秩序时，应当履行职责，不得侵害公民的合法权益。

66. 业主擅自建设违章建筑，房地产行政管理部门应该处罚业主还是物业服务企业？

法律咨询

贾某嫌家中厨房太小，计划在外建一间平房，向物业服务企业提出建房申请，未获同意，但贾某仍着手建房。物业服务企业便向当地房地产行政管理部门投诉，当地房地产行政管理部门要求贾某停止建房，并决定对贾某和物业服务企业予以处罚。那么，业主擅自建设违章建筑，房地产行政管理部门应该处罚业主还是物业服务企业？

律师答疑

业主违反法律规定及物业管理公约擅自建设违章建筑，其应该对自己的行为直接负责。同时，物业服务企业作为物业管理主体，对小区内的安全负有监督管理职责，故物业服务企业对其未尽到监督管理职责的不作为行为负责。

业主未经物业服务企业准许擅自搭建平房，且在被通知的情况下未予理睬，继续施工，已违反了相关法律法规的强制性规定。在此过程中，物业服务企业已对业主的违法行为予以制止但没有奏效，便向当地房产管理机构投诉，应该说物业服务企业已履行了相应的义务，房产管理主管机关可以对业主直接处以行政处罚。业主在买房装修或装饰过程中，除应该遵守相关的物业服务合同外，还应遵守相关的城市规划或房产管理法规。特别是在物业服务企业合理劝阻后，应停止不当装修装饰行为，以免违反法律规定，侵犯其他业主的公共利益，构成违法行为。

法律依据

《中华人民共和国民法典》

第二百七十一条 业主对建筑物内的住宅、经营性用房等专有部分享有所有权，对专有部分以外的共有部分享有共有和共同管理的权利。

第二百七十二条 业主对其建筑物专有部分享有占有、使用、收益和处分的权利。业主行使权利不得危及建筑物的安全，不得损害其他业主的合法权益。

第九百四十二条 物业服务人应当按照约定和物业的使用性质，妥善维修、养护、清洁、绿化和经营管理物业服务区

域内的业主共有部分，维护物业服务区域内的基本秩序，采取合理措施保护业主的人身、财产安全。

对物业服务区域内违反有关治安、环保、消防等法律法规的行为，物业服务人应当及时采取合理措施制止、向有关行政主管部门报告并协助处理。

《物业管理条例》

第四十五条　对物业管理区域内违反有关治安、环保、物业装饰装修和使用等方面法律、法规规定的行为，物业服务企业应当制止，并及时向有关行政管理部门报告。

有关行政管理部门在接到物业服务企业的报告后，应当依法对违法行为予以制止或者依法处理。

第五十二条　业主需要装饰装修房屋的，应当事先告知物业服务企业。

物业服务企业应当将房屋装饰装修中的禁止行为和注意事项告知业主。

67. 小区顶楼漏雨，楼顶维修费是顶楼业主自己支付，还是本楼业主均摊？

法律咨询

肖某是某小区居民，住在顶楼。2018 年 3 月，一场风雪致使屋顶铺的油毡掀起，造成肖某屋内大面积漏水。由于该小区没有业主委员会和物业服务企业，肖某请来专业维修队重新铺设油毡，花费 2000 元。事后，肖某曾找到楼下的五家邻居欲均摊维修费，但协商未果。那么，小区顶楼漏雨，楼顶维修费是顶楼业主自己支付，还是本楼业主均摊？

律师答疑

根据我国《民法典》及相关司法解释的规定，建筑物的屋顶属于住宅的共有部位。同一单元同一立面楼房的住户，系同一建筑物内的业主，楼顶应属于本楼业主共有部分，本楼业主享有共同管理的权利，并应共同承担义务，不得以放弃权利为由不履行义务。顶楼业主在楼顶发生漏雨后，在小区并无业主委员会和物业服务企业的情形下，自行联系维修队对其房屋以上楼顶部分进行修缮并无不妥。本案中，依照法律规定应该由该楼业主共同承担维修费用。

法律依据

《中华人民共和国民法典》

第二百七十一条 业主对建筑物内的住宅、经营性用房等专有部分享有所有权，对专有部分以外的共有部分享有共有和共同管理的权利。

第二百七十三条 业主对建筑物专有部分以外的共有部分，享有权利，承担义务；不得以放弃权利为由不履行义务。

业主转让建筑物内的住宅、经营性用房，其对共有部分享有的共有和共同管理的权利一并转让。

最高人民法院《关于审理建筑物区分所有权纠纷案件适用法律若干问题的解释》

第三条 除法律、行政法规规定的共有部分外，建筑区划内的以下部分，也应当认定为民法典第二编第六章所称的共有部分：

（一）建筑物的基础、承重结构、外墙、屋顶等基本结构部分，通道、楼梯、大堂等公共通行部分，消防、公共照明等附属设施、设备，避难层、设备层或者设备间等结构部分；

（二）其他不属于业主专有部分，也不属于市政公用部分或者其他权利人所有的场所及设施等。

建筑区划内的土地，依法由业主共同享有建设用地使用权，但属于业主专有的整栋建筑物的规划占地或者城镇公共道路、绿地占地除外。

68. 业主家漏水导致电梯停运，物业服务企业应承担责任吗？

法律咨询

蒋某在某小区购买房屋一套，之后便开始装修。物业服务企业为蒋某出具了装修验收表，该表格中暖气设备一栏没有填写，但注明拆改部分如果出现问题，造成的损失均由业主承担。一天，蒋某家暖气漏水，物业服务企业工作人员赶到时发现已经难以修理，而后水流到电梯造成电梯无法正常运行。那么，业主家漏水导致电梯停运，物业服务企业应承担责任吗？

律师答疑

如果业主的装修行为已经征得了物业服务企业的同意，那么业主应当与物业服务企业共同承担责任。因为此次事件主要是由于业主的拆改行为造成的,其自然要为其所造成的后果承担相应的赔偿责任,因为业主在进行暖气改造时已经征得物业服务企业的同意,如果物业服务企业不能证明自己已经尽到充分的监管义务,也应当承担相应的责任。

法律依据

《中华人民共和国民法典》

第二百七十一条 业主对建筑物内的住宅、经营性用房等专有部分享有所有权,对专有部分以外的共有部分享有共有和共同管理的权利。

第二百七十二条 业主对其建筑物专有部分享有占有、使用、收益和处分的权利。业主行使权利不得危及建筑物的安全,不得损害其他业主的合法权益。

第九百四十二条 物业服务人应当按照约定和物业的使用性质,妥善维修、养护、清洁、绿化和经营管理物业服务区域内的业主共有部分,维护物业服务区域内的基本秩序,采取合理措施保护业主的人身、财产安全。

对物业服务区域内违反有关治安、环保、消防等法律法规的行为,物业服务人应当及时采取合理措施制止、向有关行政主管部门报告并协助处理。

《物业管理条例》

第四十六条 物业服务企业应当协助做好物业管理区域内的安全防范工作。发生安全事故时,物业服务企业在采取应急措施的同时，应当及时向有关行政管理部门报告，协助做好救助工作。

物业服务企业雇请保安人员的，应当遵守国家有关规定。保安人员在维护物业管理区域内的公共秩序时，应当履行职责，不得侵害公民的合法权益。

Chapter 4

第四章

小区内的人身伤害

69. 业主锻炼坠楼身亡，承建方和物业服务企业谁是被告？谁承担赔偿责任？

法律咨询

林某因在自家楼顶锻炼时不慎从楼顶摔下死亡，林某的妻子认为承建方和物业服务企业都应当承担责任，故将双方起诉到法院。那么，业主锻炼坠楼身亡，承建方和物业服务企业谁是被告？谁承担赔偿责任？

律师答疑

在一般侵权行为领域，承担侵权损害赔偿责任的归责原则为过错责任原则，即行为人对因自己的故意或过失而给他人造成的损害承担损害赔偿责任。

因此，根据《民法典》第 942 条第 1 款的规定，在相关物业服务纠纷中，物业服务企业是否承担业主损害的赔偿责任，关键在于物业服务企业是否尽到了监督管理职责，未尽到监督管理职责的需要承担责任。物业服务企业作为小区的管理者，如果业主在楼顶锻炼身体没有及时制止，也没有在楼顶设置警示标志，疏于管理，未能尽到职责范围内的必要注意义务，增加了其从楼顶摔下的可能性，那么，物业服务企业则对业主的死亡起次要作用。此时，物业服务企业应当对林某坠楼死亡承担相应的民事责任。相反，其如果尽到了注意义务，那么，物业服务企业则无须承担民事责任。另外，如果当事人要求房屋建筑公司承担责任，那么，其要提供相应的证据证明楼顶屋面的设计标准不符合国家标准，否则房屋建筑公司不承担赔偿责任。

法律依据

《中华人民共和国民法典》

第九百四十二条 物业服务人应当按照约定和物业的使用性质，妥善维修、养护、清洁、绿化和经营管理物业服务区域内的业主共有部分，维护物业服务区域内的基本秩序，采取合理措施保护业主的人身、财产安全。

对物业服务区域内违反有关治安、环保、消防等法律法规的行为，物业服务人应当及时采取合理措施制止、向有关行政主管部门报告并协助处理。

70. 物业服务企业要对触电受伤业主负赔偿责任吗？

法律咨询

年仅9岁的吴某在自己家门口玩耍时被附近电线杆上刮断的高压线电击受伤。对此，吴某的父母要求物业服务企业和电力公司共同承担赔偿责任。那么，物业服务企业要对触电受伤业主负赔偿责任吗？

律师答疑

在建筑物致人损害纠纷中，直接侵权人应该承担侵权损害赔偿责任。同时，因为物业服务企业负有监督管理、防止损失扩大的职责，其未尽到相关职责而使损失扩大的，物业服务企业应该承担相应责任。

此类案件涉及以下两个问题：

（1）物业服务企业不承担法律责任。物业服务合同与供电合同是两个合同法律关系。物业管理的功能在于保障物业的正常使用，维护小区的公共秩序。物业管理的管理范围应当限制在建筑物及与建筑物密不可分的附属配套设施，并不是业主在小区内受到的所有伤害都应当由物业服务企业承担责任。物业服务企业承担责任的界限是合同的约定以及法律的规定。如果物业服务合同没有约定由物业服务企业对有关事项进行管理，而法律法规又没有规定由物业服务企业履行相应的义务，那么物业服务企业自然无从承担法律责任。高压电线不属于案发小区建筑物的配套设施，物业服务合同也没有约定物业服务企业维护高压线的正常使用功能，因而不应当属于物业管理事项的范围。根据《电力设施保护条例》第4条以及《物业管理条例》第51条的规定，高压电线的维修养护责任是由电力公司承担的，故物业服务企业对高压电线漏电造成的损害，不承担赔偿责任。

（2）电力公司应当对吴某进行损害赔偿。《物业管理条例》第51条第1款规定："供水、供电、供气、供热、通信、有线电视等单位，应当依法承担物业管理区域内相关管线和设施设备维修、养护的责任。"电力公司未能及时检修刮断的电力设施，主观上有过错，应当承担损害赔偿责任。《民法典》第1240条规定："从事高空、高压、地下挖掘活动或者使用高速轨道运输工具造成他人损害的，经营者应当承担侵权责任；但是，能够证明损害是因受害人故意或者不可抗力造成的，不承担责任。被侵权人对损害的发生有重大过失的，可以减轻经营者的责任。"因此，如果受害人受伤是电力公司未尽维护高压电设施安全使用义务而引起的，电力公司应当承担赔偿责任。物业服务企业没有维修养护高压电管线的义务，不负损害赔偿责任。

法律依据

《电力设施保护条例》

第四条　电力设施受国家法律保护，禁止任何单位或个人从事危害电力设施的行为。任何单位和个人都有保护电力设施的义务，对危害电力设施的行为，有权制止并向电力管理部门、公安部门报告。

电力企业应加强对电力设施的保护工作，对危害电力设施安全的行为，应采取适当措施，予以制止。

《物业管理条例》

第五十一条第一款　供水、供电、供气、供热、通信、有线电视等单位，应当依法承担物业管理区域内相关管线和设施设备维修、养护的责任。

《中华人民共和国民法典》

第一千二百四十条　从事高空、高压、地下挖掘活动或者使用高速轨道运输工具造成他人损害的，经营者应当承担侵权责任；但是，能够证明损害是因受害人故意或者不可抗力造成的，不承担责任。被侵权人对损害的发生有重大过失的，可以减轻经营者的责任。

71. 楼道设计不合理，住户摔伤，物业服务企业与开发商谁应承担责任？

法律咨询

老王在某市花园小区居住，住三楼。一天晚上，老王准备下楼散步时，因楼道设计不合理而摔伤。老王住院治疗花费 3 万元，老王的儿子认为物业服务企业和开发商应当承担老王的医疗费和误工费等。那么，楼道设计不合理，住户摔伤，物业服务企业与开发商谁应承担责任？

律师答疑

根据《物业管理条例》第 55 条第 1 款的规定，物业服务企业应及时查验物业共用设备设施，且有义务采取预防措施，以避免侵害业主利益的事故发生；若发生侵害事故的，应采取应急处理措施，将损失降到最小。例如，预见到因停电导致安全问题，应开启楼道应急灯等设备，或派出保安在停电过程中加强楼道的巡视，以应对各种突发事件的发生。

开发商对于设计单位和施工企业在楼盘建设中存在的缺陷致人损害的，应该承担相应的责任。根据最高人民法院《关于审理商品房买卖合同纠纷案件适用法律若干问题的解释》第 9 条、第 10 条的规定，因房屋主体结构质量不合格不能交付使用，或者房屋交付使用后，房屋主体结构质量经核验确属不合格，买受人请求解除合同和赔偿损失的，应予支持。因房屋质量问题严重影响正常居住使用，买受人请求解除合同和赔偿损失的，应予支持。交付使用的房屋存在质量问题，在保修期内，出卖人应当承担修复责任；出卖人拒绝修复或者在合理期限内拖延修复的，买受人可以自行或者委托他人修复。修复费用及修复期间造成的其他损失由出卖人承担。《建设工程质量管理条例》第 3 条规定，建设单位、勘察单位、设计单位、施工单位、工程监理单位依法对建设工程质量负责。开发商应注意设计单位和施工企业在楼盘建设中存在的缺陷，并在合同中对这些问题加以明确。这样，在发生侵权事故时，能够区分责任。

业主应清楚小区共用设备设施的使用情况，注意防范物业共用设备设施的安全隐患，注意个人的人身安全，晚上停电或深夜勿单独外出。因自身的疏忽大意发生事故的，也应承担一定的责任。

法律依据

《物业管理条例》

第五十五条第一款　物业存在安全隐患，危及公共利益及他人合法权益时，责任人应当及时维修养护，有关业主应当给予配合。

最高人民法院《关于审理商品房买卖合同纠纷案件适用法律若干问题的解释》

第九条　因房屋主体结构质量不合格不能交付使用，或者房屋交付使用后，房屋主体结构质量经核验确属不合格，买受人请求解除合同和赔偿损失的，应予支持。

第十条　因房屋质量问题严重影响正常居住使用，买受人请求解除合同和赔偿损失的，应予支持。

交付使用的房屋存在质量问题，在保修期内，出卖人应当承担修复责任；出卖人拒绝修复或者在合理期限内拖延修复的，买受人可以自行或者委托他人修复。修复费用及修复期间造成的其他损失由出卖人承担。

《建设工程质量管理条例》

第三条 建设单位、勘察单位、设计单位、施工单位、工程监理单位依法对建设工程质量负责。

72. 电梯发生坠落事故，物业服务企业应对自己的过错承担举证责任吗？

法律咨询

高某是某小区的住户。一天，高某在早上乘电梯下楼时，因电梯出现坠落故障而受伤。高某认为小区物业服务企业没有尽到维护电梯的责任，故将其诉至法院，要求其承担责任。那么，电梯发生坠落事故，物业服务企业应对自己的过错承担举证责任吗？

律师答疑

根据我国《民法典》的规定，在建筑物致人损伤的侵权案件中，适用举证责任倒置的证明标准，即建筑物、构筑物或者其他设施及其搁置物、悬挂物发生脱落、坠落造成他人损害，所有人、管理人或者使用人不能证明自己没有过错的，应当承担侵权责任。作为电梯管理人的物业服务企业若没有证据证明自己没有过错，就推定其对电梯造成的损害存在过错，故需要承担因此给业主造成的损失。业主在使用物业共用设备设施的时候，对于其存在异常或安全隐患的，应及时通知物业服务企业进行修理维护，以保障共用设备设施的正常运行。对于遭受突发的物业共用设备设施事故的业主，应及时保存相关证据。物业服务企业应对物业共用设备设施进行定期检测，发现问题应及时修理维护。对于怠于物业管理致使共用设施发生事故致人损害的，应该承担赔偿责任，但能提供证据证明自己已履行物业管理义务的除外。

法律依据

《中华人民共和国民法典》

第一千二百五十三条　建筑物、构筑物或者其他设施及其搁置物、悬挂物发生脱落、坠落造成他人损害，所有人、管理人或者使用人不能证明自己没有过错的，应当承担侵权责任。所有人、管理人或者使用人赔偿后，有其他责任人的，有权向其他责任人追偿。

73. 物业服务企业保安人员随意让社会人员进入小区，发生人身损害事件，物业服务企业是否应承担赔偿责任？

法律咨询

李某是某小区业主，因小区物业管理混乱、外来人员随意出入无人管理，李某无故被2名外来人员打伤，但物业服务企业对进入小区的人员没有任何登记记录，给案件侦破带来很大难度。在此情形下，由于物业服务企业保安人员随意让社会人员进入物业服务区域，以致发生人身损害事件，物业服务企业是否应当为此承担赔偿责任?

律师答疑

《民法典》第942条规定，物业服务人应当按照约定和物业的使用性质，妥善维修、养护、清洁、绿化和经营管理物业服务区域内的业主共有部分，维护物业服务区域内的基本秩序，采取合理措施保护业主的人身、财产安全。对物业服务区域内违反有关治安、环保、消防等法律法规的行为，物业服务人应当及时采取合理措施制止、向有关行政主管部门报告并协助处理。《物业管理条例》第46条第1款规定，物业服务企业应当协助做好物业管理区域内的安全防范工作。发生安全事故时，物业服务企业在采取应急措施的同时，应当及时向有关行政管理部门报告，协助做好救助工作。上述法律规定要求物业服务企业承担物业管理区域内的安全防范工作，但并不能由此推出，只要物业管理区域内出现人身伤害等安全事故，物业服务企业就必须承担法律责任。物业服务企业对小区的服务与管理主要根据物业服务合同的约定。一般的物业服务合同中都对小区的安全防范有约定，小区的安全防范也是物业服务中不可或缺的服务事项之一。对于物业管理区域发生盗窃、人身伤害等事件，物业服务企业是否要承担赔偿责任，不能一概而论，要结合事件发生与物业服务企业服务是否有过错等情况具体分析。如果业主在小区内受伤是在白天，且物业服务合同中约定的巡逻服务仅限于夜间，进出门也不需要进行登记，则物业服务企业服务不存在过错，不需要承担责任。若物业服务合同中明确约定，对进入物业管理区域的人员需要进行登记、小区实行24小时巡视察看等内容的，物业管理服务区内发生了人身伤害事件，物业服务企业没有按照物业服务合同要求履行登记、巡视察看义务的，应按物业服务合同约定承担违约责任。

法律依据

《中华人民共和国民法典》

第九百四十二条　物业服务人应当按照约定和物业的使用性质，妥善维修、养护、清洁、绿化和经营管理物业服务区域内的业主共有部分，维护物业服务区域内的基本秩序，采取合理措施保护业主的人身、财产安全。

对物业服务区域内违反有关治安、环保、消防等法律法规的行为，物业服务人应当及时采取合理措施制止、向有关行政主管部门报告并协助处理。

《物业管理条例》

第四十六条　物业服务企业应当协助做好物业管理区域内的安全防范工作。发生安全事故时，物业服务企业在采取应急措施的同时，应当及时向有关行政管理部门报告，协助做好救助工作。

物业服务企业雇请保安人员的，应当遵守国家有关规定。保安人员在维护物业管理区域内的公共秩序时，应当履行职责，不得侵害公民的合法权益。

第四十七条　物业使用人在物业管理活动中的权利义务由业主和物业使用人约定，但不得违反法律、法规和管理规约的有关规定。

物业使用人违反本条例和管理规约的规定，有关业主应当承担连带责任。

74. 业主乘货梯摔伤，物业服务企业能够证明自己没有过错，还需要负责吗？

法律咨询

杜某在某公司上班，该公司位于某大厦的高层。一天，因早上搭乘客梯的人非常多，杜某觉得马上就要迟到。在情急之下，杜某便搭乘了货梯。但是，当天货梯出现故障，导致杜某摔伤。后杜某要求物业服务企业承担赔偿责任，而物业服务企业证明自己没有过错。那么，物业服务企业是否需要承担责任？

律师答疑

我国《民法典》第1253条规定了建筑物致人损害的举证责任倒置的证明原则，即建筑物或其他设施以及建筑物上的搁置物、悬挂物发生倒塌、脱落、坠落造成他人损害的，其管理人如不能证明自己没有过错，就应承担责任。因此，业主乘货梯摔伤，物业服务企业能证明没过错，则无须承担责任。此外，业主应注意安全使用物业共用设备设施，对存在安全隐患的，应及时通知物业服务企业加以维修管理。物业服务企业应定期检测相关的物业共用设备设施，及时清除安全隐患，保障其正常运行，否则应对物业设备设施发生事故致人损害承担相应的责任。

法律依据

《中华人民共和国民法典》

第一千二百五十三条 建筑物、构筑物或者其他设施及其搁置物、悬挂物发生脱落、坠落造成他人损害，所有人、管理人或者使用人不能证明自己没有过错的，应当承担侵权责任。所有人、管理人或者使用人赔偿后，有其他责任人的，有权向其他责任人追偿。

75. 小区物业服务企业的保安打死访客，物业服务企业需要承担责任吗？

法律咨询

一天，朱某与妻子前往某小区看望亲戚，在进入小区时因为停车问题与该小区的保安发生争执。为此，小区的保安将朱某打伤，后经抢救无效死亡。朱某的妻子要求物业服务企业承担赔偿责任。那么，小区物业服务企业的保安打死访客，物业服务企业需要承担责任吗？

律师答疑

根据《物业管理条例》第46条第2款的规定，物业服务企业雇请保安人员的，应当遵守国家有关规定。保安人员在维护物业管理区域内的公共秩序时，应当履行职责，不得侵害公民的合法权益。物业服务企业作为保安的雇主，应该对其雇员在从事雇佣活动中致人损害的行为承担赔偿责任。物业服务企业应健全其工作人员业务管理及考核机制，明确职责，并加强素质教育，增强工作人员的法律意识和职业道德意识，以免因其工作人员的不当履行职务行为构成侵权而承担责任。业主也可以依法依约对物业管理工作人员进行监督，如发现其不当行为或侵权行为，应及时向物业服务企业或有关部门反映，以维护自己的合法权益。根据《民法典》第1191条的规定，用人单位的工作人员因执行工作任务造成他人损害的，由用人单位承担侵权责任。故物业服务企业应对其工作人员不当履行职务导致的侵权行为承担赔偿责任。

法律依据

《物业管理条例》

第四十六条第二款 物业服务企业雇请保安人员的，应当遵守国家有关规定。保安人员在维护物业管理区域内的公共秩序时，应当履行职责，不得侵害公民的合法权益。

《中华人民共和国民法典》

第一千一百九十一条 用人单位的工作人员因执行工作任务造成他人损害的，由用人单位承担侵权责任。用人单位承担侵权责任后，可以向有故意或者重大过失的工作人员追偿。

劳务派遣期间，被派遣的工作人员因执行工作任务造成他人损害的，由接受劳务派遣的用工单位承担侵权责任；劳务派遣单位有过错的，承担相应的责任。

76. 物业服务企业需要对设施致人损害承担责任吗?

法律咨询

章某是某小区居民。一天晚上，章某骑电动车回家时，由于小区内污水管道窨井井盖缺失，导致章某摔倒后右手骨折。章某认为是物业服务企业没有尽到管理责任，故要求其承担赔偿责任。那么，物业服务企业需要对设施致人损害承担责任吗？

律师答疑

物业服务企业作为小区内的物业管理主体，其根据《物业管理条例》第55条的规定和物业管理公约的约定，负有对小区内公共设施、共用设备进行维护、管理的职责。因物业服务企业怠于管理而发生的损害，物业服务企业应该承担赔偿责任。

对于物业服务企业设备设施存在安全隐患的，物业服务企业应及时进行检修，加强管理，排除妨碍，保障小区和业主的安全。对于危险设备设施，物业服务企业应告知小区居民，并采取相应防护措施，否则应当对存在安全隐患的设备设施致人损害承担相应的赔偿责任。

法律依据

《中华人民共和国民法典》

第九百四十二条　物业服务人应当按照约定和物业的使用性质，妥善维修、养护、清洁、绿化和经营管理物业服务区域内的业主共有部分，维护物业服务区域内的基本秩序，采取合理措施保护业主的人身、财产安全。

对物业服务区域内违反有关治安、环保、消防等法律法规的行为，物业服务人应当及时采取合理措施制止、向有关行政主管部门报告并协助处理。

《物业管理条例》

第五十五条第一款 物业存在安全隐患,危及公共利益及他人合法权益时,责任人应当及时维修养护,有关业主应当给予配合。

77. 小区健身器材被损坏,物业服务企业发出的免责告示有法律效力吗?

法律咨询

朱某是某小区的居民,平时早上喜欢到小区锻炼身体。一天,朱某到了锻炼的地方后,发现健身器材上写着"健身器材已坏,对于发生的任何人身损害问题物业服务企业概不负责"。那么,小区健身器材被损坏,物业服务企业发出的免责告示有法律效力吗?

律师答疑

《民法典》第942条第1款规定,物业服务人应当按照约定和物业的使用性质,妥善维修、养护、清洁、绿化和经营管理物业服务区域内的业主共有部分,维护物业服务区域内的基本秩序,采取合理措施保护业主的人身、财产安全。《物业管理条例》第55条第1款规定,物业存在安全隐患,危及公共利益及他人合法权益时,责任人应当及时维修养护,有关业主应当给予配合。从以上法律规定可以看出,物业服务企业负有对小区内的健身器材进行日常管理维护的义务。物业服务企业在发现小区内健身器材损坏后,应当及时修理,一旦发生事故,即使设置免责告示也不能免除物业服务企业的责任，但物业服务企业尽到了提醒义务，应当减轻其赔偿责任。

法律依据

《中华人民共和国民法典》

第九百四十二条　物业服务人应当按照约定和物业的使用性质，妥善维修、养护、清洁、绿化和经营管理物业服务区域内的业主共有部分，维护物业服务区域内的基本秩序，采取合理措施保护业主的人身、财产安全。

对物业服务区域内违反有关治安、环保、消防等法律法规的行为，物业服务人应当及时采取合理措施制止、向有关行政主管部门报告并协助处理。

《物业管理条例》

第五十五条第一款　物业存在安全隐患，危及公共利益及他人合法权益时，责任人应当及时维修养护，有关业主应当给予配合。

78. 物业服务企业因对小区内的公用设施疏于管理而给业主造成使用不便或损害的，该如何处理？

法律咨询

杨某是某小区业主。一天，其与几个朋友在小区的篮球场打篮球，由于篮球架的底座上少了两个螺丝，导致篮球架倒塌，杨某被砸伤。那么，物业服务企业因对小区内的公用设施疏于管理而给业主造成使用不便或损害的，该如何处理？

律师答疑

根据《物业管理条例》第2条的规定，物业管理是指业主通过选聘物业服务企业，由业主和物业服务企业按照物业服务合同约定，对房屋及配套的设施设备和相关场地进行维修、养护、管理，维护物业管理区域内的环境卫生和相关秩序的活动。也就是说，物业服务企业提供服务的事项及内容，主要是依据物业服务合同的约定。一般来说，主要包含以下几项：（1）房屋建筑主体的管理及住宅装修的日常监督；（2）房屋设备、设施的管理；（3）环境卫生的管理；（4）绿化养护管理；（5）配合公安和消防部门做好住宅区内公共秩序维护和安全防范工作；（6）车辆道路管理与服务；（7）公共休闲、娱乐场所及设施的维护管理；（8）其他约定的服务。《物业管理条例》第35条规定，物业服务企业应当按照物业服务合同的约定，提供相应的服务。物业服务企业未能履行物业服务合同的约定，导致业主人身、财产安全受到损害的，应当依法承担相应的法律责任。该条明确规定了物业服务企业在进行物业服务过程中，存在违约情形给业主造成损害时，应承担违约赔偿责任。《民法典》第942条规定，物业服务人应当按照约定和物业的使用性质，妥善维修、养护、清洁、绿化和经营管理物业服务区域内的业主共有部分，维护物业服务区域内的基本秩序，采取合理措施保护业主的人身、财产安全。对物业服务区域内违反有关治安、环保、消防等法律法规的行为，物业服务人应当及时采取合理措施制止、向有关行政主管部门报告并协助处理。因此，如因物业服务企业对小区公用设施疏于管理或管理不当，造成业主损失的，业主可以要求物业服务企业承担赔偿责任。

法律依据

《物业管理条例》

第二条　本条例所称物业管理，是指业主通过选聘物业服务企业，由业主和物业服务企业按照物业服务合同约定，对房屋及配套的设施设备和相关场地进行维修、养护、管理，维护物业管理区域内的环境卫生和相关秩序的活动。

第三十五条　物业服务企业应当按照物业服务合同的约定，提供相应的服务。

物业服务企业未能履行物业服务合同的约定，导致业主人身、财产安全受到损害的，应当依法承担相应的法律责任。

《中华人民共和国民法典》

第九百四十二条　物业服务人应当按照约定和物业的使用性质，妥善维修、养护、清洁、绿化和经营管理物业服务区域内的业主共有部分，维护物业服务区域内的基本秩序，采取合理措施保护业主的人身、财产安全。

对物业服务区域内违反有关治安、环保、消防等法律法规的行为，物业服务人应当及时采取合理措施制止、向有关行政主管部门报告并协助处理。

79. 小区内堆放的建筑垃圾伤人，物业服务企业要承担责任吗？

法律咨询

薛某是某小区的居民。一天，薛某下班回家时，被小区门口堆放的建筑垃圾划伤。薛某认为物业服务企业没有及时清理，应当承担赔偿责任。那么，小区内堆放的建筑垃圾伤人，物业服务企业要承担责任吗？

律师答疑

对于建筑垃圾的清理责任，有的小区规定由堆放的业主自行委托人员清理，有的小区则由物业服务企业统一清理。本案中，物业服务企业对于小区内的建筑垃圾，既没有督促业主及时清理，也没有自行清理，其对致人损害应该承担疏于管理的责任。另外，小区居民对于自家产生的垃圾，应妥善加以处理，将垃圾堆放到物业服务企业指定的安全地点。物业服务企业应在合适的场所放置装载容器，以供业主堆放垃圾，并应注意对遗漏在场所外的垃圾及时进行收集、清运。《民法典》第1256条规定，在公共道路上堆放、倾倒、遗撒妨碍通行的物品造成他人损害的，由行为人承担侵权责任。公共道路管理人不能证明已经尽到清理、防护、警示等义务的，应当承担相应的责任。物业服务企业对小区内的共用设施、共有设备以及共用部位存在的物品负有维护和管理的职责，对于小区内的建筑垃圾致人损害的，物业服务企业如不能证明自己已经尽到合理的管理义务，就应承担相应的责任。

法律依据

《中华人民共和国民法典》

第一千二百五十六条 在公共道路上堆放、倾倒、遗撒妨碍通行的物品造成他人损害的，由行为人承担侵权责任。公共道路管理人不能证明已经尽到清理、防护、警示等义务的，应当承担相应的责任。

80. 业主堆放建筑垃圾导致住户受害，应当承担赔偿责任吗？

法律咨询

聂某是某小区居民，其在装修房子时将很多建筑垃圾都堆放在自家门口。一天，其邻居在晚上出门时被聂某堆放在门口的垃圾绊倒，致使面部受伤。那么，业主堆放建筑垃圾导致住户受害，应当承担赔偿责任吗？

律师答疑

《民法典》第1256条规定，在公共道路上堆放妨碍通行的物品造成他人损害的，有关单位或者个人要承担侵权责任。物业服务企业和业主应遵守物业管理公约和物业服务合同的约定，由业主或者物业服务企业将建筑垃圾及时清运出小区。此外，物业服务企业还应尽职尽责履行物业管理职责，对建筑垃圾所产生的安全隐患进行排查。如物业管理公约或物业服务合同约定由业主自行清运建筑垃圾的，物业服务企业应督促业主尽快清运，并做好防护，设置明显提示物或防护设施，以免发生意外。因此，除了堆放垃圾的业主要承担责任，如果物业服务企业没有尽到合理的管理义务，也要承担赔偿责任。

法律依据

《中华人民共和国民法典》

第一千二百五十六条　在公共道路上堆放、倾倒、遗撒妨碍通行的物品造成他人损害的，由行为人承担侵权责任。公共道路管理人不能证明已经尽到清理、防护、警示等义务的，应当承担相应的责任。

81. 未设路障、未采取防护措施导致进入小区的非小区居民受伤，物业服务企业要承担责任吗?

法律咨询

某小区因下水道堵塞，物业服务企业便找人来修缮，挖开路面。但是，在修缮的过程中，物业服务企业却未设置任何防护措施，导致不熟悉路况的非小区居民朱某掉入土坑，并将左腿摔伤。那么，未设路障、未采取防护措施导致进入小区的非小区居民受伤，物业服务企业要承担责任吗?

律师答疑

物业服务企业对小区物业(包括小区内的道路)有妥善管理的责任。因物业服务企业未尽法定职责而给业主造成损失的，物业服务企业应该予以赔偿。物业服务企业依法依约对小区承担妥善管理的责任，其在小区内建立或设置的相应设备设施，应确保安全运行，定期检查，加强有效的防范措施，消除安全隐患。否则因其建立或设置的设备设施疏于防护致人伤害的，应承担相应的赔偿责任。《民法典》第1256条规定，在公共道路上堆放、倾倒、遗撒妨碍通行的物品造成他人损害的，由行为人承担侵权责任。公共道路管理人不能证明已经尽到清理、防护、警示等义务的，应当承担相应的责任。物业服务企业因修缮小区内的共用设施、共有设备阻碍公共道路时应设路障或采取其他防护措施，否则致人损害的，物业服务企业应承担相应的责任。

法律依据

《中华人民共和国民法典》

第一千二百五十六条　在公共道路上堆放、倾倒、遗撒妨碍通行的物品造成他人损害的，由行为人承担侵权责任。公共道路管理人不能证明已经尽到清理、防护、警示等义务的，应当承担相应的责任。

82. 业主突发急病，却遇电梯停运，物业服务企业应当负责吗？

法律咨询

徐某是某小区的居民，退休后，一直在家安享晚年。一天，徐某突发心脏病，但是在家人准备将其送往医院时发现电梯停运，而徐某家又在28层，最终徐某因抢救不及时而死亡。那么，业主突发急病，却遇电梯停运，物业服务企业应当负责吗？

律师答疑

根据《民法典》第942条的规定，物业服务企业作为物业管理单位，对小区内的公共设备应该尽到维护和管理的义务。本案中，依照约定，物业服务企业的值班人员应在夜间对电梯进行值守，而因无人值守致徐某死亡，物业服务企业应当承担责任。物业服务企业应遵守相关房屋管理法律法规的规定和物业管理公约的约定，保障物业共用设备设施的正常运转，如电梯不间断运行、水电供应或排水管道的通畅等，并定期进行检查，督促值班人员忠于职守，否则对值班人员怠于履行物业管理职责或履行不及时、不到位致人损害的行为，应承担相应的法律责任。

法律依据

《中华人民共和国民法典》

第九百四十二条 物业服务人应当按照约定和物业的使用性质，妥善维修、养护、清洁、绿化和经营管理物业服务区域内的业主共有部分，维护物业服务区域内的基本秩序，采取合理措施保护业主的人身、财产安全。

对物业服务区域内违反有关治安、环保、消防等法律法规的行为，物业服务人应当及时采取合理措施制止、向有关行政主管部门报告并协助处理。

83. 危险品露天放置，小孩失手点燃引爆，物业服务企业和监护人应各自承担什么责任？

法律咨询

封某是某小区居民。封某的儿子和邻居家的孩子在小区楼盘管理处旁边的杂物房玩耍时，看到一个“神秘桶”。他们觉得神奇，便将点燃的木棒放进桶里，结果因该桶中装的是香蕉水而发生爆炸，两个孩子都被烧伤。那么，危险品露天放置，小孩失手点燃引爆，物业服务企业和监护人应各自承担什么责任？

律师答疑

在小区范围内发生的侵权行为，应该区分直接侵权人和间接侵权人。直接侵权人因为其侵权行为直接对损害承担赔偿责任。如果涉及未成年人侵权，则未成年人的监护人应对损害承担相应的责任。同时，物业服务企业对小区内公共场所、公共设施等负有维护和管理职责，故物业服务企业应对楼盘管理处附近的杂物房内的危险品致人损害承担疏忽管理的责任。

此类案件，应区分不同的责任主体：（1）物业服务企业应对楼盘管理处附近的杂物房内的危险品致人损害承担疏忽管理的责任。物业服务企业对杂物房内存放的危险物品应尽到必要的管理义务，但因其疏于管理，使危险品置于儿童容易获取的区域，存在过错，对爆炸的发生应负有主要责任。（2）未成年人的监护人应对其致人损害承担相应的责任。根据《民法典》第 1188 条的规定，由于受害人及其他未成年人的监护人未尽到监护职责，对爆炸事故的发生也有失职的情况，因此也应承担相应的责任。业主应注意看管未成年人，尽到监护职责，防止未成年人不当行为造成事故致人损害。物业服务企业应遵守相关房屋管理法律法规的规定和物业管理公约的约定，不得擅自搭建违章建筑。同时要特别注意小区内的危险品，加以谨慎看管，及时清除安全隐患，以免因疏忽管理发生事故致人损害，从而承担相应的法律责任。

法律依据

《中华人民共和国民法典》

第九百四十二条　物业服务人应当按照约定和物业的使用性质，妥善维修、养护、清洁、绿化和经营管理物业服务区

域内的业主共有部分，维护物业服务区域内的基本秩序，采取合理措施保护业主的人身、财产安全。

对物业服务区域内违反有关治安、环保、消防等法律法规的行为，物业服务人应当及时采取合理措施制止、向有关行政主管部门报告并协助处理。

第一千一百八十八条 无民事行为能力人、限制民事行为能力人造成他人损害的，由监护人承担侵权责任。监护人尽到监护职责的，可以减轻其侵权责任。

有财产的无民事行为能力人、限制民事行为能力人造成他人损害的，从本人财产中支付赔偿费用；不足部分，由监护人赔偿。

84. 业主在小区内违禁放鞭炮出事故，物业服务企业尽到管理职责还要承担责任吗？

法律咨询

某小区在春节前贴出告示，禁止住户在小区内燃放烟花爆竹。然而，该小区居民冯某仍然违反小区规定，在除夕晚上放鞭炮，并将点燃的鞭炮放入污水井内，导致井盖被炸起砸中冯某的头部。那么，业主在小区内违禁放鞭炮出事故，物业服务企业尽到管理职责还要承担责任吗？

律师答疑

物业服务企业作为共用设备设施的管理者，应从安全的角度通盘考虑共用设备设施的设计和设置，消除各种安全隐患。对于危险品应设置明显标志，将共用设备设施可能存在的安全问题向业主作宣传和明示，以免自己疏忽大意，导致共用设备设施致人损害而承担相应的责任。物业服务企业作为小区内物业管理主体，有义务按照法律法规的规定和物业管理公约的约定对小区内的公共事项、公共场所和设施进行维护和管理。只有对因其未尽到管理职责而发生的损害，物业服务企业才需要承担责任。从民事责任来看，根据《民法典》第 1165 条的规定，物业服务企业如果能证明其对所管理的物业共用设备设施致人损害没有过错的，可以免除侵权责任。

法律依据

《中华人民共和国民法典》

第一千一百六十五条 行为人因过错侵害他人民事权益造成损害的，应当承担侵权责任。

依照法律规定推定行为人有过错，其不能证明自己没有过错的，应当承担侵权责任。

85. 业主热水器产生的冰溜子砸伤小区居民，业主、物业服务企业和生产商应各负其责吗？

法律咨询

钱某是某小区居民。一天，其经过该小区的某栋单元楼时，被该单元楼热水器产生的冰溜子砸中头部。对此，钱某要求挂热水器的业主、物业服务企业和热水器生产商各自承担责任。那么，业主热水器产生的冰溜子砸伤小区居民，业主、物业服务企业和生产商应各负其责吗？

律师答疑

《民法典》第1253条规定，建筑物、构筑物或者其他设施及其搁置物、悬挂物发生脱落、坠落造成他人损害，所有人、管理人或者使用人不能证明自己没有过错的，应当承担侵权责任。所有人、管理人或者使用人赔偿后，有其他责任人的，有权向其他责任人追偿。物业服务企业和业主都应遵守相关的房屋管理法律法规的规定和物业管理公约的约定，对建筑物或者其他设施以及建筑物上的搁置物、悬挂物进行排查，特别是在冬天结冰或大风大雨的天气里，应及时消除建筑物或者其他设施以及建筑物上的搁置物、悬挂物发生倒塌、脱落、坠落的潜在危险，以尽到谨慎适当的管理职责，否则应对其发生的致人损害后果承担侵权责任。业主应遵守相关规定，尽量不把相关的设备设施放置户外，以免发生脱落、坠落致人损害，承担相应的责任。

法律依据

《中华人民共和国民法典》

第一千二百五十三条 建筑物、构筑物或者其他设施及其搁置物、悬挂物发生脱落、坠落造成他人损害，所有人、管理人或者使用人不能证明自己没有过错的，应当承担侵权责任。所有人、管理人或者使用人赔偿后，有其他责任人的，有权向其他责任人追偿。

《物业管理条例》

第三十五条　物业服务企业应当按照物业服务合同的约定，提供相应的服务。

物业服务企业未能履行物业服务合同的约定，导致业主人身、财产安全受到损害的，应当依法承担相应的法律责任。

86. 儿童攀爬小区草坪上的钢筋护栏受伤，物业服务企业和监护人应各自承担责任吗?

法律咨询

宋某是某小区居民。周末，宋某带着6岁的女儿在小区的草坪上散步，其女儿和其他小朋友一起攀爬草坪上的钢筋护栏，不慎从上面摔下来而导致受伤。那么，儿童攀爬小区草坪上的钢筋护栏受伤，物业服务企业和监护人应各自承担责任吗?

律师答疑

首先，关于物业服务企业是否要承担责任。根据《民法典》第942条第1款的规定，物业服务人应当按照约定和物业的使用性质，妥善维修、养护、清洁、绿化和经营管理物业服务区域内的业主共有部分，维护物业服务区域内的基本秩序，采取合理措施保护业主的人身、财产安全。物业服务企业应当预见到设置这种外观的护栏可能对小区居民人身安全造成损害，在设置相关共用设备设施的时候，应全面考虑，对可能危及人身安全的设备设施应设置明显标志，并采取相应的防范措施，消除各种安全隐患，否则就可能因为一时疏忽致人损害而要承担相应的法律责任。当然,如果物业服务企业在小区内设置的设施合法合规,并且也尽到了适当的管理义务,就无须承担赔偿责任。

其次,关于监护人是否需要承担责任。《民法典》第 26 条第 1 款规定,父母对未成年子女负有抚养、教育和保护的义务。6 岁的儿童是无民事行为能力人,其家长作为监护人看护不当,也有失职的地方,应当承担一定的责任。

法律依据

《中华人民共和国民法典》

第十九条 八周岁以上的未成年人为限制民事行为能力人,实施民事法律行为由其法定代理人代理或者经其法定代理人同意、追认;但是,可以独立实施纯获利益的民事法律行为或者与其年龄、智力相适应的民事法律行为。

第二十条 不满八周岁的未成年人为无民事行为能力人,由其法定代理人代理实施民事法律行为。

第二十三条 无民事行为能力人、限制民事行为能力人的监护人是其法定代理人。

第二十六条 父母对未成年子女负有抚养、教育和保护的义务。

成年子女对父母负有赡养、扶助和保护的义务。

第九百四十二条 物业服务人应当按照约定和物业的使用性质,妥善维修、养护、清洁、绿化和经营管理物业服务区域内的业主共有部分,维护物业服务区域内的基本秩序,采取合理措施保护业主的人身、财产安全。

对物业服务区域内违反有关治安、环保、消防等法律法规的行为，物业服务人应当及时采取合理措施制止、向有关行政主管部门报告并协助处理。

《物业管理条例》

第三十五条　物业服务企业应当按照物业服务合同的约定，提供相应的服务。

物业服务企业未能履行物业服务合同的约定，导致业主人身、财产安全受到损害的，应当依法承担相应的法律责任。

87. 高空抛物会构成刑事犯罪吗？

法律咨询

王先生和李女士住高层，某日因夫妻间发生矛盾，双方在争吵过程中将尖锐物抛掷楼下，砸伤了经过的业主，王先生和李女士非常担心会被追究刑事责任。那么，高空抛物会构成刑事犯罪吗？

律师答疑

对于高空抛物，在刑事上，我国《刑法》规定，从建筑物或者其他高空抛掷物品，情节严重的，处 1 年以下有期徒刑、拘役或者管制，并处或者单处罚金。又根据最高人民法院《关于依法妥善审理高空抛物、坠物案件的意见》的规定：故意从高空抛弃物品，尚未造成严重后果，但足以危害公共安全的，以危险方法危害公共安全罪定罪处罚，处 3 年以上 10 年以下有期徒刑；致人重伤、死亡或者使公私财产遭受重大损失的，处 10 年以上有期徒刑、无期徒刑或者死刑。为伤害、杀害特定人员实施上述行为的，依照故意伤害罪、故意杀人罪定罪处罚。因此，高空抛物即使未造成严重后果，但只要足以危害公共安全，就有可能被追究刑事责任。

此外，在民事层面，从建筑物中抛掷物品或者从建筑物上坠落的物品造成他人损害的，由侵权人承担侵权责任；如果难以确定具体侵权人的，除能够证明自己不是侵权人的外，由可能加害的建筑物使用人给予补偿。此外，物业服务企业等建筑物管理人应当采取必要的安全保障措施，否则也应当承担未履行安全保障义务的侵权责任。

法律依据

《中华人民共和国刑法》

第一百一十四条 【放火罪；决水罪；爆炸罪；投放危险物质罪；以危险方法危害公共安全罪（既遂）】放火、决水、爆炸以及投放毒害性、放射性、传染病病原体等物质或者以其他危险方法危害公共安全，尚未造成严重后果的，处三年以上十年以下有期徒刑。

第一百一十五条 【放火罪；决水罪；爆炸罪；投放危险物质罪；以危险方法危害公共安全罪（结果加重犯）】放火、决水、爆炸以及投放毒害性、放射性、传染病病原体等物质或者以其他危险方法致人重伤、死亡或者使公私财产遭受重大损失的，处十年以上有期徒刑、无期徒刑或者死刑。

【失火罪；过失决水罪；过失爆炸罪；过失投放危险物质罪；过失以危险方法危害公共安全罪】过失犯前款罪的，处三年以上七年以下有期徒刑；情节较轻的，处三年以下有期徒刑或者拘役。

第二百九十一条之二 【高空抛物罪】从建筑物或者其他高空抛掷物品，情节严重的，处一年以下有期徒刑、拘役或者管制，并处或者单处罚金。

【择一重处】有前款行为，同时构成其他犯罪的，依照处罚较重的规定定罪处罚。

最高人民法院《关于依法妥善审理高空抛物、坠物案件的意见》

5. 准确认定高空抛物犯罪。对于高空抛物行为，应当根据行为人的动机、抛物场所、抛掷物的情况以及造成的后果等因素，全面考量行为的社会危害程度，准确判断行为性质，正确适用罪名，准确裁量刑罚。

故意从高空抛弃物品，尚未造成严重后果，但足以危害公共安全的，依照刑法第一百一十四条规定的以危险方法危害公共安全罪定罪处罚；致人重伤、死亡或者使公私财产遭受重大损失的，依照刑法第一百一十五条第一款的规定处罚。为伤害、杀害特定人员实施上述行为的，依照故意伤害罪、故意杀人罪定罪处罚。

6. 依法从重惩治高空抛物犯罪。具有下列情形之一的，应当从重处罚，一般不得适用缓刑：(1)多次实施的；(2)经劝阻仍继续实施的；(3)受过刑事处罚或者行政处罚后又实施的；(4)在人员密集场所实施的；(5)其他情节严重的情形。

《中华人民共和国民法典》

第一千二百五十四条 禁止从建筑物中抛掷物品。从建筑物中抛掷物品或者从建筑物上坠落的物品造成他人损害的,由侵权人依法承担侵权责任;经调查难以确定具体侵权人的,除能够证明自己不是侵权人的外,由可能加害的建筑物使用人给予补偿。可能加害的建筑物使用人补偿后,有权向侵权人追偿。

物业服务企业等建筑物管理人应当采取必要的安全保障措施防止前款规定情形的发生;未采取必要的安全保障措施的,应当依法承担未履行安全保障义务的侵权责任。

发生本条第一款规定的情形的,公安等机关应当依法及时调查,查清责任人。

88. 高空坠物会构成刑事犯罪吗?

法律咨询

刘老先生住在高层,平日喜欢在阳台上养花,一日浇花时不慎,致使花盆从阳台上掉落,花盆碎片砸伤了路过的刘女士。那么,高空坠物会构成刑事犯罪吗?

律师答疑

根据最高人民法院《关于依法妥善审理高空抛物、坠物案件的意见》的规定,过失导致物品从高空坠落,致人死亡、重伤的,有可能构成过失致人死亡罪、过失致人重伤罪。在生产、作业中违反有关安全管理规定,从高空坠落物品,发生重大伤亡事故或者造成其他严重后果的,有可能构成重大责任事故罪。虽然高空坠物没有犯罪的故意,但是因为当事人的疏忽或者管理不当造成了严重的后果，还是有可能被追究刑事责任的。

此外，在民事层面，建筑物、构筑物或者其他设施及其搁置物、悬挂物发生脱落、坠落造成他人损害，所有人、管理人或者使用人不能证明自己没有过错的，应当承担侵权责任。

法律依据

最高人民法院《关于依法妥善审理高空抛物、坠物案件的意见》

7. 准确认定高空坠物犯罪。过失导致物品从高空坠落，致人死亡、重伤，符合刑法第二百三十三条、第二百三十五条规定的，依照过失致人死亡罪、过失致人重伤罪定罪处罚。在生产、作业中违反有关安全管理规定，从高空坠落物品，发生重大伤亡事故或者造成其他严重后果的，依照刑法第一百三十四条第一款的规定，以重大责任事故罪定罪处罚。

《中华人民共和国民法典》

第一千二百五十三条　建筑物、构筑物或者其他设施及其搁置物、悬挂物发生脱落、坠落造成他人损害，所有人、管理人或者使用人不能证明自己没有过错的，应当承担侵权责任。所有人、管理人或者使用人赔偿后，有其他责任人的，有权向其他责任人追偿。

Chapter 5

第五章

小区的财产、名誉侵权

89. 业主将房前小院扩建至公共人行道，物业服务企业起诉侵权能获得支持吗？

法律咨询

申某是某小区的居民，其在该小区有一套花园洋房。申某在装修自己的房屋时，将自家小院扩建至公共人行道。经过物业服务企业劝说后，申某仍然继续扩建。那么，业主将房前小院扩建至公共人行道，物业服务企业起诉侵权能获得支持吗？

律师答疑

业主将房前小院扩建至公共人行道，物业服务企业起诉侵权能获得支持。根据我国《民法典》第 274 条的规定，建筑区划内的道路，属于业主共有，但属于城镇公共道路的除外。建筑区划内的绿地，属于业主共有，但属于城镇公共绿地或者明示属于个人的除外。建筑区划内的其他公共场所、公用设施和物业服务用房，属于业主共有。小区内的公共绿地及人行道属于业主共有，物业服务企业作为小区的物业服务机构，依照物业服务合同的约定，对共有部分享有管理维护的权利。将小院扩建至全体业主的共有部分，属于侵权行为，根据最高人民法院《关于审理物业服务纠纷案件适用法律若干问题的解释》第 1 条的规定，业主违反物业服务合同或者法律、法规、管理规约，实施妨碍物业服务与管理的行为，物业服务人请求业主承担停止侵害、排除妨碍、恢复原状等相应民事责任的，人民法院应予支持。因此，物业服务企业有权提起诉讼要求被告停止侵害、排除妨碍。

法律依据

《中华人民共和国民法典》

第二百七十四条　建筑区划内的道路，属于业主共有，但是属于城镇公共道路的除外。建筑区划内的绿地，属于业主共有，但是属于城镇公共绿地或者明示属于个人的除外。建筑区划内的其他公共场所、公用设施和物业服务用房，属于业主共有。

最高人民法院《关于审理物业服务纠纷案件适用法律若干问题的解释》

第一条　业主违反物业服务合同或者法律、法规、管理规约，实施妨碍物业服务与管理的行为，物业服务人请求业主承担停止侵害、排除妨碍、恢复原状等相应民事责任的，人民法院应予支持。

90. 业主委员会张贴通知指责物业服务企业贪污而内容失实，其应承担责任吗？

法律咨询

某小区的业主委员会因单元楼内的供暖设施出现问题，在向物业服务企业反映时与其发生矛盾。为此，小区业主委员会便在小区内张贴告示，称物业服务企业贪污业主物业费、内部管理混乱等。那么，业主委员会张贴通知指责物业服务企业贪污而内容失实，其应承担责任吗？

律师答疑

我国《民法典》第110条第2款规定，法人、非法人组织享有名称权、名誉权和荣誉权。因此，擅自采取张贴通知的不当方式，指责物业服务企业存在贪污、内部管理混乱等问题，导致物业服务企业声誉降低，已经构成侵权，应承担相应的赔偿责任。业主如果对其管理和服务水平不满意，可以通过合法的途径采取适当的方式与其沟通，让其改进，或者通过召开业主大会，重新选聘物业服务企业，而非采取在小区内张贴通知的方式，随意捏造或歪曲事实进行指责。

法律依据

《中华人民共和国民法典》

第一百一十条 自然人享有生命权、身体权、健康权、姓名权、肖像权、名誉权、荣誉权、隐私权、婚姻自主权等权利。

法人、非法人组织享有名称权、名誉权和荣誉权。

91. 业主有权处置其使用的共用楼道吗？

法律咨询

吴某在某小区购买了一套单元房，在其进行装修时擅自将防盗门向外挪了2米左右，占用了部分共用楼道。此种行为，引起了部分业主的不满。那么，业主有权处置其使用的共用楼道吗？

律师答疑

根据我国《民法典》第 273 条第 1 款的规定：业主对建筑物专有部分以外的共有部分，享有权利，承担义务；不得以放弃权利为由不履行义务。而且这种权利是不可分割的，单个业主无权单独对上述共用设备设施进行使用，并排除其他业主的正常使用。即使是只有部分业主使用的共用楼道，该部分业主也无权自行处置。

首先，部分业主圈占楼道的行为，不仅是对本层其他业主权益的侵害，也是对整栋楼全体业主权益的损害。事实上即使只有部分业主使用的共用楼道，该部分业主也无权自行处置。

其次，根据《民法典》第 286 条的规定，业主大会或者业主委员会对于部分业主的侵权行为有权要求其拆除违章建筑，并恢复原状。

最后，根据最高人民法院《关于审理物业服务纠纷案件适用法律若干问题的解释》第 1 条的规定，业主违反物业服务合同或者法律、法规、管理规约，实施妨碍物业服务与管理的行为，物业服务人请求业主承担停止侵害、排除妨碍、恢复原状等相应民事责任的，人民法院应予支持。对于部分业主侵害其他业主权益的行为，物业服务企业有权利也有义务积极纠正，要求其拆除违章建筑，恢复原状。

综上，业主应维护小区共用设备设施的正常使用，即使是部分业主使用的共用楼道等设施，也不能自行处置，以免侵害相邻业主乃至整栋楼业主共用权益。

法律依据

《中华人民共和国民法典》

第二百七十三条 业主对建筑物专有部分以外的共有部分,享有权利,承担义务;不得以放弃权利为由不履行义务。

业主转让建筑物内的住宅、经营性用房,其对共有部分享有的共有和共同管理的权利一并转让。

第二百八十六条 业主应当遵守法律、法规以及管理规约,相关行为应当符合节约资源、保护生态环境的要求。对于物业服务企业或者其他管理人执行政府依法实施的应急处置措施和其他管理措施,业主应当依法予以配合。

业主大会或者业主委员会,对任意弃置垃圾、排放污染物或者噪声、违反规定饲养动物、违章搭建、侵占通道、拒付物业费等损害他人合法权益的行为,有权依照法律、法规以及管理规约,请求行为人停止侵害、排除妨碍、消除危险、恢复原状、赔偿损失。

业主或者其他行为人拒不履行相关义务的,有关当事人可以向有关行政主管部门报告或者投诉,有关行政主管部门应当依法处理。

最高人民法院《关于审理物业服务纠纷案件适用法律若干问题的解释》

第一条 业主违反物业服务合同或者法律、法规、管理规约,实施妨碍物业服务与管理的行为,物业服务人请求业主承担停止侵害、排除妨碍、恢复原状等相应民事责任的,人民法院应予支持。

92. 业主车辆受损，辱骂攻击保安构成侵权吗？

法律咨询

胡某是某小区业主。一天早上，胡某准备开车上班时，发现自己的车被锐器刷伤。于是，胡某便找到物业服务企业的保安，认为他们没有尽到责任，所以才导致自己的车被划，并对保安进行辱骂，甚至大打出手。那么，业主车辆受损，辱骂攻击保安构成侵权吗？

律师答疑

我国《民法典》第110条第1款规定，自然人享有生命权、身体权、健康权、姓名权、肖像权、名誉权、荣誉权、隐私权、婚姻自主权等权利。对于怀疑他人恶意损害自己财产的，应向公安机关报案或采取相应的防范措施。业主辱骂攻击保安的行为，可能构成名誉权、身体权、健康权侵权。此外，根据该法第179条第1款的规定，其应该承担赔礼道歉、消除影响等责任；给保安造成损失的，还应该承担损害赔偿责任。

法律依据

《中华人民共和国民法典》

第一百一十条第一款　自然人享有生命权、身体权、健康权、姓名权、肖像权、名誉权、荣誉权、隐私权、婚姻自主权等权利。

第一百七十九条　承担民事责任的方式主要有：

（一）停止侵害；

（二）排除妨碍；

（三）消除危险；

（四）返还财产；

（五）恢复原状；

（六）修理、重作、更换；

（七）继续履行；

（八）赔偿损失；

（九）支付违约金；

（十）消除影响、恢复名誉；

（十一）赔礼道歉。

法律规定惩罚性赔偿的，依照其规定。

本条规定的承担民事责任的方式，可以单独适用，也可以合并适用。

93. 下水道堵塞找不出肇事者，应由共有人共同承担责任吗？

法律咨询

杨某是某小区居民。一天，其家里的下水道返水溢满屋子。后来，物业人员经检查发现，是因下水道堵塞导致返水。对此，杨某不得不重新装修地板。但是，因找不到肇事者，物业服务企业便从中调解，要求其楼上的五位住户共同承担责任。那么，下水道堵塞找不出肇事者，应由共有人共同承担责任吗？

律师答疑

根据《民法典》第271条、第273条的规定：业主对建筑物内的住宅、经营性用房等专有部分享有所有权，对专有部分以外的共有部分享有共有和共同管理的权利。业主对建筑物专有部分以外的共有部分，享有权利，承担义务，不得以放弃权利为由不履行义务。所有业主都应维护小区共用设备设施的正常使用，不能损害小区全体业主的共同利益。在几户业主共有的建筑物部分发生的损害，不知道具体肇事人的情况下，应该由共有业主共同承担责任。

业主应维护小区共用设备设施的正常使用，不能擅自无序排放，造成下水道堵塞或其他共用设备设施不能正常使用，以免对相邻业主造成损害。物业服务企业应定期及时检测共用设备设施的情况，保障其正常使用，发现异常及时排除，以防共用设备设施不能正常使用而发生事故致人损害。

法律依据

《中华人民共和国民法典》

第二百七十一条 业主对建筑物内的住宅、经营性用房等专有部分享有所有权，对专有部分以外的共有部分享有共有和共同管理的权利。

第二百七十三条 业主对建筑物专有部分以外的共有部分，享有权利，承担义务；不得以放弃权利为由不履行义务。

业主转让建筑物内的住宅、经营性用房，其对共有部分享有的共有和共同管理的权利一并转让。

94. 物业服务企业在小区内张贴失实公开信，构成侵权吗？

法律咨询

某小区的物业服务企业因管理不到位被解聘。然而，物业服务企业认为是业主委员会故意找碴儿才导致其与该小区解除合同的。为此，物业服务企业便在张贴解除合同的公告时还附带张贴了公开信，称业主委员会太挑剔，甚至带头不交物业费。那么，物业服务企业在小区内张贴失实公开信，构成侵权吗？

律师答疑

物业服务企业应在相关房屋管理法律法规和物业管理公约的框架下，依法谨慎合理地管理物业共用设备设施，履行善意管理人的义务进行物业管理。对于业主的不当行为，应采取适当方式进行劝阻，不能采取在小区内张贴公开信的方式进行，更不能捏造或歪曲事实贬损业主的人格，损害业主名誉。依据《民法典》第1024条、第1165条的规定，损害他人名誉权，应承担法律责任。物业服务企业根据法律法规的规定和物业管理公约的约定，有权对小区内的公共事务进行管理，但是物业服务企业的管理行为必须在法律法规和公约授权的范围内。物业服务企业超越法律法规和公约的授权，对业主造成损害的，构成侵权。

法律依据

《中华人民共和国民法典》

第一千零二十四条　民事主体享有名誉权。任何组织或者个人不得以侮辱、诽谤等方式侵害他人的名誉权。

名誉是对民事主体的品德、声望、才能、信用等的社会评价。

第一千一百六十五条　行为人因过错侵害他人民事权益造成损害的，应当承担侵权责任。

依照法律规定推定行为人有过错，其不能证明自己没有过错的，应当承担侵权责任。

95. 小区水泵噪声扰民，业主有权请求物业服务企业承担精神损害赔偿吗？

法律咨询

孙某是某小区的居民，其所居住的房屋内经常有地下室水泵运转发出的噪声，严重影响了家人的正常休息和生活。孙某多次向物业服务企业反映，都没有得到解决。为此，孙某向法院起诉，要求物业服务企业承担精神损害赔偿。那么，小区水泵噪声扰民，业主有权请求物业服务企业承担精神损害赔偿吗？

律师答疑

《民法典》第 1183 条第 1 款规定，侵害自然人人身权益造成严重精神损害的，被侵权人有权请求精神损害赔偿。最高人民法院

《关于确定民事侵权精神损害赔偿责任若干问题的解释》第1条规定，因人身权益或者具有人身意义的特定物受到侵害，自然人或者其近亲属向人民法院提起诉讼请求精神损害赔偿的，人民法院应当依法予以受理。水泵噪声超标构成噪声污染侵权，可能造成业主生命权、健康权损害，业主有权向构成噪声污染侵权的物业服务企业索要精神损害赔偿。但是，精神损害赔偿的前提是造成严重后果，否则法院一般不会支持，但可判令侵权方停止侵害。物业服务企业对于业主反映的影响正常休息和生活的问题，应及时加以解决，以免损害后果扩大而承担相应的责任。业主对于影响自己正常休息和生活的问题，应及时向物业服务企业反映。对于专业性的问题如噪声污染，应向专业鉴定机构申请鉴定，看其是否超出相关的国家或行业标准，并留存证据，以期向相关行政管理部门反映或向法院起诉时有据可查。

法律依据

《中华人民共和国民法典》

第一千一百八十三条 侵害自然人人身权益造成严重精神损害的，被侵权人有权请求精神损害赔偿。

因故意或者重大过失侵害自然人具有人身意义的特定物造成严重精神损害的，被侵权人有权请求精神损害赔偿。

最高人民法院《关于确定民事侵权精神损害赔偿责任若干问题的解释》

第一条 因人身权益或者具有人身意义的特定物受到侵害，自然人或者其近亲属向人民法院提起诉讼请求精神损害赔偿的，人民法院应当依法予以受理。

96. 因遭受物业服务企业环境污染而造成的损害，业主可以要求精神损害赔偿吗？

法律咨询

付某是某小区居民，其所居住的房屋距离物业服务企业修建的浴池锅炉烟囱非常近。该烟囱长年黑烟滚滚，导致付某家的住房遭到污染。对此，付某认为这侵害了自己和家人的身体健康。那么，因遭受物业服务企业环境污染而造成的损害，业主可以要求精神损害赔偿吗？

律师答疑

物业服务企业应当遵守相关房地产管理法律法规的规定和物业管理公约的约定，不得擅自搭建违章建筑，污染小区环境，侵害业主的合法权益。对于物业服务企业的侵权行为，业主应该联合起来，向相关的房地产管理行政机关反映，要求予以制止，排除妨碍；甚或向法院起诉，要求其赔偿相关的物质损失及适当的精神损失。根据《民法典》第1229条的规定，因污染环境造成损害的，污染者应当承担侵权责任。同时，根据最高人民法院《关于确定民事侵权精神损害赔偿责任若干问题的解释》第1条的规定，因人身权益或者具有人身意义的特定物受到侵害，自然人或者其近亲属向人民法院提起诉讼请求精神损害赔偿的，人民法院应当依法予以受理。因此，因遭受物业服务企业环境污染而造成的精神损害，可以请求精神损害赔偿。

法律依据

《中华人民共和国民法典》

第一千二百二十九条 因污染环境、破坏生态造成他人损害的，侵权人应当承担侵权责任。

最高人民法院《关于确定民事侵权精神损害赔偿责任若干问题的解释》

第一条 因人身权益或者具有人身意义的特定物受到侵害，自然人或者其近亲属向人民法院提起诉讼请求精神损害赔偿的，人民法院应当依法予以受理。

97. 物业服务企业张贴告示点名批评业主，构成名誉侵权吗？

法律咨询

赵某是某小区居民，其入住之后对物业服务企业的费用使用问题存在疑问，故一直没有交纳物业服务费。一天，赵某突然发现自己被该物业服务企业张贴告示点名批评。对此，赵某认为物业服务企业的行为侵犯了自己的名誉权。那么，物业服务企业张贴告示点名批评业主，构成名誉侵权吗？

律师答疑

即使业主确有占用储藏室、欠交物业服务费、占用车位等不当行为，物业服务企业通过张贴告示的方式予以点名批评的行为也不妥当。业主有按时交纳物业服务费的义务，逾期交纳的，物业服务企业可以督促其限期交纳，但是，具体涉及物业服务企业告示的批评业主的内容，可能侵犯业主的名誉权。一般来说，侵害名誉权民事责任的构成应具备以下条件：一是行为人实施了侵害他人名誉权的行为，并且是针对特定人实施的；二是行为人主观上具有过错；三是造成了损害后果；四是侵害他人名誉权的行为与损害后果之间有因果关系。《民法典》第1024条规定，民事主体享有名誉权。任何组织或者个人不得以侮辱、诽谤等方式侵害他人的名誉权。名誉是对民事主体的品德、声望、才能、信用等的社会评价。可见，侵犯他人名誉权的形式主要是通过侮辱、诽谤等方式降低他人品德、声望、才能、信用等的社会评价。如果物业服务企业只是公布了业主未交管理费的客观事实，没有使用贬低业主人格、损害其名誉的词汇和语句，则并不构成名誉侵权。

法律依据

《中华人民共和国民法典》

第一千零二十四条　民事主体享有名誉权。任何组织或者个人不得以侮辱、诽谤等方式侵害他人的名誉权。

名誉是对民事主体的品德、声望、才能、信用等的社会评价。

98. 业主装修擅自拆除承重墙怎么办？

法律咨询

黄某是某小区居民，其在对房屋进行装修时，为了扩大客厅的面积，将房屋卧室与客厅之间的承重墙打通。对此，引起了其他业主的不满。其他业主认为，黄某的行为危害了整幢楼的安全。那么，业主装修擅自拆除承重墙怎么办？

律师答疑

最高人民法院《关于审理建筑物区分所有权纠纷案件适用法律若干问题的解释》第 15 条规定，业主在装修中拆除房屋承重墙，属于“损害他人合法权益的行为”，应予以制止。

首先，根据《民法典》和相关司法解释，业主大会或者业主委员会，对损害他人合法权益的行为，有权依照法律、法规以及管理规约，请求行为人停止侵害、排除妨碍、消除危险、恢复原状、赔偿损失。业主或者其他行为人拒不履行相关义务的，有关当事人可以向有关行政主管部门报告或者投诉，有关行政主管部门应当依法处理，责令其对拆除的承重墙予以恢复；其他业主也可以直接向人民法院起诉，请求行为人停止侵害、排除妨碍、消除危险、恢复原状、赔偿损失。

其次，物业服务企业也应当及时采取合理措施制止、向有关行政主管部门报告并协助处理，或者向人民法院起诉，请求行为人承担停止侵害、排除妨碍、恢复原状等相应民事责任。

法律依据

最高人民法院《关于审理建筑物区分所有权纠纷案件适用法律若干问题的解释》

第十五条 业主或者其他行为人违反法律、法规、国家相关强制性标准、管理规约，或者违反业主大会、业主委员会依法作出的决定，实施下列行为的，可以认定为民法典第二百八十六条第二款所称的其他“损害他人合法权益的行为”：

（一）损害房屋承重结构，损害或者违章使用电力、燃气、消防设施，在建筑物内放置危险、放射性物品等危及建筑物安全或者妨碍建筑物正常使用；

（二）违反规定破坏、改变建筑物外墙面的形状、颜色等损害建筑物外观；

（三）违反规定进行房屋装饰装修；

（四）违章加建、改建，侵占、挖掘公共通道、道路、场地或者其他共有部分。

《中华人民共和国民法典》

第二百八十六条 业主应当遵守法律、法规以及管理规约，相关行为应当符合节约资源、保护生态环境的要求。对于物业服务企业或者其他管理人执行政府依法实施的应急处置措施和其他管理措施，业主应当依法予以配合。

业主大会或者业主委员会，对任意弃置垃圾、排放污染物或者噪声、违反规定饲养动物、违章搭建、侵占通道、拒付物业费等损害他人合法权益的行为，有权依照法律、法规以及管理规约，请求行为人停止侵害、排除妨碍、消除危险、恢复原状、赔偿损失。

业主或者其他行为人拒不履行相关义务的，有关当事人可以向有关行政主管部门报告或者投诉，有关行政主管部门应当依法处理。

第九百四十二条 物业服务人应当按照约定和物业的使用性质，妥善维修、养护、清洁、绿化和经营管理物业服务区域内的业主共有部分，维护物业服务区域内的基本秩序，采取合理措施保护业主的人身、财产安全。

对物业服务区域内违反有关治安、环保、消防等法律法规的行为，物业服务人应当及时采取合理措施制止、向有关行政主管部门报告并协助处理。

最高人民法院《关于审理物业服务纠纷案件适用法律若干问题的解释》

第一条 业主违反物业服务合同或者法律、法规、管理规约，实施妨碍物业服务与管理的行为，物业服务人请求业主承担停止侵害、排除妨碍、恢复原状等相应民事责任的，人民法院应予支持。

99. 物业服务企业对业主的装修监管不力致楼下轿车被砸，谁负赔偿责任？

法律咨询

某小区的物业服务企业因在业主装修房屋的过程中没有尽到监管职责，导致该业主居住的楼外阳台墙皮脱落，将楼下业主许某的车砸坏。那么，物业服务企业对业主的装修监管不力致楼下轿车被砸，谁负赔偿责任？

律师答疑

小区内财产遭受损失时，各责任主体的责任范围不同。行为对财产造成直接损失的直接侵权人，应该承担主要责任。物业服务企业对小区内的公共场所和公共设施具有维护和管理职责，其负有安全保障义务，如果物业服务企业怠于履行安全保障义务使财产受到损失的，应当对损失承担补充责任。同时，如果财产所有权人没有遵守相关法律规定和管理公约，存在受害人有过失的情形，也应该承担相应的次要责任。

物业服务企业作为事故发生地的小区物业管理部门，对该小区负有管理责任，应当对业主入住时的房屋装饰、装修进行监督管理，对不符合安全要求和影响公共利益的装修行为应当阻止，并责令其限期改正。物业服务企业在装修管理过程中，对业主装修房屋时的违规行为一定要有书面整改通知，在规劝整改无效时要保留证据并书面上报主管机关备案。

法律依据

《中华人民共和国民法典》

第九百四十二条　物业服务人应当按照约定和物业的使用性质，妥善维修、养护、清洁、绿化和经营管理物业服务区域内的业主共有部分，维护物业服务区域内的基本秩序，采取合理措施保护业主的人身、财产安全。

对物业服务区域内违反有关治安、环保、消防等法律法规的行为，物业服务人应当及时采取合理措施制止、向有关行政主管部门报告并协助处理。

第一千一百六十五条　行为人因过错侵害他人民事权益

造成损害的，应当承担侵权责任。

依照法律规定推定行为人有过错，其不能证明自己没有过错的，应当承担侵权责任。

第一千一百七十三条 被侵权人对同一损害的发生或者扩大有过错的，可以减轻侵权人的责任。

《物业管理条例》

第三十五条 物业服务企业应当按照物业服务合同的约定，提供相应的服务。

物业服务企业未能履行物业服务合同的约定，导致业主人身、财产安全受到损害的，应当依法承担相应的法律责任。

第五十二条 业主需要装饰装修房屋的，应当事先告知物业服务企业。

物业服务企业应当将房屋装饰装修中的禁止行为和注意事项告知业主。

100. 物业服务企业未经业主同意，将“公共用地”授权他人使用，构成侵权吗？

法律咨询

某小区物业服务企业未经业主同意，将小区的公共用地授权给某美容美体公司使用。对此，引起该小区业主的不满。那么，物业服务企业未经业主同意，将“公共用地”授权他人使用，构成侵权吗？

律师答疑

业主作为建筑物区分所有权人，其权利具体由三部分组成：业主对自有房屋的专有权，对公共地区、公共设施的共有权，以及对小区进行管理的成员权。可见，小区内“公共用地”的法律性质为业主的共有物，非经业主同意，物业服务企业无权将“公共用地”授权他人使用。

根据《物业管理条例》第50条、第63条的规定，物业服务企业未经业主同意，擅自将属于所有业主共有的“公共用地”授权给他人使用，侵害了业主的共有所有权，成立侵权，应该承担相应的法律责任。物业服务企业利用共用部位、共用设施设备进行经营的，应该征得业主或业主大会的同意。业主对物业服务企业共用部位、共用设施设备和相关场地使用情况享有知情权和监督权。

法律依据

《物业管理条例》

第五十条　业主、物业服务企业不得擅自占用、挖掘物业管理区域内的道路、场地，损害业主的共同利益。

因维修物业或者公共利益，业主确需临时占用、挖掘道路、场地的，应当征得业主委员会和物业服务企业的同意；物业服务企业确需临时占用、挖掘道路、场地的，应当征得业主委员会的同意。

业主、物业服务企业应当将临时占用、挖掘的道路、场地，在约定期限内恢复原状。

第六十三条 违反本条例的规定,有下列行为之一的,由县级以上地方人民政府房地产行政主管部门责令限期改正,给予警告,并按照本条第二款的规定处以罚款;所得收益,用于物业管理区域内物业共用部位、共用设施设备的维修、养护,剩余部分按照业主大会的决定使用:

(一)擅自改变物业管理区域内按照规划建设的公共建筑和共用设施用途的;

(二)擅自占用、挖掘物业管理区域内道路、场地,损害业主共同利益的;

(三)擅自利用物业共用部位、共用设施设备进行经营的。

个人有前款规定行为之一的,处1000元以上1万元以下的罚款;单位有前款规定行为之一的,处5万元以上20万元以下的罚款。

101. 物业服务企业能以危害小区安全为由擅自拆除户外广告牌吗?

法律咨询

某公司经过相关部门批准后,在某小区内安装了一个广告牌。但是,该小区的物业服务企业却以广告牌危害小区安全为由擅自拆除。那么,物业服务企业能以危害小区安全为由擅自拆除户外广告牌吗?

律师答疑

根据《物业管理条例》第 54 条的规定，利用物业共用部位、共用设施设备进行经营的，应当在征得相关业主、业主大会、物业服务企业的同意后，按照规定办理有关手续。业主所得收益应当主要用于补充专项维修资金，也可以按照业主大会的决定使用。如果某公司安装的广告牌已经过业主委员会和物业服务企业同意，也办理了相关手续，则物业服务企业就不能出尔反尔，擅自拆除，否则应承担相应的赔偿责任。当然，如果广告牌安装后确实发现存在安全隐患的，物业服务企业应督促某公司尽快整改、加固，同时应设置显著的提示和防护措施，避免意外发生。如果某公司不能及时整改或者无法完全消除安全隐患，物业服务企业可以和业主委员会商议，建议业主委员会解除和某公司的相关协议，拆除有安全隐患的广告牌。

法律依据

《物业管理条例》

第五十四条　利用物业共用部位、共用设施设备进行经营的，应当在征得相关业主、业主大会、物业服务企业的同意后，按照规定办理有关手续。业主所得收益应当主要用于补充专项维修资金，也可以按照业主大会的决定使用。

第五十五条　物业存在安全隐患，危及公共利益及他人合法权益时，责任人应当及时维修养护，有关业主应当给予配合。

责任人不履行维修养护义务的，经业主大会同意，可以由物业服务企业维修养护，费用由责任人承担。

102. 物业服务企业在业主顶层楼面私自出租广告牌位合法吗？

法律咨询

某小区处于市口心的繁华地段。小区建成后，小区的物业服务企业将某栋顶层楼面出租给某公司竖立广告牌。后来，该栋楼的业主认为物业服务企业的行为违反规定，故准备提起诉讼。那么，物业服务企业在业主顶层楼面私自出租广告牌位合法吗？

律师答疑

《物业管理条例》第 54 条规定，利用物业共用部位、共用设施设备进行经营的，应当在征得相关业主、业主大会、物业服务企业的同意后，按照规定办理有关手续。因此，物业服务企业如果将顶层楼面出租，其必须经过相关业主、业主大会的同意，并根据规定办理相关手续。所以，物业服务企业在业主顶层楼面私自出租广告牌位的行为是违法的。

法律依据

《物业管理条例》

第五十四条 利用物业共用部位、共用设施设备进行经营的，应当在征得相关业主、业主大会、物业服务企业的同意后，按照规定办理有关手续。业主所得收益应当主要用于补充专项维修资金，也可以按照业主大会的决定使用。

103. 小区内建筑物墙面、房顶、电梯等广告收入归物业服务企业所有还是业主共同所有？

法律咨询

某小区物业服务企业擅自将小区内建筑物的墙面、楼顶以及电梯墙面等出租给很多公司，以使其张贴广告。但是，对于出租广告位的收益，业主与物业服务企业发生了纠纷。那么，小区内建筑物墙面、房顶、电梯等广告收入归物业服务企业所有还是业主共同所有？

律师答疑

《民法典》第 271 条规定，业主对建筑物内的住宅、经营性用房等专有部分享有所有权，对专有部分以外的共有部分享有共有和共同管理的权利。最高人民法院《关于审理建筑物区分所有权纠纷案件适用法律若干问题的解释》第 3 条第 1 款规定，除法律、行政法规规定的共有部分外，建筑区划内的以下部分，也应当认定为《民法典》第二编第六章所称的共有部分：(1)建筑物的基础、承重结构、外墙、屋顶等基本结构部分，通道、楼梯、大堂等公共通行部分，消防、公共照明等附属设施、设备，避难层、设备层或者设备间等结构部分；(2)其他不属于业主专有部分，也不属于市政公用部分或者其他权利人所有的场所及设施等。从上述规定可以看出，小区内建筑物墙面、房顶、电梯属于业主共有。

《物业管理条例》第 54 条规定，利用物业共用部位、共用设施设备进行经营的，应当在征得相关业主、业主大会、物业服务企业的同意后，按照规定办理有关手续。业主所得收益应当主要用于补充专项维修资金，也可以按照业主大会的决定使用。根据上述规定，可以看出对于小区公共部分的使用，要经相关的业主和业主大会的同意，同时还应办理相应的手续。小区的电梯、房顶和建筑物墙面属于共有部分，其所有权应归全体业主。因此，该共用部分的使用所得的收益也应归业主所有。物业服务企业仅是物业服务的提供者，对物业管理区域的任何建筑物及附属设施均没有所有权。因此，除非在物业服务合同中有特别约定，否则其无权对物业管理区域的共用部分擅自进行处分。即使利用共用部分做广告，也应征得相关业主、业主大会同意，由此所得的收益也应归业主所有。

法律依据

《中华人民共和国民法典》

第二百七十一条 业主对建筑物内的住宅、经营性用房等专有部分享有所有权，对专有部分以外的共有部分享有共有和共同管理的权利。

《物业管理条例》

第五十四条 利用物业共用部位、共用设施设备进行经营的，应当在征得相关业主、业主大会、物业服务企业的同意后，按照规定办理有关手续。业主所得收益应当主要用于补充专项维修资金，也可以按照业主大会的决定使用。

最高人民法院《关于审理建筑物区分所有权纠纷案件适用法律若干问题的解释》

第三条 除法律、行政法规规定的共有部分外，建筑区划内的以下部分，也应当认定为民法典第二编第六章所称的共有部分：

（一）建筑物的基础、承重结构、外墙、屋顶等基本结构部分，通道、楼梯、大堂等公共通行部分，消防、公共照明等附属设施、设备，避难层、设备层或者设备间等结构部分；

（二）其他不属于业主专有部分，也不属于市政公用部分或者其他权利人所有的场所及设施等。

建筑区划内的土地，依法由业主共同享有建设用地使用权，但属于业主专有的整栋建筑物的规划占地或者城镇公共道路、绿地占地除外。

104. 物业服务企业丢失业主包裹应当承担责任吗？

法律咨询

初某是某小区的居民。一次，其在外地的朋友给初某寄了一个包裹，快递员将包裹交给了初某所在小区的收发室。但是，当初某到收发室去取件时，收发室却说包裹丢失了。那么，物业服务企业丢失业主包裹应当承担责任吗？

律师答疑

物业服务企业作为小区内物业管理主体，有义务妥善保管业主的各种邮寄信件、包裹及汇款，及时而准确地交给相关业主，并谨慎管理其收发室等相关部门的工作人员，监督其尽职尽责。根据《物业管理条例》第 35 条的规定，物业服务企业应当按照物业服务合同的约定，提供相应的服务。物业服务企业未能履行物业服务合同的约定，导致业主人身、财产安全受到损害的，应当依法承担相应的法律责任。因此，如果其未履行相应的管理职责而给业主造成损失的，应该承担损害赔偿责任。业主对自己的信件、包裹等应及时查收，如果发现异常，应立即向相关部门报告，或者向法院起诉，保护自己的权益，并留存有关证据，如收发票据或证明文件等。

法律依据

《物业管理条例》

第三十五条 物业服务企业应当按照物业服务合同的约定，提供相应的服务。

物业服务企业未能履行物业服务合同的约定，导致业主人身、财产安全受到损害的，应当依法承担相应的法律责任。

105. 未经业主同意，物业服务企业有权利用小区公共供暖设施对外供暖吗？

法律咨询

青山企业是某小区的物业服务企业，但是，该公司擅自安装供暖管线，利用小区的供暖设施为相邻的一个幼儿园供暖，并收取供暖费。那么，未经业主同意，物业服务企业有权利用小区公共供暖设施对外供暖吗？

律师答疑

物业服务企业应按照相关物业管理法律法规的规定和物业服务合同的约定，严格履行物业管理职责，维护小区公共设备设施的正常运行，并消除相关安全隐患。根据《物业管理条例》第 54 条的规定，利用物业共用部位、共用设施设备，如供暖设施和供暖用房等进行经营的，应征得业主或业主大会的同意，并按照规定办理有关手续，将所得收益主要用于补充专项维修资金，也可以按照业主大会的决定使用。否则，擅自使用小区公共设备设施对外经营的，应承担相应的法律责任。

法律依据

《物业管理条例》

第五十四条 利用物业共用部位、共用设施设备进行经营的，应当在征得相关业主、业主大会、物业服务企业的同意后，按照规定办理有关手续。业主所得收益应当主要用于补充专项维修资金，也可以按照业主大会的决定使用。

106. 业主家里因管道堵塞受损失，物业服务企业在职责范围内应承担责任吗？

法律咨询

沈某是某小区的住户，物业服务企业每月向沈某等住户收取物业管理费用，包括水管等公共设施管理费用。一天，沈某家因管道堵塞，导致卫生间的地漏向外渗水，致使沈某家的家具受损。那么，业主家里因管道堵塞受损失，物业服务企业在职责范围内应承担责任吗？

律师答疑

根据《物业管理条例》第35条的规定，物业服务企业应当按照物业服务合同的约定，提供相应的服务。物业服务企业未能履行物业服务合同的约定，导致业主人身、财产安全受到损害的，应当依法承担相应的法律责任。物业服务企业对管道堵塞造成的损失只承担怠于管理的相应赔偿责任，而非承担直接侵权责任。业主如果发现共用设施存在安全隐患，如下水管道堵塞，应及时通知物业服务企业进行疏通、排除妨碍，并采取适当措施，防止损失的不合理扩大。如果遇到安全隐患是由相邻业主不当装修装饰施工造成的，应及时通知物业服务企业加以制止，消除隐患。

法律依据

《物业管理条例》

第三十五条 物业服务企业应当按照物业服务合同的约定，提供相应的服务。

物业服务企业未能履行物业服务合同的约定，导致业主人身、财产安全受到损害的，应当依法承担相应的法律责任。

107. 物业服务企业对排水系统未尽必要的养护义务，应赔偿住户渗水损失吗？

法律咨询

吴某在某小区购买了一套房屋，其在装修入住之后发现，房屋出现渗漏现象。后来，经过鉴定，原来是物业服务企业未对排水系统进行养护使得屋檐排水管堵塞所致。那么，物业服务企业对排水系统未尽必要的养护义务，应赔偿住户渗水损失吗？

律师答疑

根据《民法典》第942条第1款的规定，物业服务人应当按照约定和物业的使用性质，妥善维修、养护、清洁、绿化和经营管理物业服务区域内的业主共有部分，维护物业服务区域内的基本秩序，采取合理措施保护业主的人身、财产安全。《物业管理条例》第35条规定，物业服务企业应当按照物业服务合同的约定，提供相应的服务。物业服务企业未能履行物业服务合同的约定，导致业主人身、财产安全受到损害的，应当依法承担相应的法律责任。因此，对于物业服务企业疏于养护小区排水系统导致排水管堵塞造成的损害，业主有权请求物业服务企业承担继续履行、采取补救措施或者赔偿损失等违约责任。

法律依据

《中华人民共和国民法典》

第九百四十二条　物业服务人应当按照约定和物业的使

用性质，妥善维修、养护、清洁、绿化和经营管理物业服务区域内的业主共有部分，维护物业服务区域内的基本秩序，采取合理措施保护业主的人身、财产安全。

对物业服务区域内违反有关治安、环保、消防等法律法规的行为，物业服务人应当及时采取合理措施制止、向有关行政主管部门报告并协助处理。

《物业管理条例》

第三十五条 物业服务企业应当按照物业服务合同的约定，提供相应的服务。

物业服务企业未能履行物业服务合同的约定，导致业主人身、财产安全受到损害的，应当依法承担相应的法律责任。

108. 物业服务企业可以将物业服务委托给他人吗？

法律咨询

某小区建成后，与某物业服务企业签订了合同。没过多久，该小区的业主委员会发现该物业服务企业擅自将小区内的保洁、电梯维护等工作委托给了某保洁公司，故提出异议。然而，该物业服务企业认为他们这样做是为了给业主提供更优质的服务。那么，物业服务企业可以将物业服务委托给他人吗？

律师答疑

《物业管理条例》第39条规定，物业服务企业可以将物业管理区域内的专项服务业务委托给专业性服务企业，但不得将该区域内的全部物业管理一并委托给他人。所以，法律是允许物业服务企业就某些专项服务业务进行转委托的。业主和物业服务企业是委托服务合同关系，业主是委托人，物业服务企业是受托人。根据《民法典》第923条的规定，受托人应当亲自处理委托事务。经委托人同意，受托人可以转委托。也就是说，物业服务企业在将部分服务事项委托他人进行服务时，应经委托人（业主）的同意。如果物业服务企业在把物业服务部分事项进行转委托他人时，没有征得业主的同意，事后也没有将该委托事项告知业主，则损害了业主对物业服务的知情权和监督权利。此时，业主可要求物业服务企业尽快解决，否则可以向人民法院起诉。若因此给业主造成损害的，物业服务企业仍然要对此承担法律责任。

法律依据

《物业管理条例》

第三十九条　物业服务企业可以将物业管理区域内的专项服务业务委托给专业性服务企业，但不得将该区域内的全部物业管理一并委托给他人。

《中华人民共和国民法典》

第九百二十三条　受托人应当亲自处理委托事务。经委托人同意，受托人可以转委托。转委托经同意或者追认的，委托人可以就委托事务直接指示转委托的第三人，受托人仅就第三人的选任及其对第三人的指示承担责任。转委托未经同意或者追认的，受托人应当对转委托的第三人的行为承担责任；但是，在紧急情况下受托人为了维护委托人的利益需要转委托第三人的除外。

109. 物业服务企业公开业主委员会委员的电话号码，侵犯其隐私权吗？

法律咨询

程某在某小区购买了一套新的住房，入住之后，该小区正在组建业主委员会。后来，程某也成为业主委员会委员。在公布新的业主委员会名单时，物业服务企业将程某的电话号码、家庭信息等一起张贴在公告栏上。那么，物业服务企业公开业主委员会委员的电话号码，侵犯其隐私权吗？

律师答疑

根据我国《民法典》第111条的规定，自然人的个人信息受法律保护。任何组织或者个人需要获取他人个人信息的，应当依法取得并确保信息安全，不得非法收集、使用、加工、传输他人个人信息，不得非法买卖、提供或者公开他人个人信息。物业服务企业公开业主委员的电话侵犯了业主的个人信息权和隐私权。另外，最高人民法院《关于确定民事侵权精神损害赔偿责任若干问题的解释》第1条规定，因人身权益或者具有人身意义的特定物受到侵害，受害人可以起诉请求精神损害赔偿。因此，业主委员会委员的隐私受法律保护，若被侵犯，可以寻求精神损害赔偿。

法律依据

《中华人民共和国民法典》

第一百一十一条 自然人的个人信息受法律保护。任何组织或者个人需要获取他人个人信息的，应当依法取得并确保信息安全，不得非法收集、使用、加工、传输他人个人信息，不得非法买卖、提供或者公开他人个人信息。

第一千一百八十三条　侵害自然人人身权益造成严重精神损害的，被侵权人有权请求精神损害赔偿。

因故意或者重大过失侵害自然人具有人身意义的特定物造成严重精神损害的，被侵权人有权请求精神损害赔偿。

最高人民法院《关于确定民事侵权精神损害赔偿责任若干问题的解释》

第一条　因人身权益或者具有人身意义的特定物受到侵害，自然人或者其近亲属向人民法院提起诉讼请求精神损害赔偿的，人民法院应当依法予以受理。

110. 物业服务企业是否有权就业主妨害物业服务秩序的行为提起诉讼？

法律咨询

赵某是某小区的居民。其在入住之后，认为该小区的物业服务企业内部管理混乱，因此，经常以此为由不交物业服务费，而且还经常到物业服务企业大吵大闹。那么，物业服务企业是否有权就业主妨害物业服务秩序的行为提起诉讼？

律师答疑

物业服务企业与业主之间的委托关系具有一定的特殊性，其中很重要的一个方面就是全体业主将维护物业服务区域秩序的管理权交给物业服务企业，该权利行使的主要途径是对业主实施管理。业主实施妨害物业服务与管理的行为，既有可能是违反物业服务合同的违约行为，有时也可能是一种侵权行为。故赋予物业服务企业以相应起诉权，并未超出其管理权的行使界限，而且可以及时、有效地制止不法行为。业主与所在小区的物业服务企业签订物业管理服务协议后，即与物业服务企业之间建立了物业管理服务合同关系。物业服务企业作为提供物业管理服务的合同一方当事人，有义务依约进行物业管理，要求业主遵守管理规约及小区物业管理规定，有权对于违反管理规约及物业管理规定的行为加以纠正，以维护小区正常的物业管理秩序，维护小区全体业主的共同利益。当业主不按照整改要求纠正违反管理规约和物业管理规定的行为时，物业服务企业作为合同一方当事人，有权依法提起诉讼。

实践中，其他业主往往都要求物业服务企业去制止妨害、侵害行为，而不愿亲自出面。基于以上考虑，最高人民法院《关于审理物业服务纠纷案件适用法律若干问题的解释》第 1 条规定，业主违反物业服务合同或者法律、法规、管理规约，实施妨碍物业服务与管理的行为，物业服务人请求业主承担停止侵害、排除妨碍、恢复原状等相应民事责任的，人民法院应予支持。同时，若物业服务企业不履行或者不完全履行物业服务合同约定的或者法律、法规规定以及相关行业规范确定的维修、养护、管理和维护义务，业主可以请求物业服务企业承担违约责任。这使广大业主可以针对物业管理中存在的问题充分行使自身的权利，有效地监督物业管理。

法律依据

最高人民法院《关于审理物业服务纠纷案件适用法律若干问题的解释》

第一条　业主违反物业服务合同或者法律、法规、管理规约，实施妨碍物业服务与管理的行为，物业服务人请求业主承担停止侵害、排除妨碍、恢复原状等相应民事责任的，人民法院应予支持。

Chapter 6

第六章

小区车位管理

111. 小区一户业主可以买几个停车位？

法律咨询

王先生在居住的小区有一个产权车位，平时用来停放他自己代步的汽车，最近他给妻子买了一辆车，准备再买一个车位，被告知因为小区车位比较紧张，一户业主只能买一个车位。那么，小区一户业主可以买几个停车位？

律师答疑

一般来说，对于车位比较充裕的小区，业主购买车位没有过多的限制。但是在某些车位比较紧张的小区，考虑到全体业主的利益，会对车位的购买数量有一定的限制。以上海为例，如果一个小区停车位数量少于或者等于房屋套数的，一户业主只能购买或者附赠一个停车位；如果停车位数量超过房屋套数的，一户业主可以多购买或者附赠一个停车位。

法律依据

《上海市住宅物业管理规定》

第六十一条第一款 物业管理区域内，建设单位所有的机动车停车位数量少于或者等于物业管理区域内房屋套数的，一户业主只能购买或者附赠一个停车位；超出物业管理区域内房屋套数的停车位，一户业主可以多购买或者附赠一个。

第六十三条 区人民政府应当组织区交通、公安、房屋、建设等行政管理部门建立停车资源共享协调制度。停车位供需矛盾突出的住宅小区，其周边商业配建停车场（库）、道路具备夜间等时段性停车条件的，乡、镇人民政府或者街道办事处应当提出错时停车方案。鼓励业主与住宅小区周边单位通过协商实现停车资源共享。

《上海市住宅物业管理区域机动车停放管理规定》

第四条（停车位的分配）

住宅物业管理区域内，建设单位所有的机动车停车位数量少于或者等于物业管理区域内房屋套数的，一户业主只能购买或者附赠一个停车位；超出物业管理区域内房屋套数的停车位，一户业主可以多购买或者附赠一个。

112. 小区停车费的标准是如何制定的？

法律咨询

朱先生经常外出，因找不到停车场，便将车停在附近小区内。他发现，很多小区的停车费都比自家小区的便宜，有的甚至差异还很大，朱先生想知道小区停车费的标准是如何制定的？

律师答疑

各地小区的停车费收费标准各不相同，以上海为例：

（1）对于开发商所有的停车位向业主、使用人出租的，收费标准应当在前期物业服务合同中就明确约定。业主大会成立前，收费标准不调整；业主大会成立后，如果需要调整，开发商应当与业主大会协商，协商确定的价格应当向区房屋行政管理部门备案。

（2）车辆在公共部位停放，业主大会成立前，收费标准由开发商参照市物业管理行业协会发布的价格监测信息确定，收费标准应当在前期物业服务合同中约定；业主大会成立后，收费标准由业主大会参照市物业管理行业协会发布的价格监测信息决定。

总之，业主大会成立前，停车费由开发商决定；业主大会成立后，业主大会可以对停车费予以调整。不同区域、品质的小区，参考标准不同，收费也不同。

法律依据

《上海市住宅物业管理区域机动车停放管理规定》

第九条（车辆停放收费）

车辆停放收费按以下规定执行：

（一）建设单位所有的机动车停车位向业主、使用人出租的，其收费标准应当在前期物业服务合同中予以约定。业主大会成立前，收费标准不得擅自调整；业主大会成立后，需要调整的，建设单位应当与业主大会按照公平、合理的原则进行协商，协商确定的价格应当向区房屋行政管理部门备案（申请表详见附件）。

（二）车辆在全体共用部分的停放、收费标准、费用列支和管理等事项，由业主大会决定。业主大会决定对车辆停放收费的，参照市物业管理行业协会发布的价格监测信息确定收费标准。业主大会成立前，其收费标准由建设单位参照市物业管理行业协会发布的价格监测信息确定，收费标准、费用列支和管理等事项应当在前期物业服务合同中予以约定。

（三）经营性停车场（库）收费按照物价部门有关规定执行。

(四)停车收费应当出具专用票据。

公安、消防、抢险、救护、环卫等特种车辆执行公务时在物业管理区域内停放的,不得收费。

车辆在共用部分停放的收益,归共同拥有该物业的业主所有。

113. 房子已经售出,还能无偿使用原小区的停车位吗?

法律咨询

方某为了改善居住条件,将自己在某小区的房子出售后又在附近的一个小区买了一套花园洋房。但是,由于新小区的车位非常贵,而原来小区的停车场对业主免费开放。因此,方某便准备到原来小区的停车场停车。那么,房子已经售出,还能无偿使用原小区的停车位吗?

律师答疑

根据《民法典》第273条第2款的规定,业主转让建筑物内的住宅、经营性用房,其对共有部分享有的共有和共同管理的权利一并转让。所以,如果原业主将房子售予他人后,该小区的共有部分,如楼道、电梯、停车位等的共有权和共同管理权都一并转让给了买房者,原房主不可再占用该小区的共有部分,而且关于这些也是不需要在合同中约定的。因此,业主既然已经将房子卖给了他人,自然也就无权使用该小区的停车位。

法律依据

《中华人民共和国民法典》

第二百七十三条 业主对建筑物专有部分以外的共有部分，享有权利，承担义务；不得以放弃权利为由不履行义务。

业主转让建筑物内的住宅、经营性用房，其对共有部分享有的共有和共同管理的权利一并转让。

第二百七十五条 建筑区划内，规划用于停放汽车的车位、车库的归属，由当事人通过出售、附赠或者出租等方式约定。

占用业主共有的道路或者其他场地用于停放汽车的车位，属于业主共有。

第二百七十六条 建筑区划内，规划用于停放汽车的车位、车库应当首先满足业主的需要。

114. 业主车位常被占，物业服务企业应当承担责任吗？

法律咨询

陈某在某小区购买了一套商品房和一个车位。然而，在其入住之后，陈某发现自己所购买的车位经常被他人占用。对此，陈某多次向物业服务企业进行反映，并要求其承担责任。那么，业主车位常被占，物业服务企业应当承担责任吗？

律师答疑

停车位必须与小区其他物业一起进行统一、有序的管理。车位买卖合同虽是业主和开发商签订的，但合同也约定了车位使用权转让及物业管理费。因此，车位属于小区公共配套设施，物业服务企业既有权利也有义务对业主拥有的车位进行管理，并收取费用。

对于业主的车位，根据《物业管理条例》第35条的规定，物业服务企业应承担相应的管理、服务职能，有义务排除妨碍。物业服务企业应遵守相关房屋管理法律法规的规定和物业服务公约的约定，对小区公共配套设施进行统一、有序管理；对于业主购买的车位，负有相应的管理、服务职能，有义务排除妨碍。物业服务企业因怠于履行管理、服务职责，致使业主车位常被他人占用的，应当依法承担相应的法律责任。

法律依据

《物业管理条例》

第三十五条　物业服务企业应当按照物业服务合同的约定，提供相应的服务。

物业服务企业未能履行物业服务合同的约定，导致业主人身、财产安全受到损害的，应当依法承担相应的法律责任。

115. 业主交纳停车费后车辆在小区内被盗，物业服务企业要承担赔偿责任吗？

法律咨询

杨某是某小区居民，刚刚购置了一辆高档轿车。杨某将车从

4S店提回来后，停在了小区的固定停车位上，并交纳了停车费。但是，不久后车辆就被盗了。杨某认为自己交纳了停车费，和物业服务企业构成车辆的保管合同关系，要求物业服务企业承担赔偿责任。那么，业主交纳停车费后车辆在小区内被盗，物业服务企业要承担赔偿责任吗？

律师答疑

业主与物业服务企业之间是否构成车辆的保管合同关系是此类情形下争议的焦点。因为如果成立了车辆的保管合同关系，物业服务企业存在保管不善的情况，业主就可以主张物业服务企业承担赔偿责任。

首先，停车费和保管费不是一个概念。停车费是指车主使用停车位以及物业对车辆进行泊位安排、引导、停放服务等收取的费用，并不等同于保管费。

其次，物业服务企业和业主之间的基础法律关系是物业服务合同关系，并不必然构成保管合同关系。根据《民法典》第888条的相关规定，保管合同成立必须具备两大条件：一是当事人双方需要对保管事宜达成一致的意思表示。业主与物业服务企业之间就车辆保管达成一致的形式主要有，业主和物业服务企业单独签订了书面的车辆保管合同，或在物业服务合同中订立了详细的关于车辆保管的约定，或物业服务企业在所提供的场地上设置有包含对车辆进行保管意思的标识。二是需要交付保管物。业主或使用人应将车辆停放于物业服务企业指定的场所内并将车辆交由物业服务企业实际控制。只有以上两个条件同时具备，业主与物业服务企业之间才成立车辆的保管合同关系，否则就不构成车辆的保管合同关系。

最后,《物业管理条例》规定物业服务企业应当协助做好物业管理区域内的安全防范工作。但该安保义务是有限的、必要的,并非绝对的、全面的,如以交纳较低的物业费而要求物业服务企业对小区内的私人财产负有绝对的安保义务,既不公平也不现实。但是如果物业服务企业没有按照物业服务合同的约定履行安保义务的,比如物业服务合同约定物业服务企业需提供24小时巡逻而没有实现的,那么可以认为物业服务企业对业主车辆被盗负有过错,应该承担赔偿责任。

因此,物业服务企业和业主都应充分重视并谨慎遵守物业服务合同中有关停车管理服务的合同条款的约定,明确双方的具体权利义务范围,切忌模糊用语。物业服务企业应根据自己的管理能力,结合小区的具体情况与业主签订物业服务合同,并依法依约履行自己的职责,而不能擅自夸大能力而达不到要求。业主应加强自身财产安全防范措施,购买各类保险,并在物业服务合同或保管合同中,明确财产或车辆的保管合同关系,交纳相关费用,以免财产受损得不到赔偿。

法律依据

《中华人民共和国民法典》

第八百八十八条　保管合同是保管人保管寄存人交付的保管物,并返还该物的合同。

寄存人到保管人处从事购物、就餐、住宿等活动,将物品存放在指定场所的,视为保管,但是当事人另有约定或者另有交易习惯的除外。

第八百九十条 保管合同自保管物交付时成立，但是当事人另有约定的除外。

第八百九十七条 保管期内，因保管人保管不善造成保管物毁损、灭失的，保管人应当承担赔偿责任。但是，无偿保管人证明自己没有故意或者重大过失的，不承担赔偿责任。

《物业管理条例》

第四十六条 物业服务企业应当协助做好物业管理区域内的安全防范工作。发生安全事故时，物业服务企业在采取应急措施的同时，应当及时向有关行政管理部门报告，协助做好救助工作。

物业服务企业雇请保安人员的，应当遵守国家有关规定。保安人员在维护物业管理区域内的公共秩序时，应当履行职责，不得侵害公民的合法权益。

《上海市住宅物业管理规定》

第六十一条第五款 车主对车辆有保管要求的，由车主和物业服务企业另行签订保管合同。

116. 业主车位被他人占用，停放他处受损失，物业服务企业要承担责任吗？

法律咨询

冯某是某小区居民。一天，其早上上班时由于比较匆忙而忘记将自己的固定车位上锁。等到晚上下班回家时，发现自己的车位被他人占用。于是，冯某便将车停到了别的地方。然而，第二天冯某发现自己的车被人撬开了，而且车上有很多划痕。那么，业主车位被他人占用，停放他处受损失，物业服务企业要承担责任吗？

律师答疑

根据《民法典》和《物业管理条例》的规定，物业服务企业应当按照约定和物业的使用性质，妥善维修、养护、清洁、绿化和经营管理物业服务区域内的业主共有部分，维护物业服务区域内的基本秩序，采取合理措施保护业主的人身、财产安全。如果物业服务企业在发现业主车位被占用后没有及时处理导致业主车辆损坏的，应该承担赔偿责任。同时，业主应谨慎管理自己的车位，及时上锁。如果发现他人占用自己车位的，应及时向物业服务企业反映，并让其排除妨碍，而不能随意将车停放他处。物业服务企业应根据业主的反映，及时让他人将车开出所占车位，为其排除妨碍，以免业主车辆停放他处受损而承担管理疏漏的赔偿责任。

法律依据

《中华人民共和国民法典》

第九百三十七条　物业服务合同是物业服务人在物业服务区域内，为业主提供建筑物及其附属设施的维修养护、环境卫生和相关秩序的管理维护等物业服务，业主支付物业费的合同。

物业服务人包括物业服务企业和其他管理人。

第九百四十二条　物业服务人应当按照约定和物业的使用性质，妥善维修、养护、清洁、绿化和经营管理物业服务区

域内的业主共有部分,维护物业服务区域内的基本秩序,采取合理措施保护业主的人身、财产安全。

对物业服务区域内违反有关治安、环保、消防等法律法规的行为,物业服务人应当及时采取合理措施制止、向有关行政主管部门报告并协助处理。

《物业管理条例》

第三十五条 物业服务企业应当按照物业服务合同的约定,提供相应的服务。

物业服务企业未能履行物业服务合同的约定,导致业主人身、财产安全受到损害的,应当依法承担相应的法律责任。

117. 物业服务企业有权在小区楼之间的空地划出车位出租吗?

法律咨询

董某是某小区居民。一天,董某听邻居说,该小区的物业服务企业准备在小区楼间的空地划出车位出租。对此,董某认为物业服务企业的做法是错误的。那么,物业服务企业有权在小区楼间的空地划出车位出租吗?

律师答疑

首先,《物业管理条例》第 49 条规定:“物业管理区域内按照规划建设的公共建筑和共用设施,不得改变用途。业主依法确需改变公共建筑和共用设施用途的,应当在依法办理有关手续后告知物业服务企业；物业服务企业确需改变公共建筑和共用设施用途的，应当提请业主大会讨论决定同意后，由业主依法办理有关手续。”物业服务企业在未经业主大会同意的情况下，擅自将小区内空地改变用途、划分车位的行为，侵害了全体业主的合法权益，业主有权要求物业服务企业承担恢复原状、赔偿损失的责任。

其次，《民法典》第 275 条第 2 款规定，占用业主共有的道路或者其他场地用于停放汽车的车位，属于业主共有。因此，即使物业服务企业利用小区空地改造车位的行为经过了业主大会的同意，除物业服务合同中有特别约定外，出租车位所得的租金也应归全体业主共有。

法律依据

《中华人民共和国民法典》

第二百七十五条　建筑区划内，规划用于停放汽车的车位、车库的归属，由当事人通过出售、附赠或者出租等方式约定。

占用业主共有的道路或者其他场地用于停放汽车的车位，属于业主共有。

《物业管理条例》

第四十九条　物业管理区域内按照规划建设的公共建筑和共用设施，不得改变用途。

业主依法确需改变公共建筑和共用设施用途的，应当在依法办理有关手续后告知物业服务企业；物业服务企业确需改变公共建筑和共用设施用途的，应当提请业主大会讨论决定同意后，由业主依法办理有关手续。

118. 高空坠物砸车，物业服务企业能举证免责吗？

法律咨询

杜某是某小区居民。一天，杜某的车停在楼下时，因楼上吴某家的墙体脱落，将杜某的车砸坏。对此，杜某要求物业服务企业承担责任。在诉讼中，物业服务企业举证证明自己没有责任。那么，高空坠物砸车，物业服务企业能举证免责吗？

律师答疑

物业管理活动中发生意外，可能导致纠纷时，物业服务企业应注意以下三点：（1）协助事主查明事件真实过程。仅证明自己没有责任是不够的，也无法完全打消事主的疑虑。查清真相，帮助事主找到应承担责任的人，才能彻底解决事件，避免纠纷。（2）增强证据意识。通过拍照、现场记录、寻找无利害关系目击证人等方式固定证据，既有利于协助事主解决纠纷，又能确定自己应不应承担责任、应承担多大的责任等问题。（3）根据《民法典》第1253条的规定，建筑物高空坠物致人损害的，管理人或者使用人不能证明自己无过错的，应承担赔偿责任。物业服务企业应当按照物业服务合同的约定和物业的使用性质，妥善维修、养护、清洁、绿化和经营管理物业服务区域内的业主共有部分，维护物业服务区域内的基本秩序，采取合理措施保护业主的人身、财产安全。如果因为物业服务企业的疏于管理和维护导致外墙脱落的，则物业服务企业应对车辆损坏承担赔偿责任。

法律依据

《中华人民共和国民法典》

第九百四十二条　物业服务人应当按照约定和物业的使用性质，妥善维修、养护、清洁、绿化和经营管理物业服务区域内的业主共有部分，维护物业服务区域内的基本秩序，采取合理措施保护业主的人身、财产安全。

对物业服务区域内违反有关治安、环保、消防等法律法规的行为，物业服务人应当及时采取合理措施制止、向有关行政主管部门报告并协助处理。

第一千二百五十三条　建筑物、构筑物或者其他设施及其搁置物、悬挂物发生脱落、坠落造成他人损害，所有人、管理人或者使用人不能证明自己没有过错的，应当承担侵权责任。所有人、管理人或者使用人赔偿后，有其他责任人的，有权向其他责任人追偿。

119. 业主汽车被盗，保险公司理赔后可以向物业服务企业追偿吗？

法律咨询

赵某是某小区业主，其价值100万元的汽车在小区被盗。由于赵某为汽车购买了车辆损失险和全车盗抢险，因此他便要求保险公司承担赔偿责任。保险公司在理赔后，认为车辆被盗责任在于物业失职，于是准备向物业服务企业追偿。那么，业主汽车被盗，保险公司理赔后可以向物业服务企业追偿吗？

律师答疑

此类案件涉及两个问题：（1）要判断保险公司是否可以向物业服务企业追偿，先要确定物业服务企业本身是否需要为车辆被盗承担责任。

首先，要明确物业服务企业和业主之间是否构成保管合同关系。物业服务企业和业主之间的基础法律关系是物业服务合同关系，并不必然构成保管合同关系。根据《民法典》第 888 条的规定，保管合同成立必须具备两大条件：一是当事人双方需要对保管事宜达成一致的意思表示。业主与物业服务企业之间就车辆保管达成一致的形式主要有，业主和物业服务企业单独签订了书面的车辆保管合同，或在物业服务合同中订立了详细的关于车辆保管的约定，或物业服务企业在所提供的场地上设置有包含对车辆进行保管意思的标识。二是需要交付保管物。业主或使用人应将车辆停放于物业服务企业指定的场所内并将车辆交由物业服务企业实际控制。只有以上两个条件同时具备，业主与物业服务企业之间才成立车辆的保管合同关系。在物业服务企业和业主间未成立保管合同关系的前提下，物业服务企业并不必然对业主车辆被盗承担责任。

其次，《物业管理条例》规定物业服务企业应当协助做好物业管理区域内的安全防范工作。如果物业服务企业没有按照物业服务合同的约定履行安保义务的，比如物业服务合同约定物业服务企业需提供 24 小时巡逻而没有实现的，那么可以认为物业服务企业对业主车辆被盗负有过错，应该承担赔偿责任。

（2）业主为被盗车辆购买了车辆损失险和全车盗抢险，如果物业服务企业对车辆被盗本身应该承担赔偿责任的前提下，保险公司在向业主支付赔偿款后，有权向物业服务企业追偿。

法律依据

《中华人民共和国民法典》

第八百八十八条　保管合同是保管人保管寄存人交付的保管物，并返还该物的合同。

寄存人到保管人处从事购物、就餐、住宿等活动，将物品存放在指定场所的，视为保管，但是当事人另有约定或者另有交易习惯的除外。

第八百九十条　保管合同自保管物交付时成立，但是当事人另有约定的除外。

第八百九十七条　保管期内，因保管人保管不善造成保管物毁损、灭失的，保管人应当承担赔偿责任。但是，无偿保管人证明自己没有故意或者重大过失的，不承担赔偿责任。

第九百三十七条　物业服务合同是物业服务人在物业服务区域内，为业主提供建筑物及其附属设施的维修养护、环境卫生和相关秩序的管理维护等物业服务，业主支付物业费的合同。

物业服务人包括物业服务企业和其他管理人。

第九百四十二条　物业服务人应当按照约定和物业的使用性质，妥善维修、养护、清洁、绿化和经营管理物业服务区域内的业主共有部分，维护物业服务区域内的基本秩序，采取合理措施保护业主的人身、财产安全。

对物业服务区域内违反有关治安、环保、消防等法律法规的行为，物业服务人应当及时采取合理措施制止、向有关行政主管部门报告并协助处理。

《物业管理条例》

第三十五条 物业服务企业应当按照物业服务合同的约定，提供相应的服务。

物业服务企业未能履行物业服务合同的约定，导致业主人身、财产安全受到损害的，应当依法承担相应的法律责任。

第四十六条 物业服务企业应当协助做好物业管理区域内的安全防范工作。发生安全事故时，物业服务企业在采取应急措施的同时，应当及时向有关行政管理部门报告，协助做好救助工作。

物业服务企业雇请保安人员的，应当遵守国家有关规定。保安人员在维护物业管理区域内的公共秩序时，应当履行职责，不得侵害公民的合法权益。

《上海市住宅物业管理规定》

第六十一条第五款 车主对车辆有保管要求的，由车主和物业服务企业另行签订保管合同。

120. 住户使用临时出入证的车辆被盗，物业服务企业应当承担责任吗？

法律咨询

欧某是某小区居民。由于其刚刚搬入该小区，一时买不到停车位，因此欧某每次开车进入小区都由保安发给他一张临时出入证，等到第二天上班时凭证出门再交停车费。然而，一天早上，欧某却发现自己的车被盗了。那么，住户使用临时出入证的车辆被盗，物业服务企业应当承担责任吗？

律师答疑

欧某将车驶入物业服务企业管理的小区时，保安发给他一张临时出入证，并结合第二天欧某必须持证出门并交费的事实，由此可见出入该小区停车场必须经过出入口，凭证出入，即该停车场可视为封闭式停车场，车辆进入后统一由物业服务企业管理控制，说明双方的保管合同关系已经成立。此时，物业服务企业对业主的车辆就负有保管的责任。然而，物业服务企业的工作人员在车辆被盗走时疏忽大意，未核对出入证即将车辆放行，没有尽到妥善保管的义务。正是因为物业服务企业的失职行为导致了欧某车辆的丢失，故应对欧某车辆的丢失承担赔偿责任。

法律依据

《中华人民共和国民法典》

第八百八十八条 保管合同是保管人保管寄存人交付的保管物，并返还该物的合同。

寄存人到保管人处从事购物、就餐、住宿等活动，将物品存放在指定场所的，视为保管，但是当事人另有约定或者另有交易习惯的除外。

第八百九十条 保管合同自保管物交付时成立，但是当事人另有约定的除外。

第八百九十七条 保管期内，因保管人保管不善造成保管物毁损、灭失的，保管人应当承担赔偿责任。但是，无偿保管人证明自己没有故意或者重大过失的，不承担赔偿责任。

121. 突发暴雨致车库被淹，物业服务企业可以免责吗？

法律咨询

项某是某小区的居民，其在购买房屋时与该小区的物业服务企业签订了《车位租赁合同》，并按时向物业服务企业交纳了租金。一次，天降暴雨导致该小区的车库被淹，项某的汽车受损。为此，项某要求物业服务企业承担赔偿责任。但是，物业服务企业以不可抗力为由拒绝。那么，突发暴雨致车库被淹，物业服务企业可以免责吗？

律师答疑

根据《民法典》第708条和第712条的规定，物业服务企业作为车库出租方及物业管理部门，应当按照约定保持租赁物符合约定的用途，承担地下车库物业管理养护与维修义务。如今，大部分暴雨都是可以预见的，气象部门会提前预报，物业服务企业未尽合理注意义务及充分的防御职责，故对于业主财产损害结果的发生，物业服务企业具有过错。根据《民法典》第590条的规定，在外来因素发生的事件中，事件的发生虽然是客观的，但当事人能够预见却由于疏忽没有预见，或者未尽到最大努力加以防止的，不可抗力不能成立。物业服务企业作为专业的物业管理部门，对雨季可能危及其利益是可以预见的。虽然物业服务企业采取了一定的抗灾措施，但未尽到最大的谨慎和最大的努力，故物业服务企业不能主张不可抗力免责。

法律依据

《中华人民共和国民法典》

第五百九十条　当事人一方因不可抗力不能履行合同的，根据不可抗力的影响，部分或者全部免除责任，但是法律另有规定的除外。因不可抗力不能履行合同的，应当及时通知对方，以减轻可能给对方造成的损失，并应当在合理期限内提供证明。

当事人迟延履行后发生不可抗力的，不免除其违约责任。

第七百零八条　出租人应当按照约定将租赁物交付承租人，并在租赁期限内保持租赁物符合约定的用途。

第七百一十二条　出租人应当履行租赁物的维修义务，但是当事人另有约定的除外。

122. 未签订物业服务合同且业主只交纳了清洁费，业主丢失摩托车，物业服务企业要承担责任吗？

法律咨询

余某在某小区购买了一套三居室，入住后，只是向物业服务企业交纳了清洁费，并未签订物业服务合同。后来，余某停在自家楼下的摩托车丢失。那么，物业服务企业对此要承担责任吗？

律师答疑

物业服务企业经依法登记，其经营范围是对房屋的共有部位、公用设施、绿化、卫生、交通和环境进行综合维护、修缮和整理。

业主交纳了清洁费的事实证明余某与物业服务企业之间形成了物业服务关系，但事实上的物业服务关系是否包括车辆管理服务并不明确，需看约定。根据《物业管理条例》第35条的规定，物业服务企业向业主提供的服务只能限于其经营范围，而且余某与物业服务企业之间没有明确达成车辆保管合同的意思表示，故余某请求物业服务企业赔偿丢失摩托车的损失没有依据。因此，在这种情况下，业主丢失摩托车，物业服务企业不承担责任。

法律依据

《物业管理条例》

第三十五条 物业服务企业应当按照物业服务合同的约定，提供相应的服务。

物业服务企业未能履行物业服务合同的约定，导致业主人身、财产安全受到损害的，应当依法承担相应的法律责任。

123. 物业服务企业只收取规定的车辆管理费的一半，也应对车辆损坏负全责吗？

法律咨询

某小区物业服务企业因人手有限，管理松散，故只收取相关规定的车辆管理费用的一半。一天，该小区居民范某的汽车玻璃被砸坏。对此，物业服务企业以其只收取车辆管理费的一半为由拒绝承担赔偿责任。那么，物业服务企业只收取规定的车辆管理费的一半，也应对车辆损坏负全责吗？

律师答疑

物业服务企业应严格遵守相关房产、车辆管理等法律法规的规定和物业服务合同的约定，全面履行自己的义务，并享受权利。作为专业的物业管理服务单位，物业服务企业应有相应的人员和财力来保障能履行物业管理职责，应配备专业的人员和必需的设备设施。物业服务企业不能因人员或财力有限，而只收取较低的物业管理费用，提供低水平的物业管理服务。对于给业主造成的损失，物业服务企业怠于履行管理职责的，仍应承担全责，不会因为收取减半的费用而只承担半责。

法律依据

《物业管理条例》

第三十五条 物业服务企业应当按照物业服务合同的约定，提供相应的服务。

物业服务企业未能履行物业服务合同的约定，导致业主人身、财产安全受到损害的，应当依法承担相应的法律责任。

124. 住户擅自停车占用通道，物业服务企业为疏通道路而致车辆损坏应赔偿吗？

法律咨询

郑某是某小区的居民。一天，其开车到该小区的超市买东西。由于郑某将车横放在该小区的某条道路上，导致道路堵塞，于是物业服务企业为疏通道路，采取谨慎合理的措施将车移开。在移开的过程中，郑某的车辆被损坏。那么，住户擅自停车占用通道，物业服务企业为疏通道路而致车辆损坏应赔偿吗？

律师答疑

根据《物业管理条例》第45条的规定，物业服务企业有权在法律规定和物业服务合同约定的情况下，对小区内的公共事务进行管理，对小区内的违章行为进行纠正。物业服务企业在紧急情况下，为维护小区的正常管理秩序而将车辆搬抬至路边的行为不存在过错，故对于物业服务企业采取谨慎合理的措施移开违章车辆造成损失的，其不承担侵权责任。对物业服务企业而言，应该本着方便车主、服务车主的精神，签订明确的停车管理服务协议，制定出详细、规范的停车管理制度，明确车主必须遵守的规则。业主应按照物业服务企业依法依约指定的地点停放车辆。对于违章乱停车辆的，物业服务企业有权将其移开；对于物业服务企业采取谨慎合理的措施移开违章车辆造成损失的，其不承担侵权责任。

法律依据

《物业管理条例》

第四十五条 对物业管理区域内违反有关治安、环保、物业装饰装修和使用等方面法律、法规规定的行为，物业服务企业应当制止，并及时向有关行政管理部门报告。

有关行政管理部门在接到物业服务企业的报告后，应当依法对违法行为予以制止或者依法处理。

125. 车辆在小区露天停车场临时停放是否可以免费?

法律咨询

杜某到某小区给朋友送东西。在其准备离开时,该小区门口保安要求其交纳停车费。对此,杜某认为他只是在他们小区的露天停车场临时停放了一小会儿,不应该被收费。那么,车辆在小区露天停车场临时停放是否可以免费?

律师答疑

物业服务企业可对临时进入物业管理区域内或露天停车场(含道路行车)的交通工具收取停放费,价格由物业服务企业与业主委员会或业主代表双方协商约定并通过业主大会决议,价格部门允许和支持收取此项费用,所得收益归共同拥有该物业的业主所有,主要用于补充专项维修资金,也可以按照业主大会的决定使用。

具体的收费标准,以上海为例:车辆在公共部位停放,业主大会成立前,收费标准由开发商参照市物业管理行业协会发布的价格监测信息确定,收费标准应当在前期物业服务合同中约定;业主大会成立后,收费标准由业主大会参照市物业管理行业协会发布的价格监测信息决定。不同区域、品质的小区,参考标准不同,收费也不同。

法律依据

《物业管理条例》

第四十条 物业服务收费应当遵循合理、公开以及费用与服务水平相适应的原则,区别不同物业的性质和特点,由业主和物业服务企业按照国务院价格主管部门会同国务院建设行政主管部门制定的物业服务收费办法，在物业服务合同中约定。

第五十四条 利用物业共用部位、共用设施设备进行经营的，应当在征得相关业主、业主大会、物业服务企业的同意后，按照规定办理有关手续。业主所得收益应当主要用于补充专项维修资金，也可以按照业主大会的决定使用。

《上海市住宅物业管理区域机动车停放管理规定》

第九条（车辆停放收费）

车辆停放收费按以下规定执行：

（一）建设单位所有的机动车停车位向业主、使用人出租的，其收费标准应当在前期物业服务合同中予以约定。业主大会成立前，收费标准不得擅自调整；业主大会成立后，需要调整的，建设单位应当与业主大会按照公平、合理的原则进行协商，协商确定的价格应当向区房屋行政管理部门备案（申请表详见附件）。

（二）车辆在全体共用部分的停放、收费标准、费用列支和管理等事项，由业主大会决定。业主大会决定对车辆停放收费的，参照市物业管理行业协会发布的价格监测信息确定收费标准。业主大会成立前，其收费标准由建设单位参照市物业管理行业协会发布的价格监测信息确定，收费标准、费用列支和管理等事项应当在前期物业服务合同中予以约定。

（三）经营性停车场（库）收费按照物价部门有关规定执行。

（四）停车收费应当出具专用票据。

公安、消防、抢险、救护、环卫等特种车辆执行公务时在物业管理区域内停放的，不得收费。

车辆在共用部分停放的收益，归共同拥有该物业的业主所有。

126. 小区停车位可以出租给小区以外的人使用吗?

法律咨询

曾某是某小区的居民。一天,曾某听说物业服务企业将该小区的停车位出租给附近小区的居民使用。对此,曾某认为小区停车位本来就很紧张,物业服务企业的做法是不合理的。那么,小区停车位可以出租给小区以外的人使用吗?

律师答疑

《民法典》第276条规定,建筑区划内,规划用于停放汽车的车位、车库应当首先满足业主的需要。第275条规定,建筑区划内,规划用于停放汽车的车位、车库的归属,由当事人通过出售、附赠或者出租等方式约定。占用业主共有的道路或者其他场地用于停放汽车的车位,属于业主共有。最高人民法院《关于审理建筑物区分所有权纠纷案件适用法律若干问题的解释》第6条规定,建筑区划内在规划用于停放汽车的车位之外,占用业主共有道路或者其他场地增设的车位,应当认定为《民法典》第275条第2款所称的车位。

根据上述规定,车库、车位的权利归属分为两种情形:一是属于业主共有。如果车库、车位为小区的配套设施且售房时将之计入销售成本,或者是占用业主共有的道路或者其他场地用于停放汽车的车位,属于业主共有。二是可以由开发商通过约定的方式确定。除属于业主所有的外,开发商可以对车库以销售或赠与、出租等方式约定权利归属,但不管车库、车位权利属于谁所有,应当首先满足业主的需要。最高人民法院《关于审理建筑物区分所有权纠纷案件适用法律若干问题的解释》第5条规定，建设单位按照配置比例将车位、车库，以出售、附赠或者出租等方式处分给业主的，应当认定其行为符合《民法典》第276条有关“应当首先满足业主的需要”的规定。前款所称配置比例是指规划确定的建筑区划内规划用于停放汽车的车位、车库与房屋套数的比例。在实践中，一些小区开始入住时会有剩余的车位。从经济利益出发，一般都会委托物业服务企业进行对外出租。同时，《物业管理条例》第54条规定，利用物业共用部位、共用设施设备进行经营的，应当在征得相关业主、业主大会、物业服务企业的同意后，按照规定办理有关手续。业主所得收益应当主要用于补充专项维修资金，也可以按照业主大会的决定使用。一般情况下，未经业主同意，物业服务企业不可以擅自将小区停车位出租给小区以外的人。

法律依据

《中华人民共和国民法典》

第二百七十五条 建筑区划内，规划用于停放汽车的车位、车库的归属，由当事人通过出售、附赠或者出租等方式约定。

占用业主共有的道路或者其他场地用于停放汽车的车位，属于业主共有。

第二百七十六条 建筑区划内，规划用于停放汽车的车位、车库应当首先满足业主的需要。

《物业管理条例》

第五十四条 利用物业共用部位、共用设施设备进行经营的，应当在征得相关业主、业主大会、物业服务企业的同意后，按照规定办理有关手续。业主所得收益应当主要用于补充专项维修资金，也可以按照业主大会的决定使用。

最高人民法院《关于审理建筑物区分所有权纠纷案件适用法律若干问题的解释》

第五条　建设单位按照配置比例将车位、车库，以出售、附赠或者出租等方式处分给业主的，应当认定其行为符合民法典第二百七十六条有关“应当首先满足业主的需要”的规定。

前款所称配置比例是指规划确定的建筑区划内规划用于停放汽车的车位、车库与房屋套数的比例。

第六条　建筑区划内在规划用于停放汽车的车位之外，占用业主共有道路或者其他场地增设的车位，应当认定为民法典第二百七十五条第二款所称的车位。

127. 小区地面停车位是归业主共有还是归物业服务企业所有？

法律咨询

王某与某房地产开发公司签订了购房合同，购买某小区商品房一套及小区地面停车位一个。该停车位购买价格为8万元人民币，使用权限为70年。但是，王某后来听说地面停车位属于业主共有，开发商不能买卖。王某找该房地产开发公司要求退款，但对方却说其出售停车位是合法的，不同意退款。双方为此发生争议。那么，小区地面停车位是归业主共有还是归物业服务企业所有？

律师答疑

小区地面停车位属于全体业主共有。某房地产开发公司无权将属于业主共有的地面停车位出售给小王。

《民法典》第 276 条规定,建筑区划内,规划用于停放汽车的车位、车库应当首先满足业主的需要。第 275 条规定,建筑区划内,规划用于停放汽车的车位、车库的归属,由当事人通过出售、附赠或者出租等方式约定。占用业主共有的道路或者其他场地用于停放汽车的车位,属于业主共有。最高人民法院《关于审理建筑物区分所有权纠纷案件适用法律若干问题的解释》第 6 条规定,建筑区划内在规划用于停放汽车的车位之外,占用业主共有道路或者其他场地增设的车位,应当认定为《民法典》第 275 条第 2 款所称的车位。根据上述规定,小区地下车库若开发成本没有在售房中进行分摊的,应属于开发商所有,开发商可以对车库以销售或赠与、出租等方式约定权利归属。而小区地面停车位应属于全体业主共有。

《民法典》第 271 条规定,业主对建筑物内的住宅、经营性用房等专有部分享有所有权,对专有部分以外的共有部分享有共有和共同管理的权利。从上述规定可以看出,业主作为地面停车位共有权人,可以对地面停车位进行共同管理和取得收益。第 278 条规定,有关共有和共同管理权利的其他重大事项由业主共同决定,应当由专有部分面积占比 2/3 以上的业主且人数占比 2/3 以上的业主参与表决,且应当经参与表决专有部分面积过半数的业主且参与表决人数过半数的业主同意。最高人民法院《关于审理建筑物区分所有权纠纷案件适用法律若干问题的解释》第 7 条规定,处分共有部分,以及业主大会依法决定或者管理规约依法确定应由业主共同决定的事项，应当认定为《民法典》第 278 条第 1 款第 9 项规定的有关共有和共同管理权利的“其他重大事项”。

法律依据

《中华人民共和国民法典》

第二百七十一条　业主对建筑物内的住宅、经营性用房等专有部分享有所有权，对专有部分以外的共有部分享有共有和共同管理的权利。

第二百七十五条　建筑区划内，规划用于停放汽车的车位、车库的归属，由当事人通过出售、附赠或者出租等方式约定。

占用业主共有的道路或者其他场地用于停放汽车的车位，属于业主共有。

第二百七十六条　建筑区划内，规划用于停放汽车的车位、车库应当首先满足业主的需要。

第二百七十八条　下列事项由业主共同决定：

（一）制定和修改业主大会议事规则；

（二）制定和修改管理规约；

（三）选举业主委员会或者更换业主委员会成员；

（四）选聘和解聘物业服务企业或者其他管理人；

（五）使用建筑物及其附属设施的维修资金；

（六）筹集建筑物及其附属设施的维修资金；

（七）改建、重建建筑物及其附属设施；

（八）改变共有部分的用途或者利用共有部分从事经营活动；

（九）有关共有和共同管理权利的其他重大事项。

业主共同决定事项，应当由专有部分面积占比三分之二以上的业主且人数占比三分之二以上的业主参与表决。决定前款第六项至第八项规定的事项，应当经参与表决专有部分面积四分之三以上的业主且参与表决人数四分之三以上的业主同意。决定前款其他事项，应当经参与表决专有部分面积过半数的业主且参与表决人数过半数的业主同意。

最高人民法院《关于审理建筑物区分所有权纠纷案件适用法律若干问题的解释》

第六条 建筑区划内在规划用于停放汽车的车位之外，占用业主共有道路或者其他场地增设的车位，应当认定为民法典第二百七十五条第二款所称的车位。

第七条 处分共有部分，以及业主大会依法决定或者管理规约依法确定应由业主共同决定的事项，应当认定为民法典第二百七十八条第一款第（九）项规定的有关共有和共同管理权利的“其他重大事项”。

128. 小区的车位车库使用应该遵循“业主优先”原则吗？

法律咨询

徐某在某小区购买了一套两居室。入住后，其到物业服务企业办理停车租用手续，结果得知开发商已将所有的车位都高价卖给了一个客户。对此，徐某认为，小区车位的使用应当遵循业主优先的原则。那么，小区的车位车库使用是否应该遵循“业主优先”原则？

律师答疑

车位、车库纠纷成为建筑物区分所有权纠纷案件中的热点、难点问题，集中在车位、车库属于业主的专有部分还是全体业主的共有部分，以及应该如何在业主中分配等问题上。根据《民法典》第275条、第276条的规定，如果建设单位已经按照规划确定的建筑区划内规划用于停放汽车的车位、车库与专有部分的比例，将车位、车库以出售、附赠或者出租等方式处分给业主的，应当认定其行为已符合《民法典》第276条有关“应当首先满足业主的需要”的规定。规划确定的配置比例具有法定性和确定性，业主在购买专有部分的时候对此也是明知的。只有业主已经按照配置比例购置或者租赁到车位、车库，才应当认为其需要已经得到了“首先满足”。以上海为例，小区内，开发商所有的停车位数量少于或者等于小区内房屋套数的，一户业主只能购买或者附赠一个停车位；超出小区内房屋套数的停车位，一户业主可以多购买或者附赠一个。对于出租的车位，满足本小区内业主、使用人需要后仍有空余的，车位产权人可以临时按月出租给物业管理区域外的单位、个人。

法律依据

《中华人民共和国民法典》

第二百七十五条　建筑区划内，规划用于停放汽车的车位、车库的归属，由当事人通过出售、附赠或者出租等方式约定。

占用业主共有的道路或者其他场地用于停放汽车的车位,属于业主共有。

第二百七十六条 建筑区划内,规划用于停放汽车的车位、车库应当首先满足业主的需要。

《上海市住宅物业管理规定》

第六十一条第一款 物业管理区域内,建设单位所有的机动车停车位数量少于或者等于物业管理区域内房屋套数的,一户业主只能购买或者附赠一个停车位;超出物业管理区域内房屋套数的停车位,一户业主可以多购买或者附赠一个。

《上海市住宅物业管理区域机动车停放管理规定》

第四条(停车位的分配)

住宅物业管理区域内,建设单位所有的机动车停车位数量少于或者等于物业管理区域内房屋套数的,一户业主只能购买或者附赠一个停车位;超出物业管理区域内房屋套数的停车位,一户业主可以多购买或者附赠一个。

第七条(停车位的出租)

停车位满足本物业管理区域内业主、使用人需要后仍有空余的,车位产权人可以临时按月出租给物业管理区域外的单位、个人。出租车位产权人应当将车位承租人的车牌号、姓名和联系方式告知物业服务企业。

Chapter 7

第七章

小区共用部分的使用及维护

129. 物业服务企业可以改变物业管理区域内公共设施、场所的原始用途吗?

法律咨询

薛某是某小区的业主,该小区有两个篮球场。最近,物业服务企业准备将其中一个篮球场改造成停车位。对此,薛某认为物业服务企业不能擅自变更公共场所的用途。那么,物业服务企业可以改变物业管理区域内公共设施、场所的原始用途吗?

律师答疑

篮球场属于小区共用设施,属于业主共有,物业服务企业无权将篮球场改造成停车位。业主委员会作为业主自治组织,可以代表业主与物业服务企业就此事进行协商,无法协商一致的,可以直接向人民法院提起诉讼,要求物业服务企业对篮球场予以恢复原状。篮球场作为小区居民的健身设施,并非可有可无。物业服务企业不能以小区停车紧张为由,就随意改变公共设施的用途。

业主选择购买该小区的房屋时,物业管理区域的环境及整体配套设施是考虑的重要因素之一。作为小区的配套健身场所,小区的篮球场对全体业主进行健身体育活动有着重要的作用,因此不能随意变更。《民法典》第 271 条规定,业主对建筑物内的住宅、经营性用房等专有部分享有所有权,对专有部分以外的共有部分享有共有和共同管理的权利。第 274 条规定,建筑区划内的其他公共场所、公用设施和物业服务用房,属于业主共有。《物业管理条例》第 49 条规定,物业管理区域内按照规划建设的公共建筑和共用设施,不得改变用途。业主依法确需改变公共建筑和共用设施用途的，应当在依法办理有关手续后告知物业服务企业；物业服务企业确需改变公共建筑和共用设施用途的，应当提请业主大会讨论决定同意后，由业主依法办理相关手续。

因此，物业服务企业要想改变物业管理区域的共用设施用途，必须经权利人（业主）的同意，且要办理相应的变更手续。根据《民法典》第 278 条的规定，改变共有部分的用途或者利用共有部分从事经营活动，应当由专有部分面积占比 2/3 以上的业主且人数占比 2/3 以上的业主参与表决，且应当经参与表决专有部分面积 3/4 以上的业主且参与表决人数 3/4 以上的业主同意。

法律依据

《中华人民共和国民法典》

第二百七十一条　业主对建筑物内的住宅、经营性用房等专有部分享有所有权，对专有部分以外的共有部分享有共有和共同管理的权利。

第二百七十四条　建筑区划内的道路，属于业主共有，但是属于城镇公共道路的除外。建筑区划内的绿地，属于业主共有，但是属于城镇公共绿地或者明示属于个人的除外。建筑区划内的其他公共场所、公用设施和物业服务用房，属于业主共有。

第二百七十八条　下列事项由业主共同决定：

（一）制定和修改业主大会议事规则；

（二）制定和修改管理规约；

（三）选举业主委员会或者更换业主委员会成员；

（四）选聘和解聘物业服务企业或者其他管理人；

(五)使用建筑物及其附属设施的维修资金;

(六)筹集建筑物及其附属设施的维修资金;

(七)改建、重建建筑物及其附属设施;

(八)改变共有部分的用途或者利用共有部分从事经营活动;

(九)有关共有和共同管理权利的其他重大事项。

业主共同决定事项,应当由专有部分面积占比三分之二以上的业主且人数占比三分之二以上的业主参与表决。决定前款第六项至第八项规定的事项,应当经参与表决专有部分面积四分之三以上的业主且参与表决人数四分之三以上的业主同意。决定前款其他事项,应当经参与表决专有部分面积过半数的业主且参与表决人数过半数的业主同意。

《物业管理条例》

第四十九条 物业管理区域内按照规划建设的公共建筑和共用设施,不得改变用途。

业主依法确需改变公共建筑和共用设施用途的,应当在依法办理有关手续后告知物业服务企业;物业服务企业确需改变公共建筑和共用设施用途的,应当提请业主大会讨论决定同意后,由业主依法办理有关手续。

130. 业主可以将住宅改为商业用房开设公司吗?

法律咨询

夏某在某小区购买了一套房屋。后来,夏某自己创业,但是由于房租非常贵，于是夏某用自己在该小区购买的房屋开设公司。夏某的此种行为引起了很多邻居的不满。那么，业主可以将住宅改为商业用房开设公司吗？

律师答疑

夏某将住宅改为商业用房开办公司，从物的所有权角度来看，其有权对房屋自由使用，但其将住宅用途的房屋改为商业使用，既会导致大量外来人员的进入，干扰居民正常生活，也会对物业管理区域的管理、安全防范等带来一定的不利影响，夏某的行为损害了其他相关业主的合法权益。

《民法典》第 279 条规定，业主将住宅改变为经营性用房的，除遵守法律、法规以及管理规约外，应当经有利害关系的业主一致同意。最高人民法院《关于审理建筑物区分所有权纠纷案件适用法律若干问题的解释》第 10 条规定，业主将住宅改变为经营性用房，未依据《民法典》第 279 条的规定经有利害关系的业主一致同意，有利害关系的业主请求排除妨害、消除危险、恢复原状或者赔偿损失的，人民法院应予支持。将住宅改变为经营性用房的业主以多数有利害关系的业主同意其行为进行抗辩的，人民法院不予支持。有利害关系的业主可以先向物业服务企业进行投诉，物业服务企业应对擅自改变房屋用途的行为予以制止，并及时向有关行政管理部门报告。有关行政管理部门在接到物业服务企业的报告后，应当依法对违法行为予以制止或者依法处理，有利害关系的业主可以要求业主大会和业主委员会对夏某的行为予以制止。如果夏某仍未停止侵害，有利害关系的业主自己可以提起诉讼。

法律依据

最高人民法院《关于审理建筑物区分所有权纠纷案件适用法律若干问题的解释》

第十条 业主将住宅改变为经营性用房，未依据民法典第二百七十九条的规定经有利害关系的业主一致同意，有利害关系的业主请求排除妨害、消除危险、恢复原状或者赔偿损失的，人民法院应予支持。

将住宅改变为经营性用房的业主以多数有利害关系的业主同意其行为进行抗辩的，人民法院不予支持。

《中华人民共和国民法典》

第二百七十九条 业主不得违反法律、法规以及管理规约，将住宅改变为经营性用房。业主将住宅改变为经营性用房的，除遵守法律、法规以及管理规约外，应当经有利害关系的业主一致同意。

131. 单元管道阀门能否设计在居民室内？开发商售房时没有提前告知，业主如何维权？

法律咨询

贾某在某小区购买了一套两居室作为婚房。但是，其装修之后才发现，他们单元的管道阀门居然在他们房屋内，而其在购买房屋时，开发商并未告知。那么，单元管道阀门能否设计在居民室内？开发商售房时没有提前告知，业主如何维权？

律师答疑

单元管道阀门设计在居民室内应该属于严重的设计缺陷。《住宅设计规范》规定，下列设施不应设置在住宅套内，应设置在共用空间内：(1)公共功能的管道，包括给水总立管、消防立管、雨水立管、采暖（空调）供回水总立管和配电和弱电干线（管）等，设置在开敞式阳台的雨水立管除外；(2)公共的管道阀门、电气设备和用于总体调节和检修的部件，户内排水立管检修口除外；(3)采暖管沟和电缆沟的检查孔。这是强制性标准，不是建议性标准。但是这个规定是 1997 年才增加到规范里的，如果房子设计是在 1997 年之前，那么设计也没有违反规范，开发商售房时是否要提前告知也没有明文规定。对于之后设计的房屋，开发商售房时，应将室内有阀门等情况跟业主说明，包括管道的使用、配套设施的使用等，供购房人进行选择。《民法典》第 148 条规定，一方以欺诈手段，使对方在违背真实意思的情况下实施的民事法律行为，受欺诈方有权请求人民法院或者仲裁机构予以撤销。购房者可以要求开发商补偿或向人民法院起诉撤销合同。如果买的是现房，可以到现场去看，有这种管道布置的房子可以不买；如果是期房，可以要求看管线图。

法律依据

《中华人民共和国民法典》

第一百四十八条　一方以欺诈手段，使对方在违背真实意思的情况下实施的民事法律行为，受欺诈方有权请求人民法院或者仲裁机构予以撤销。

《住宅设计规范》

8.1.7 下列设施不应设置在住宅套内，应设置在共用空间内：

1. 公共功能的管道，包括给水总立管、消防立管、雨水立管、采暖（空调）供回水总立管和配电和弱电干线（管）等，设置在开敞式阳台的雨水立管除外；

2. 公共的管道阀门、电气设备和用于总体调节和检修的部件，户内排水立管检修口除外；

3. 采暖管沟和电缆沟的检查孔。

132. 邻居对房屋进行“群租”，业主不胜其扰怎么办？

法律咨询

孙某的邻居冯某为了获取收益，经常将房屋进行“群租”。其房屋中住了很多外来人员，这些人每天都吵闹到很晚才睡觉，严重影响了周围邻居的生活。那么，邻居对房屋进行“群租”，业主不胜其扰怎么办？

律师答疑

“群租”是指业主将房屋分别向两个以上承租人出租或者承租人租赁房屋后，又将房屋出租给多人居住使用的行为。“群租”现象在一些大城市尤为突出。“群租”会造成房屋结构的破毁，例如，随意分隔房间，乱拉电线，存在明显的消防安全隐患。由于居住人多也会带来噪声、休息的不定时，影响相邻方的生活起居。外来人员的进出也给小区的物业管理带来安全隐患。因此，“群租”带来诸多不良的社会影响，应予以制止。

鉴于此，部分城市对群租现象作出了限制，以上海为例，《上海市居住房屋租赁管理办法》第 1 条规定，出租居住房屋，应当以一间原始设计为居住空间的房间为最小出租单位，不得分隔搭建后出租，不得按照床位出租。原始设计为厨房、卫生间、阳台和地下储藏室等其他空间的，不得出租供人员居住。第 10 条第 1 款规定，出租居住房屋，每个房间的居住人数不得超过 2 人（有法定赡养、抚养、扶养义务关系的除外），且居住使用人的人均居住面积不得低于 5 平方米。第 11 条规定，集中出租房屋供他人居住，出租房间达到 10 间以上或者出租房屋居住使用人达到 15 人以上的，出租人应当建立管理制度，明确管理人员，落实安全管理职责，建立信息登记簿或者登记系统，并将相关登记信息报送公安部门备案。居住物业管理区域内的居住房屋，不得出租用作单位的集体宿舍。第 32 条规定，违反本办法第 9 条、第 10 条第 1 款规定，不符合最小出租单位、居住人数限制和最低人均承租面积规定的，由区房屋行政管理部门责令责任人限期改正；逾期不改正的，可处以 1 万元以上 10 万元以下罚款。

此外，业主在对自己所有的物业使用时，不得危及建筑物的安全，不得损害其他业主的合法权益。“群租”影响了相邻方业主的生活，损害了相邻方业主的合法利益。业主委员会作为业主自治组织，有权依照法律、法规以及管理规约，要求行为人停止侵害、消除危险、排除妨害、赔偿损失。相邻方业主对侵害自己合法权益的行为，也可以依法向人民法院提起诉讼。

法律依据

《物业管理条例》

第四十五条 对物业管理区域内违反有关治安、环保、物业装饰装修和使用等方面法律、法规规定的行为,物业服务企业应当制止,并及时向有关行政管理部门报告。

有关行政管理部门在接到物业服务企业的报告后,应当依法对违法行为予以制止或者依法处理。

《中华人民共和国民法典》

第二百七十八条 下列事项由业主共同决定:

(一)制定和修改业主大会议事规则;

(二)制定和修改管理规约;

(三)选举业主委员会或者更换业主委员会成员;

(四)选聘和解聘物业服务企业或者其他管理人;

(五)使用建筑物及其附属设施的维修资金;

(六)筹集建筑物及其附属设施的维修资金;

(七)改建、重建建筑物及其附属设施;

(八)改变共有部分的用途或者利用共有部分从事经营活动;

(九)有关共有和共同管理权利的其他重大事项。

业主共同决定事项,应当由专有部分面积占比三分之二以上的业主且人数占比三分之二以上的业主参与表决。决定前款第六项至第八项规定的事项,应当经参与表决专有部分面积四分之三以上的业主且参与表决人数四分之三以上的业主同意。决定前款其他事项,应当经参与表决专有部分面积过半数的业主且参与表决人数过半数的业主同意。

《上海市居住房屋租赁管理办法》

第九条（最小出租单位）

出租居住房屋，应当以一间原始设计为居住空间的房间为最小出租单位，不得分隔搭建后出租，不得按照床位出租。

原始设计为厨房、卫生间、阳台和地下储藏室等其他空间的，不得出租供人员居住。

第十条（最低人均承租面积和居住人数限制）

出租居住房屋，每个房间的居住人数不得超过2人（有法定赡养、抚养、扶养义务关系的除外），且居住使用人的人均居住面积不得低于5平方米。

前款所称居住面积，是指原始设计为居住空间的房间的使用面积。

第十一条（集中出租管理）

集中出租房屋供他人居住，出租房间达到10间以上或者出租房屋居住使用人达到15人以上的，出租人应当建立管理制度，明确管理人员，落实安全管理职责，建立信息登记簿或者登记系统，并将相关登记信息报送公安部门备案。

居住物业管理区域内的居住房屋，不得出租用作单位的集体宿舍。

第三十二条（对违反最小出租单位、居住人数限制和最低承租面积的处理）

违反本办法第九条、第十条第一款规定，不符合最小出租单位、居住人数限制和最低人均承租面积规定的，由区房屋行政管理部门责令责任人限期改正；逾期不改正的，可处以1万元以上10万元以下罚款。

133. 业主擅自占用楼道共用部位堆放杂物怎么办？

法律咨询

韩某是某小区的居民，其经常占用楼道堆放杂物，导致旁边的邻居进出都很不方便。对此，邻居们都感到非常不满。在和韩某协商时，韩某却说楼道属于共用部位，他有权使用。那么，业主擅自占用楼道共用部位堆放杂物怎么办？

律师答疑

针对部分业主乱占楼道等公共场所、共用部位堆放杂物的情形，受侵害业主可以采取以下措施维护自己的合法权益。首先，业主可以按照行政管理法规进行投诉，要求相关部门进行查处。业主随便在共用楼道堆放杂物，物业服务企业作为物业管理服务单位应及时制止，并向相关行政部门报告，要求进行查处。其次，作为直接受侵害的业主，可以提起民事诉讼，要求侵权人排除妨碍、消除影响、赔偿损失。《民法典》第287条规定，业主对建设单位、物业服务企业或者其他管理人以及其他业主侵害自己合法权益的行为，有权请求其承担民事责任。最后，业主委员会作为业主自治组织，可以对乱占楼道损害他人合法权益的行为，要求其停止侵害、消除危险、排除妨害、赔偿损失。

建筑物的基础、承重结构、外墙、屋顶等基本结构部分，通道、楼梯、大堂等公共通行部分，消防、公共照明等附属设施、设备，避难层、设备层或者设备间等结构部分属于共有。因此，楼道属于业主共有，任何人不得随意占用，否则就侵害了其他业主的合法利益。物业管理区域内根据方便生产、生活需求所必需的规划建设的公共建筑和共用设施，在规划设计建造时，均有特殊的用途，不得随意改变。楼梯口的公共走廊属于业主共有的部分，其主要用途是为了业主行走方便，同时，楼道作为火灾时的重要消防通道和安全出口，如果随意堆放杂物势必影响火灾等特殊情形下的抢救。

法律依据

《中华人民共和国民法典》

第二百八十六条 业主应当遵守法律、法规以及管理规约，相关行为应当符合节约资源、保护生态环境的要求。对于物业服务企业或者其他管理人执行政府依法实施的应急处置措施和其他管理措施，业主应当依法予以配合。

业主大会或者业主委员会，对任意弃置垃圾、排放污染物或者噪声、违反规定饲养动物、违章搭建、侵占通道、拒付物业费等损害他人合法权益的行为，有权依照法律、法规以及管理规约，请求行为人停止侵害、排除妨碍、消除危险、恢复原状、赔偿损失。

业主或者其他行为人拒不履行相关义务的，有关当事人可以向有关行政主管部门报告或者投诉，有关行政主管部门应当依法处理。

第二百八十七条 业主对建设单位、物业服务企业或者其他管理人以及其他业主侵害自己合法权益的行为，有权请求其承担民事责任。

134. 相邻方安装空调,空调机排风口正对邻居家的窗户怎么办?

法律咨询

郝某在某小区购买了一套商品房,其在入住后发现邻居在安装空调时将空调机排风口正对自己家的窗户。由于空调的噪声很大,导致郝某一家都不能休息。那么,相邻方安装空调,空调机排风口对准邻居怎么办?

律师答疑

首先,业主行使权利不得危及建筑物的安全,不得损害其他业主的合法权益。根据《国家标准房间空气调节器安装规范》的规定,空调器的室外机组安装位置应尽可能地远离相邻的门窗,与相对方门窗距离不得小于下述值:(1)空调器额定制冷量不大于4.5 kW的为3米;(2)空调器额定制冷量大于4.5 kW的为4米。确因条件所限达不到上述要求时,应与相关方面进行协商解决或采取相应的保护措施。空调机排风口正对邻居家的窗户,明显违反了上述规定。

其次,《民法典》第287条规定,业主对建设单位、物业服务企业或者其他管理人以及其他业主侵害自己合法权益的行为,有权请求其承担民事责任。业主可以就此事与对方协商,无法协商一致的,可以直接向人民法院提起诉讼,要求其排除妨碍、消除影响,造成损失的可以要求赔偿损失。

最后,针对邻居的侵害行为,业主可以向物业服务企业投诉,要求其进行处理。《物业管理条例》第45条规定,对物业管理区域内违反有关治安、环保、物业装饰装修和使用等方面法律、法规规定的行为，物业服务企业应当制止，并及时向有关行政管理部门报告。有关行政管理部门在接到物业服务企业的报告后，应当依法对违法行为予以制止或者依法处理。同时，业主可以根据《民法典》第286条的规定，要求业主委员会出面予以解决，或直接向人民法院提起民事诉讼，请求行为人排除妨碍，对已经安装的空调予以拆除。

法律依据

《中华人民共和国民法典》

第二百八十六条　业主应当遵守法律、法规以及管理规约，相关行为应当符合节约资源、保护生态环境的要求。对于物业服务企业或者其他管理人执行政府依法实施的应急处置措施和其他管理措施，业主应当依法予以配合。

业主大会或者业主委员会，对任意弃置垃圾、排放污染物或者噪声、违反规定饲养动物、违章搭建、侵占通道、拒付物业费等损害他人合法权益的行为，有权依照法律、法规以及管理规约，请求行为人停止侵害、排除妨碍、消除危险、恢复原状、赔偿损失。

业主或者其他行为人拒不履行相关义务的，有关当事人可以向有关行政主管部门报告或者投诉，有关行政主管部门应当依法处理。

第二百八十七条　业主对建设单位、物业服务企业或者其他管理人以及其他业主侵害自己合法权益的行为，有权请求其承担民事责任。

第二百八十八条 不动产的相邻权利人应当按照有利生产、方便生活、团结互助、公平合理的原则,正确处理相邻关系。

《物业管理条例》

第四十五条 对物业管理区域内违反有关治安、环保、物业装饰装修和使用等方面法律、法规规定的行为,物业服务企业应当制止,并及时向有关行政管理部门报告。

有关行政管理部门在接到物业服务企业的报告后,应当依法对违法行为予以制止或者依法处理。

135. 业主与物业服务企业发生纠纷后,应当通过何种途径解决?

法律咨询

杜某所在小区的物业服务企业发布公告,称要对该小区的健身器材进行收费。对此,引起居民的不满。大部分业主认为,健身器材属于公共设施,物业服务企业不能进行收费,双方为此发生纠纷。那么,业主与物业服务企业发生纠纷后,应当通过何种途径解决?

律师答疑

在通常情况下,业主与物业服务企业发生纠纷后有以下几种解决途径:第一,业主与物业服务企业协商解决。业主可以与物业服务企业依据有关的法律、法规以及管理规约和物业服务合同的规定,自愿平等地进行磋商,进而解决管理纠纷。第二,由第三人调解。这是指业主与物业服务企业可以将纠纷提交给第三人，由第三人来主持双方进行协商，促成双方在自愿平等的基础上达成调解协议。一般地，调解可分为民间调解、行政调解和司法调解三种。第三，提交仲裁机构仲裁。业主与物业服务企业发生纠纷后，依照物业服务合同中的仲裁条款或者纠纷发生后自愿订立的仲裁协议，将纠纷提交有管辖权的仲裁机构进行裁决以解决纠纷。第四，提起诉讼。业主可以将纠纷起诉至法院，请求法院依法行使审判权以解决纠纷。

实际上，当业主与物业服务企业发生纠纷后，不妨向小区所在地的房地产管理局物业管理处、物价局、土地管理局、消费者协会等部门进行投诉，这样可避免通过仲裁、诉讼方式解决纠纷所要耗费的人力和物力。

法律依据

《物业管理条例》

第四十八条　县级以上地方人民政府房地产行政主管部门应当及时处理业主、业主委员会、物业使用人和物业服务企业在物业管理活动中的投诉。

136. 小区的会所对外营业扰民，业主应如何维权？

法律咨询

郑某在某高档小区购买了一套房屋，当时郑某之所以看中这套房屋，是因为该小区有一个供业主使用的大型会所。但是，其在入住后却发现,会所对外开放,每天都非常嘈杂,严重影响了附近居民的生活。那么,小区的会所对外营业扰民,业主应如何维权?

律师答疑

会所一般是指规划部门批准的商业配套用房,它主要用于向业主提供商业、娱乐、文体等配套服务。会所作为小区的配套设施,经营者在依法自主经营的前提下,应遵守业主规约,不得损害业主的合法权益。会所经营中对业主造成损害的,业主可以向相关行政主管部门投诉,要求予以查处。业主对侵害自己合法权益的行为,也可以依法向人民法院提起诉讼。因该会所在小区内,其应遵守小区业主大会、业主委员会制定的管理规约,服从小区物业服务企业的管理。会所经营者夜间经营产生的噪声等干扰了业主的正常休息和生活,业主可以根据《物业管理条例》第45条的规定,对会所经营者经营中对业主造成的不便,要求物业服务企业予以制止。同时,物业服务企业应向相关行政主管部门报告。有关行政管理部门在接到物业服务企业的报告后,应当依法对违法行为予以制止或者依法处理。因此,业主对其违法经营行为,可以要求相关部门查处。只要业主有充分证据证明会所营业给业主生活、休息带来不便和侵害,就可以依法向人民法院提起诉讼,要求会所经营者停止侵害、排除妨碍、消除危险、恢复原状、赔偿损失的,就会得到法律的支持。

实践中,若房产开发商在住宅开发建设中,将小区会所作为一个独立的房地产项目进行报批,并进行规划、设计和建设,且小区会所的面积没有摊入小区共用分摊面积,并办理了独立产权的,则小区会所的所有权属于开发商,开发商对会所依法享有占有、使用、收益和处分的权利,但会所的开办及经营仍应遵守相关规定及业主规约，若会所违规经营或产生噪声，影响居民正常生活，业主可以向相关部门进行投诉或依法向人民法院提起诉讼。若小区会所项目报批时是作为小区的附属设施，其建造成本等均已分摊到业主的公摊面积中，此时，业主购买物业服务时包含了会所，会所的所有权属于业主，业主可以通过业主大会、业主委员会对会所如何使用作出决定。若小区会所所有权是开发商的，开发商既可以根据实际情况自己经营，也可以出租给他人经营，这完全是所有权人对物的使用和处分行为，他人无权干涉；但小区会所毕竟是小区的配套设施，开发商在售楼时，也会对物业买受人作出一些承诺，因此关于小区会所的使用，所有权人也不能为所欲为。如果开发商在售楼时对小区的会所使用功能有明确约定的，应按照合同的约定处理；开发商违反的，应承担违约责任。

法律依据

《物业管理条例》

第四十五条　对物业管理区域内违反有关治安、环保、物业装饰装修和使用等方面法律、法规规定的行为，物业服务企业应当制止，并及时向有关行政管理部门报告。

有关行政管理部门在接到物业服务企业的报告后，应当依法对违法行为予以制止或者依法处理。

《娱乐场所管理条例》

第七条　娱乐场所不得设在下列地点：

（一）居民楼、博物馆、图书馆和被核定为文物保护单位的建筑物内；

（二）居民住宅区和学校、医院、机关周围；

（三）车站、机场等人群密集的场所；

（四）建筑物地下一层以下；

（五）与危险化学品仓库毗连的区域。

娱乐场所的边界噪声，应当符合国家规定的环境噪声标准。

《中华人民共和国民法典》

第二百八十六条 业主应当遵守法律、法规以及管理规约，相关行为应当符合节约资源、保护生态环境的要求。对于物业服务企业或者其他管理人执行政府依法实施的应急处置措施和其他管理措施，业主应当依法予以配合。

业主大会或者业主委员会，对任意弃置垃圾、排放污染物或者噪声、违反规定饲养动物、违章搭建、侵占通道、拒付物业费等损害他人合法权益的行为，有权依照法律、法规以及管理规约，请求行为人停止侵害、排除妨碍、消除危险、恢复原状、赔偿损失。

业主或者其他行为人拒不履行相关义务的，有关当事人可以向有关行政主管部门报告或者投诉，有关行政主管部门应当依法处理。

137. 小区内供水、供电、通信、有线电视及设施设备由物业服务企业负责维护吗？

法律咨询

吴某是某小区居民。一天，因天降暴雨，导致该小区的供电变压器毁坏，整个小区都停电了。于是，吴某便给物业服务企业打电话，要求其进行维修。对此，物业服务企业称供电变压器不属于他们的维护范围。那么，小区内供水、供电、通信、有线电视及设施设备由物业服务企业负责维护吗？

律师答疑

小区供电变压器毁坏，应由供电公司进行维修，不属于物业服务范围。若起诉物业服务企业，要求物业服务企业对该小区供电承担维护责任并赔偿其损失的，很难得到法律的支持。

供电变压器毁坏，电力公司应及时进行维修，以保证业主的用电。若因停电给业主造成损失的，还应承担相应的违约责任。物业服务企业应按照合同的规定，提供物业管理区域的公共设施、环境卫生、安全防范等服务。若供水、供电、供气、供热、通信、有线电视等单位将在物业管理服务区的设备、设施的维护、保养委托给物业服务企业的，物业服务企业应承担维护保养责任。《物业管理条例》第 51 条规定，供水、供电、供气、供热、通信、有线电视等单位，应当依法承担物业管理区域内相关管线和设施设备维修、养护的责任。从上述规定可以看出，业主供电中断问题，应由供电企业负责维护，不属于物业服务范围。

业主在交纳电费时，其实际上和供电公司之间形成了供电合同关系；供电公司在收取电费时，应承担对供电设施设备的维护、保养责任。根据《民法典》第 648~653 条的规定，供用电合同是供电人向用电人供电，用电人支付电费的合同。供用电合同的内容包括供电的方式、质量、时间，用电容量、地址、性质，计量方式，电价、电费的结算方式，供用电设施的维护责任等条款。供电人应当按照国家规定的供电质量标准和约定安全供电。供电人未按照国家规定的供电质量标准和约定安全供电，造成用电人损失的，应当承担损害赔偿责任。供电人因供电设施计划检修、临时检修、依法限电或者用电人违法用电等原因，需要中断供电时，应当按照国家有关规定事先通知用电人；未事先通知用电人中断供电，造成用电人损失的，应当承担赔偿责任。因自然灾害等原因断电，供电人应当按照国家有关规定及时抢修；未及时抢修，造成用电人损失的，应当承担赔偿责任。

法律依据

《中华人民共和国民法典》

第六百四十八条 供用电合同是供电人向用电人供电，用电人支付电费的合同。

向社会公众供电的供电人，不得拒绝用电人合理的订立合同要求。

第六百四十九条 供用电合同的内容一般包括供电的方式、质量、时间、用电容量、地址、性质，计量方式，电价、电费的结算方式，供用电设施的维护责任等条款。

第六百五十条 供用电合同的履行地点，按照当事人约定；当事人没有约定或者约定不明确的，供电设施的产权分界处为履行地点。

第六百五十一条 供电人应当按照国家规定的供电质量标准和约定安全供电。供电人未按照国家规定的供电质量标准和约定安全供电，造成用电人损失的，应当承担赔偿责任。

第六百五十二条 供电人因供电设施计划检修、临时检修、依法限电或者用电人违法用电等原因，需要中断供电时，应当按照国家有关规定事先通知用电人；未事先通知用电人中断供电，造成用电人损失的，应当承担赔偿责任。

第六百五十三条 因自然灾害等原因断电，供电人应当按照国家有关规定及时抢修；未及时抢修，造成用电人损失的，应当承担赔偿责任。

138. 开发商出售房屋时承诺一楼送花园是否侵害了其他业主的利益？

法律咨询

曾某是某小区的居民，其在入住后得知，开发商在出售房屋时曾经承诺给购买一楼的业主赠送花园。因此，很多一楼的业主都将房前的绿地围起来据为己有。曾某认为，开发商的此种做法侵犯了其他业主的利益。那么，开发商出售房屋时承诺一楼送花园是否侵害了其他业主的利益？

律师答疑

开发商将属于业主共有的绿地约定赠送给个别业主，损害了其他业主的合法权益，业主可以向相关行政部门投诉，要求对开发商进行查处；业主对侵害自己合法权益的行为，可以依法向人民法院提起诉讼。开发商无权处分业主共有的财产，因此本案中开发商与一楼业主的约定属于无效。如果有些高档别墅小区规划审批时，就在每户楼前设置有绿地花园，则开发商出售房屋时赠送花园是合法的，因为开发商已经把花园开发成本计算在了房价里。

《民法典》第274条规定，建筑区划内的道路，属于业主共有，但是属于城镇公共道路的除外。建筑区划内的绿地，属于业主共有，但是属于城镇公共绿地或者明示属于个人的除外。建筑区划内的其他公共场所、公用设施和物业服务用房，属于业主共有。《物业管理条例》第27条规定，业主依法享有的物业共用部位、共用设施设备的所有权或者使用权，建设单位不得擅自处分。根据《民法典》第286条第2款的规定，业主大会或者业主委员会，对任意弃置垃圾、排放污染物或者噪声、违反规定饲养动物、违章搭建、侵占通道、拒付物业费等损害他人合法权益的行为，有权依照法律、法规以及管理规约，请求行为人停止侵害、排除妨碍、消除危险、恢复原状、赔偿损失。至于一楼业主认为其与开发商之间有约定而提出抗辩，因为其约定本身无效，所以不能对抗其他业主对绿地拥有共有权，若其认为开发商存在欺诈，可以依法追究开发商的法律责任。

法律依据

《中华人民共和国民法典》

第二百七十四条 建筑区划内的道路，属于业主共有，但是属于城镇公共道路的除外。建筑区划内的绿地，属于业主共有，但是属于城镇公共绿地或者明示属于个人的除外。建筑区划内的其他公共场所、公用设施和物业服务用房，属于业主共有。

第二百八十六条 业主应当遵守法律、法规以及管理规约，相关行为应当符合节约资源、保护生态环境的要求。对于物业服务企业或者其他管理人执行政府依法实施的应急处置措施和其他管理措施，业主应当依法予以配合。

业主大会或者业主委员会，对任意弃置垃圾、排放污染物或者噪声、违反规定饲养动物、违章搭建、侵占通道、拒付物业费等损害他人合法权益的行为，有权依照法律、法规以及管理规约，请求行为人停止侵害、排除妨碍、消除危险、恢复原状、赔偿损失。

业主或者其他行为人拒不履行相关义务的，有关当事人可以向有关行政主管部门报告或者投诉，有关行政主管部门应当依法处理。

《物业管理条例》

第二十七条　业主依法享有的物业共用部位、共用设施设备的所有权或者使用权，建设单位不得擅自处分。

139. 物业服务合同依法解除后，如果物业服务企业以物业服务费被拖欠为由拒绝退出，业主应当如何主张权利？

法律咨询

某小区的物业服务企业服务质量非常差，因此该小区在经过业主大会同意后，决定与该物业服务企业解除合同。但是，合同解除后，该物业服务企业却以该小区部分居民拖欠物业服务费为由拒绝退出。那么，业主应当如何主张权利？

律师答疑

《民法典》第278条规定，业主大会有权决定解聘物业服务企业。按照业主大会决定，业主委员会代表业主，应有请求解除物业服务合同的权利。第949条规定，物业服务合同终止的，原物业服务人应当在约定期限或者合理期限内退出物业服务区域，将物业服务用房、相关设施、物业服务所必需的相关资料等交还给业主委员会、决定自行管理的业主或者其指定的人，配合新物业服务人做好交接工作，并如实告知物业的使用和管理状况。原物业服务人违反前款规定的，不得请求业主支付物业服务合同终止后的物业费；造成业主损失的，应当赔偿损失。如果确实存在部分业主拖欠物业费的情形，物业服务企业可以在合同解除后，向拖欠物业费的业主提起诉讼。

法律依据

《中华人民共和国民法典》

第二百七十八条 下列事项由业主共同决定：

（一）制定和修改业主大会议事规则；

（二）制定和修改管理规约；

（三）选举业主委员会或者更换业主委员会成员；

（四）选聘和解聘物业服务企业或者其他管理人；

（五）使用建筑物及其附属设施的维修资金；

（六）筹集建筑物及其附属设施的维修资金；

（七）改建、重建建筑物及其附属设施；

（八）改变共有部分的用途或者利用共有部分从事经营活动；

（九）有关共有和共同管理权利的其他重大事项。

业主共同决定事项，应当由专有部分面积占比三分之二以上的业主且人数占比三分之二以上的业主参与表决。决定前款第六项至第八项规定的事项，应当经参与表决专有部分面积四分之三以上的业主且参与表决人数四分之三以上的业主同意。决定前款其他事项，应当经参与表决专有部分面积过半数的业主且参与表决人数过半数的业主同意。

第九百四十九条　物业服务合同终止的，原物业服务人应当在约定期限或者合理期限内退出物业服务区域，将物业服务用房、相关设施、物业服务所必需的相关资料等交还给业主委员会、决定自行管理的业主或者其指定的人，配合新物业服务人做好交接工作，并如实告知物业的使用和管理状况。

原物业服务人违反前款规定的，不得请求业主支付物业服务合同终止后的物业费；造成业主损失的，应当赔偿损失。

Chapter 8

第八章

小区安全防卫

140. 保安深夜私闯民宅，物业服务企业应当承担责任吗？

法律咨询

某住宅区住户张某深夜被室内的响动惊醒，随后发现有人已走到客厅和卧室过道处，这人自称是物业服务企业的保安。张某把物业服务企业告上了法庭。经调查，该日凌晨3点物业服务企业聘请的一位保安进入了张某的房屋，物业服务企业表示该保安系接到了烟雾警报，故进屋查看。那么，对于保安深夜私闯民宅的行为，物业服务企业应当承担责任吗？

律师答疑

业主与物业服务企业之间形成了委托管理关系。保护业主的安全、维护业主的利益是物业服务企业的职责。但物业服务企业在履行职责时应注意采取适当合理的方式，如果措施不当侵害了业主的权利，则应承担相应的法律责任。首先，保安既未与业主家进行电话联系，又未请公安人员见证，该行为是不符合相关规定的，侵害了公民住宅不受侵犯的权利。其次，保安深夜闯入业主家，导致业主精神受到刺激，影响了业主的生活，应该就此不当行为承担责任。因该保安员是在履行职务中侵害了业主的权利，故物业服务企业应承担责任。

按惯例和法律法规规定，任何个人和单位是不能私自进入民宅的，否则被视为侵权。但是也有例外，因为物业服务企业的保安有着极为特殊的义务，必须保护服务范围内的财产安全，维护服务范围的正常秩序，做好服务区域内的防火、防盗、防爆炸、防破坏、防治安灾害事故等安全防范工作。如遇紧急情况，应按登记的电话号码联系有关住户并立即通知公安部门或消防等部门。无法联系有关住户时，应邀请公安人员或消防人员开启正门，进入单元审查事故情况，并作适当的处理。遇到物业服务企业保安私自进入居民住宅的类似问题，物业服务企业可以对保安员采取批评教育的方式，也可以根据有关规定对其作出相应的处理，并向住户说明情况，赔礼道歉。

法律依据

《保安服务管理条例》

第三十条　保安员不得有下列行为：

（一）限制他人人身自由、搜查他人身体或者侮辱、殴打他人；

（二）扣押、没收他人证件、财物；

（三）阻碍依法执行公务；

（四）参与追索债务、采用暴力或者以暴力相威胁的手段处置纠纷；

（五）删改或者扩散保安服务中形成的监控影像资料、报警记录；

（六）侵犯个人隐私或者泄露在保安服务中获知的国家秘密、商业秘密以及客户单位明确要求保密的信息；

（七）违反法律、行政法规的其他行为。

141. 业主在家中被害,物业服务企业尽到管理职责就不需要承担责任吗?

法律咨询

郑某在家中被人杀害,郑某父母遂将物业服务企业告上法庭,要求判令被告给付郑某死亡赔偿费。物业服务企业对该小区行使管理职能,并提供有偿服务,郑某等业主每月交纳物业费,其服务内容包括安全保卫等工作。那么,物业服务企业需要对郑某的死亡承担责任吗?

律师答疑

物业管理中的保安责任不包括确保物业管理区域内业主、物业使用者的人身不受第三人的不法侵害。物业服务企业对于业主、物业使用者人身和财产安全的保护义务主要源于合同的约定或者法律、法规的直接规定。其中,合同的约定也需要符合法律、法规的规定,不能超越职权,不能将属于国家行政机关、司法机关的职能归于保安的职能。因此,对于小区内出现的业主人身损害事件,如果物业服务企业尽到了维护和管理职责,则不需要承担损害赔偿责任。

小区保安的工作职责是为物业的使用创造方便安全的条件,维护物业管辖范围内公共秩序,而不是广义的社会安全。保安不能等同于保镖,不能要求保安确保小区内所有财产和业主人身的安全。根据受害人与物业服务企业之间在保安方面的约定,物业服务企业如果未按这些规定履行其职责或履行职责中存在明显的过错,可视为其在物业管理方面存在过错和违约行为,就应承担违约责任。如果物业服务企业履行了制度规定的职责或者受害人无法提供物业服务企业在物业管理中存在过错的证据，那么，物业服务企业就不存在违约及承担责任的问题。

法律依据

《物业管理条例》

第四十五条　对物业管理区域内违反有关治安、环保、物业装饰装修和使用等方面法律、法规规定的行为，物业服务企业应当制止，并及时向有关行政管理部门报告。

有关行政管理部门在接到物业服务企业的报告后，应当依法对违法行为予以制止或者依法处理。

第四十六条　物业服务企业应当协助做好物业管理区域内的安全防范工作。发生安全事故时，物业服务企业在采取应急措施的同时，应当及时向有关行政管理部门报告，协助做好救助工作。

物业服务企业雇请保安人员的，应当遵守国家有关规定。保安人员在维护物业管理区域内的公共秩序时，应当履行职责，不得侵害公民的合法权益。

142. 小区业主在家中被害，执勤保安已进行访客登记，物业服务企业需要承担责任吗？

法律咨询

孟某化名“高某”在门卫处进行登记后，进入某小区某栋楼里，趁陈某正在打扫房间，房门未关且没有任何防备之机将陈某刺死，并劫得人民币5万元后逃逸。那么，对于小区业主在家中被害，执勤保安已进行访客登记，物业服务企业需要承担责任吗？

律师答疑

根据保安所从事的维护小区内一般公共秩序的工作性质来看，保安对来访人员进行登记主要是为了掌握小区内外来人员的进出时间、人数，而非查清来访人员的真实身份。不能因保安未核对罪犯的身份证而认为保安未尽到注意义务，门卫处对进入小区人员要求登记后才能进入小区，说明保安已尽到了应尽的注意义务。又由于业主及其家人从未对保安提出对来访客人要用对讲机与其联系、拒绝此人来访等要求，保安也就没有在来访人进行登记后再与业主联系的义务。

同时，双方并没有关于物业服务企业对业主人身安全予以特殊保障的约定，物业服务企业承担的只是维护小区内一般公共秩序的义务，即通过一定的管理措施制约违法犯罪分子，而不是杜绝一切犯罪活动，其所收取的保安费也未超出这一标准。因此，物业服务企业所选派的保安人员在保安工作中只需尽到普通人的注意义务即可免责。

物业服务企业应当对雇请的保安人员进行相应的入职培训。保安应从保卫小区安全秩序考虑，对来访人员进行登记，尽到注意义务。但小区住户也应增强自身安全意识，采取相应的安全防范措施，特别要谨防熟人作案，如发现异常情况，及时向物业服务企业报告或直接报警。

法律依据

《物业管理条例》

第四十五条　对物业管理区域内违反有关治安、环保、物业装饰装修和使用等方面法律、法规规定的行为，物业服务企业应当制止，并及时向有关行政管理部门报告。

有关行政管理部门在接到物业服务企业的报告后，应当依法对违法行为予以制止或者依法处理。

第四十六条　物业服务企业应当协助做好物业管理区域内的安全防范工作。发生安全事故时，物业服务企业在采取应急措施的同时，应当及时向有关行政管理部门报告，协助做好救助工作。

物业服务企业雇请保安人员的，应当遵守国家有关规定。保安人员在维护物业管理区域内的公共秩序时，应当履行职责，不得侵害公民的合法权益。

143. 因建筑和管理存在瑕疵，住户在家中被害，开发商和物业服务企业要承担什么责任？

法律咨询

吴某购买了一套商品房，入住后没多久他妻子在家中被凶手杀害，且凶手逃之夭夭。据悉，开发商曾承诺给住户安装防盗门对讲话机，但直到凶案发生后才安装。案发后小区防护墙仍有缺口，违反了国家对城市居民住宅安全防范设施建设的强制性规定。那么，因建筑和管理存在瑕疵，住户在家中被害，开发商和物业服务企业要承担什么责任？

律师答疑

住户在家中被害的侵权主体是罪犯，故要求开发商和物业服务企业“必须保证业主妻子不遭杀害”有失偏颇。如果罪犯被抓获并提起刑事诉讼的话，住户可以提出刑事附带民事诉讼要求赔偿，不过侵权之诉主体应以罪犯为被告，而非以开发商和物业服务企业为被告。开发商和物业服务企业应遵守相关房产管理法律法规的规定和物业管理服务合同的约定，提供必要的安全保障基础设施，配备专门的保安人员，尽职尽责地履行保安义务。否则，应承担相应的违约责任。同时，小区住户应增强自身安全意识，安装相应的房屋防护设施，以保障自身人身和财产安全。

法律依据

《物业管理条例》

第四十五条 对物业管理区域内违反有关治安、环保、物业装饰装修和使用等方面法律、法规规定的行为，物业服务企业应当制止，并及时向有关行政管理部门报告。

有关行政管理部门在接到物业服务企业的报告后，应当依法对违法行为予以制止或者依法处理。

第四十六条 物业服务企业应当协助做好物业管理区域内的安全防范工作。发生安全事故时，物业服务企业在采取应急措施的同时，应当及时向有关行政管理部门报告，协助做好救助工作。

物业服务企业雇请保安人员的，应当遵守国家有关规定。保安人员在维护物业管理区域内的公共秩序时，应当履行职责，不得侵害公民的合法权益。

144. 业主在小区遭人殴打，保安在场未救助，物业服务企业应该承担责任吗？

法律咨询

杨女士在小区内的市政道路上行走时，突然遭人殴打。杨女士认为，当时在场的小区物业服务企业保安员未进行阻拦和救助，违反了物业服务合同的安保义务，物业服务企业应承担相应的责任。那么，业主在小区遭人殴打，保安在场未救助，物业服务企业应承担责任吗？

律师答疑

首先，市政道路在性质上属于社会道路，虽然由开发商或物业服务企业代为管理，但不在物业服务合同范围内，物业服务企业在该道路上并无合同约定的安保服务义务。因此，受害人无权要求物业服务企业承担违约赔偿责任。其次，保安不仅负有保障约定范围内业主人身、财产安全的义务，还负有维护小区秩序和治安环境的职责。故物业服务企业在安保范围之外的其能够发现并控制侵害的合理区域内，仍对业主负有一定的安全保障义务。保安在发现被害人遭受不法侵害时，既未尽力防止或控制侵害，也未积极救助，违反了相应的安全保障义务。根据《民法典》第1198条的规定，物业服务企业应对杨女士所受损失承担一定的补充赔偿责任，此项补充赔偿责任应以物业服务企业能够防止或制止损害的范围为限。

法律依据

《中华人民共和国民法典》

第一千一百九十八条 宾馆、商场、银行、车站、机场、体育场馆、娱乐场所等经营场所、公共场所的经营者、管理者或者群众性活动的组织者,未尽到安全保障义务,造成他人损害的,应当承担侵权责任。

因第三人的行为造成他人损害的,由第三人承担侵权责任;经营者、管理者或者组织者未尽到安全保障义务的,承担相应的补充责任。经营者、管理者或者组织者承担补充责任后,可以向第三人追偿。

《物业管理条例》

第四十五条 对物业管理区域内违反有关治安、环保、物业装饰装修和使用等方面法律、法规规定的行为,物业服务企业应当制止,并及时向有关行政管理部门报告。

有关行政管理部门在接到物业服务企业的报告后,应当依法对违法行为予以制止或者依法处理。

第四十六条 物业服务企业应当协助做好物业管理区域内的安全防范工作。发生安全事故时,物业服务企业在采取应急措施的同时,应当及时向有关行政管理部门报告,协助做好救助工作。

物业服务企业雇请保安人员的,应当遵守国家有关规定。保安人员在维护物业管理区域内的公共秩序时,应当履行职责,不得侵害公民的合法权益。

145. 业主家中物品被盗，物业服务企业要承担责任吗？

法律咨询

业主刘某家中防盗门被撬，财产被盗，该案迟迟未被侦破，刘某便向该小区的物业服务企业提出了赔偿要求。刘某认为，自己与物业服务企业签订了物业服务合同并已交纳了物业管理费，现家中失窃就是物业服务企业失职，造成的损失应该由物业服务企业赔偿。那么，小区业主家中物品被盗，物业服务企业要承担责任吗？

律师答疑

《物业管理条例》明确规定，安全责任是业主与物业服务企业共同的事，该条例对业主和物业服务企业的安全责任都作了相关规定。物业管理中的保安服务只能起到群防群治的社会综合治理作用，是一种社会治安防范服务，而不是治安保障服务。该条例排除了物业管理对业主的人身和私有财产保镖、保管和保险的职责。因此，物业服务企业对业主因罪犯的犯罪行为所造成的人身、财产损失并无法定赔偿义务。

物业服务企业对于业主因不可归因于物业服务企业的刑事犯罪遭受的人身和财产损失不承担赔偿责任。在物业管理案件纠纷中，判断物业服务企业是否履行了相应的安全保卫职责的主要依据是物业服务企业与业主签订的物业服务合同。物业服务企业应当履行的维护小区公共秩序的职责不同于公安机关的治安管理职责，并非业主在小区内遭受了人身和财产损失，物业服务企业都应承担责任。安全责任是业主与物业服务企业共同的事，对于物业服务企业来说，其已经遵照了物业服务合同的约定。不过，就提高物业管理水平和增强企业竞争力而言，物业服务企业可以在其管理区域内增加保安人员以及保安巡逻次数，加大安全防范的力度，以有效地防止违法犯罪行为的发生。除此之外，业主自身也应增强安全防范意识，注意自身保护，购买必要的人身或财产保险，而不能完全依赖物业服务企业。

法律依据

《物业管理条例》

第四十五条 对物业管理区域内违反有关治安、环保、物业装饰装修和使用等方面法律、法规规定的行为，物业服务企业应当制止，并及时向有关行政管理部门报告。

有关行政管理部门在接到物业服务企业的报告后，应当依法对违法行为予以制止或者依法处理。

第四十六条 物业服务企业应当协助做好物业管理区域内的安全防范工作。发生安全事故时，物业服务企业在采取应急措施的同时，应当及时向有关行政管理部门报告，协助做好救助工作。

物业服务企业雇请保安人员的，应当遵守国家有关规定。保安人员在维护物业管理区域内的公共秩序时，应当履行职责，不得侵害公民的合法权益。

146. 物业服务企业禁止封闭阳台，窃贼入室行窃，物业服务企业需要承担责任吗？

法律咨询

李某购买了某小区一套房屋，与物业服务企业签订了物业服务合同。合同规定业主不得封闭阳台，由物业服务企业实行封闭式管理，故李某在装修时没有封闭阳台。某日，窃贼进入该小区李某家实施盗窃。那么，物业服务企业禁止封闭阳台，窃贼入室行窃，物业服务企业需要承担责任吗？

律师答疑

首先，阳台属于业主专有部分，业主对其享有完全的处分权，只要不违反法律法规和小区管理规约的相关规定，未侵害其他业主的合法权益和小区的公共利益，业主就有权对自己所有的房屋进行装修、改造。因此，只要管理规约中没有限制业主封闭阳台，物业服务企业就无权禁止业主封闭阳台，若因此留下安全隐患，物业服务企业应承担一定责任。如果小区的管理规约中明确规定业主不得封闭阳台，则物业服务企业根据管理规约禁止业主封闭阳台的行为是职责所在，并无过错，不应承担赔偿责任。

其次，物业服务企业应依法依约尽职履行安全保卫义务，对进出小区的人员和车辆进行询问和登记，加强巡防，采取得力的安全防卫措施，保障小区的公共秩序和业主的人身、财产安全。

法律依据

《中华人民共和国民法典》

第二百七十一条 业主对建筑物内的住宅、经营性用房等专有部分享有所有权，对专有部分以外的共有部分享有共有和共同管理的权利。

第二百七十二条 业主对其建筑物专有部分享有占有、使用、收益和处分的权利。业主行使权利不得危及建筑物的安全，不得损害其他业主的合法权益。

第二百七十八条 下列事项由业主共同决定：

（一）制定和修改业主大会议事规则；

（二）制定和修改管理规约；

（三）选举业主委员会或者更换业主委员会成员；

（四）选聘和解聘物业服务企业或者其他管理人；

（五）使用建筑物及其附属设施的维修资金；

（六）筹集建筑物及其附属设施的维修资金；

（七）改建、重建建筑物及其附属设施；

（八）改变共有部分的用途或者利用共有部分从事经营活动；

（九）有关共有和共同管理权利的其他重大事项。

业主共同决定事项，应当由专有部分面积占比三分之二以上的业主且人数占比三分之二以上的业主参与表决。决定前款第六项至第八项规定的事项，应当经参与表决专有部分面积四分之三以上的业主且参与表决人数四分之三以上的业主同意。决定前款其他事项，应当经参与表决专有部分面积过半数的业主且参与表决人数过半数的业主同意。

第二百八十条　业主大会或者业主委员会的决定，对业主具有法律约束力。

业主大会或者业主委员会作出的决定侵害业主合法权益的，受侵害的业主可以请求人民法院予以撤销。

《物业管理条例》

第四十六条　物业服务企业应当协助做好物业管理区域内的安全防范工作。发生安全事故时，物业服务企业在采取应急措施的同时，应当及时向有关行政管理部门报告，协助做好救助工作。

物业服务企业雇请保安人员的，应当遵守国家有关规定。保安人员在维护物业管理区域内的公共秩序时，应当履行职责，不得侵害公民的合法权益。

147. 业主停在小区里的车辆被盗，物业服务企业应承担责任吗?

法律咨询

李某是某小区业主，向物业服务企业支付了停车费，每天都将轿车停放在小区内。某天，李某发现轿车不见了。询问物业服务企业时，物业服务企业提供不出任何有关车辆被盗的信息。李某要求查看小区监控录像，被物业服务企业告知监控设备已经坏了，物业服务企业也提供不出夜里工作人员的巡视记录。那么，业主停在小区的车辆被盗，物业服务企业应承担责任吗?

律师答疑

本案中，物业服务企业在对小区车辆进行管理中存在瑕疵，监控录像坏了，没有及时修理，也没有安排保安夜间巡视等，客观上给盗窃者提供了可乘之机，因此其应对业主车辆被盗承担相应的责任。若业主对车辆丢失或者毁损有过错的，应当根据其过错程度减轻或免除物业服务企业的赔偿责任。

《物业管理条例》第35条规定，物业服务企业应当按照物业服务合同的约定，提供相应的服务。物业服务企业未能履行物业服务合同的约定，导致业主人身、财产安全受到损害的，应当依法承担相应的法律责任。该条明确规定了物业服务企业和业主之间是物业服务合同关系，物业服务企业要履行合同约定的服务，即物业管理义务。该义务主要包括对房屋及配套的设施设备和相关场地进行维修、养护、管理，维护物业管理区域内的环境卫生和安全防范等。物业服务企业作为提供服务一方，如其在服务中没有按照合同的约定或没有尽到谨慎、勤勉义务，给业主造成损害的应承担相应的赔偿责任。《民法典》第942条明确规定，物业服务人应当按照约定和物业的使用性质，妥善维修、养护、清洁、绿化和经营管理物业服务区域内的业主共有部分，维护物业服务区域内的基本秩序，采取合理措施保护业主的人身、财产安全。对物业服务区域内违反有关治安、环保、消防等法律法规的行为，物业服务人应当及时采取合理措施制止、向有关行政主管部门报告并协助处理。这一规定进一步明确了物业服务企业对小区车辆的管理义务，如若物业服务人未履行合同义务或者履行合同义务存在瑕疵给业主造成损失的，应承担相应的民事责任。

法律依据

《中华人民共和国民法典》

第九百四十二条 物业服务人应当按照约定和物业的使用性质，妥善维修、养护、清洁、绿化和经营管理物业服务区域内的业主共有部分，维护物业服务区域内的基本秩序，采取合理措施保护业主的人身、财产安全。

对物业服务区域内违反有关治安、环保、消防等法律法规的行为，物业服务人应当及时采取合理措施制止、向有关行政主管部门报告并协助处理。

《物业管理条例》

第三十五条 物业服务企业应当按照物业服务合同的约定，提供相应的服务。

物业服务企业未能履行物业服务合同的约定，导致业主人身、财产安全受到损害的，应当依法承担相应的法律责任。

148. 物业服务企业纵容小区恶势力使业主受损，物业服务企业要承担责任吗?

法律咨询

近日，在某小区内索要高额搬运费、欺行霸市的“扛楼帮”恶势力团伙在法院接受了审判。这个恶势力团伙，每天在小区自由出入，长期聚集在楼下，强行为业主、装修工人搬运装修材料，且经常与业主发生纠纷。然而，这些问题始终无人管理，有的物业甚至纵容恶势力的存在。那么，物业服务企业纵容小区恶势力使业主受损，物业服务企业要承担责任吗？

律师答疑

本案中，物业服务企业在物业管理过程中存在严重漏洞。物业管理人员责任心不强，在一定程度上助长了恶势力的滋生。物业管理工作人员纵容恶势力致人伤害的，视情况可构成共同侵权人，承担连带民事赔偿责任。如果侵害行为构成犯罪的，承担相应的刑事责任。

法律依据

《中华人民共和国民法典》

第一千一百六十八条 二人以上共同实施侵权行为，造成他人损害的，应当承担连带责任。

149. 他人跳楼自杀砸死其他业主，物业服务企业要承担赔偿责任吗？

法律咨询

魏某从某小区跳楼，将正好走到楼下的李某砸死。经鉴定，魏某是高坠死亡，李某在魏某坠楼过程中被砸压躯干部，致创伤失血性休克死亡。李某的两个子女向人民法院起诉物业服务企业，要求赔偿。那么，他人跳楼自杀砸死其他业主，物业服务企业是否要承担赔偿责任？

律师答疑

房屋的所有人或者管理人，即使投入任何合理的预防成本，也不能绝对避免自杀伤人事件的发生。自杀者并非任何一种物件，且其自杀行为是故意行为，与物件致人损害而推定管理人或所有人具有过失的情形根本不同。因此，物业服务企业对于他人跳楼自杀砸死其他业主的事件，不承担赔偿责任。

法律依据

《物业管理条例》

第四十六条　物业服务企业应当协助做好物业管理区域内的安全防范工作。发生安全事故时，物业服务企业在采取应急措施的同时，应当及时向有关行政管理部门报告，协助做好救助工作。

物业服务企业雇请保安人员的，应当遵守国家有关规定。保安人员在维护物业管理区域内的公共秩序时，应当履行职责，不得侵害公民的合法权益。

150. 业主与看房人发生纠纷被打伤，物业服务企业需要承担责任吗？

法律咨询

某小区内，前来看房的人员和业主张某发生口角。随后，看房人招来几个人进入小区，将张某打伤。案发时，物业服务企业的保安对进入小区的人员进行了记录，在殴打过程中，小区的保安一直在劝阻殴打业主的看房人。事后，物业服务企业尽力协助公安机关侦破案件。那么，业主与看房人发生纠纷被打伤，物业服务企业需要承担责任吗？

律师答疑

业主和物业服务企业之间系物业服务合同关系。物业服务企业只承担一般意义上的保安责任。保安人员记录了小区的人员进出情况，案发时也尽力保护业主的人身和财产安全，事后又尽力协助公安机关侦破案件，物业服务企业已经尽到了保安的注意义务。因此，物业服务企业无须对业主遭受的伤害承担赔偿责任。

法律依据

《物业管理条例》

第三十五条 物业服务企业应当按照物业服务合同的约定，提供相应的服务。

物业服务企业未能履行物业服务合同的约定，导致业主人身、财产安全受到损害的，应当依法承担相应的法律责任。

第四十五条 对物业管理区域内违反有关治安、环保、物业装饰装修和使用等方面法律、法规规定的行为，物业服务企业应当制止，并及时向有关行政管理部门报告。

有关行政管理部门在接到物业服务企业的报告后，应当依法对违法行为予以制止或者依法处理。

第四十六条 物业服务企业应当协助做好物业管理区域

内的安全防范工作。发生安全事故时，物业服务企业在采取应急措施的同时，应当及时向有关行政管理部门报告，协助做好救助工作。

物业服务企业雇请保安人员的，应当遵守国家有关规定。保安人员在维护物业管理区域内的公共秩序时，应当履行职责，不得侵害公民的合法权益。

Chapter 9

第九章

业主大会的权利义务

151. 业主大会决议对谁具有约束力?

法律咨询

张先生于2014年入住某小区,不久后张先生成了该小区业主委员会的成员。一日,该小区召开业主大会,会议对小区的公共设施管理以及其他多项内容进行了商议并通过了决议。但令张先生感到不解的是,业主大会决议对谁具有约束力?

律师答疑

虽然业主大会是业主团体的最高意思决策机关,但其所作出的决议不得违反法律规定。《物业管理条例》第17条第2款规定,管理规约应当尊重社会公德,不得违反法律、法规或者损害社会公共利益。因此,业主大会决议也不得违反国家法律、法规或者损害社会公共利益。

由于业主委员会系业主大会的常设机构和执行机构,执行业主大会的决定事项,因此业主大会决议不但可以约束业主,而且对业主委员会也具有约束力。换言之,业主委员会作出的有关共同事务的管理或决议,不得与业主大会决议相抵触。由此可见,业主团体的成员遵守的规定,以国家法律、行政法规的效力位阶最高,管理规约次之,业主大会决议再次之,最后为业主委员会决议。

关于决议的效力范围,《民法典》第280条第1款规定,业主大会或者业主委员会的决定,对业主具有法律约束力。需要注意的是,对全体业主具有约束力的业主大会的决定,必须是业主大会依据法定程序作出的,同时应符合法律、法规及规章的规定,不违背社会公德，不损害社会公共利益、国家利益和他人的合法权益的决定。上述两点必须同时具备，才对全体业主具有约束力。

法律依据

《物业管理条例》

第十七条　管理规约应当对有关物业的使用、维护、管理，业主的共同利益，业主应当履行的义务，违反管理规约应当承担的责任等事项依法作出约定。

管理规约应当尊重社会公德，不得违反法律、法规或者损害社会公共利益。

管理规约对全体业主具有约束力。

《中华人民共和国民法典》

第二百八十条　业主大会或者业主委员会的决定，对业主具有法律约束力。

业主大会或者业主委员会作出的决定侵害业主合法权益的，受侵害的业主可以请求人民法院予以撤销。

152. 业主大会决议对业主继受人是否具有约束力?

法律咨询

李先生在天津市某小区拥有一套住房。李先生去世之后由李先生的儿子李某继承了该套房屋，并办理了产权登记转移。在此之前，该小区的业主大会通过决议，将小区大厅的公共区域租给某银行，李某得知后对此表示不满。那么，业主大会决议对业主继受人是否具有约束力？

律师答疑

业主继受人包括概括继受人与特定继受人，前者如继承人、营业合并人或财产概括承受人，后者包括区分所有权的买受人、受赠人等移转继受人以及区分所有建筑物的承租人、借用人等特定继受人。业主大会或业主委员会的决定，不仅约束业主，而且约束区分所有权的买受人、互易人和受赠人，业主死亡后的继承人、受遗赠人，区分所有建筑物的承租人、借用人。最高人民法院《关于审理建筑物区分所有权纠纷案件适用法律若干问题的解释》第 16 条第 2 款规定，专有部分的承租人、借用人等物业使用人，根据法律、法规、管理规约、业主大会或者业主委员会依法作出的决定，以及其与业主的约定，享有相应权利，承担相应义务。

法律依据

最高人民法院《关于审理建筑物区分所有权纠纷案件适用法律若干问题的解释》

第十六条 建筑物区分所有权纠纷涉及专有部分的承租人、借用人等物业使用人的，参照本解释处理。

专有部分的承租人、借用人等物业使用人，根据法律、法规、管理规约、业主大会或者业主委员会依法作出的决定，以及其与业主的约定，享有相应权利，承担相应义务。

153. 如果业主大会决议违法，业主如何行使撤销权？

法律咨询

某小区内，一楼有多间房屋没有产权，属于业主共有，一直闲置没有投入使用。某日，某公司看中了该片公共区域并与小区业主协商。通过业主大会决议，业主大会决定将该区域高价租给该公司开办赌场。对此，部分业主表示不满。那么，如果业主大会决议违法，业主如何行使撤销权？

律师答疑

对于业主大会作出的违法决议，《民法典》和《物业管理条例》规定了两种撤销制度：

（1）行政撤销。《物业管理条例》第 19 条第 2 款规定，业主大会、业主委员会作出的决定违反法律、法规的，物业所在地的区、县人民政府房地产行政主管部门或者街道办事处、乡镇人民政府，应当责令限期改正或者撤销其决定，并通告全体业主。此所谓“撤销”系行政法上的撤销，其撤销权力人是作为行政机关的物业所在地区、县人民政府房地产行政主管部门或者街道办事处、乡镇人民政府。

（2）请求人民法院撤销。根据《民法典》第 280 条第 2 款、最高人民法院《关于审理建筑物区分所有权纠纷案件适用法律若干问题的解释》第 12 条的规定，业主大会或者业主委员会作出的决定侵害业主合法权益的，受侵害的业主可以请求人民法院予以撤销，这在理论上被称为请求法院撤销。需要注意的是，业主行使此撤销权须符合以下四个条件：一是业主大会的决定违法，如没有按照法定程序作出决定。二是业主大会的决定侵害了业主合法权益，如决定将明确属于某特定业主的绿地作为全体业主共有的停车位。三是此类撤销权属于受侵害的业主，未受侵害的业主不享有此项权利。四是此类撤销权的行使须通过诉讼的方式，即受侵害的业主请求人民法院撤销业主大会的决定。请求人民法院撤销该决定的，应当在知道或者应当知道业主大会或者业主委员会作出决定之日起1年内行使。应注意的是，此处行使撤销权的1年期间在性质上为除斥期间，其不存在中止、中断和延长的问题，系不变的固定期间。

法律依据

《物业管理条例》

第十九条 业主大会、业主委员会应当依法履行职责，不得作出与物业管理无关的决定，不得从事与物业管理无关的活动。

业主大会、业主委员会作出的决定违反法律、法规的，物业所在地的区、县人民政府房地产行政主管部门或者街道办事处、乡镇人民政府，应当责令限期改正或者撤销其决定，并通告全体业主。

《中华人民共和国民法典》

第二百八十条 业主大会或者业主委员会的决定，对业主具有法律约束力。

业主大会或者业主委员会作出的决定侵害业主合法权益的，受侵害的业主可以请求人民法院予以撤销。

最高人民法院《关于审理建筑物区分所有权纠纷案件适用法律若干问题的解释》

第十二条 业主以业主大会或者业主委员会作出的决定

侵害其合法权益或者违反了法律规定的程序为由，依据民法典第二百八十条第二款的规定请求人民法院撤销该决定的，应当在知道或者应当知道业主大会或者业主委员会作出决定之日起一年内行使。

154. 业主大会决议对未参加会议的业主是否具有约束力？

法律咨询

陈先生在某小区购买了一套住房。为了强化对小区的管理，为业主营造健康和谐的生活环境，业主大会通过了一项决议，要求业主不得将自家宠物随意外放，以免给其他业主带来不便。对此，陈先生以自己未参加会议为由拒绝服从。那么，业主大会决议对未参加会议的业主是否具有约束力？

律师答疑

根据《民法典》、《物业管理条例》和最高人民法院《关于审理建筑物区分所有权纠纷案件适用法律若干问题的解释》的相关规定，只要业主大会召开程序合法，大会表决符合法定人数且具有投票权的业主参加并形成决议就是合法有效的，对全体业主均具有约束力，没有参加业主大会不能成为否定业主大会决定的理由。若认为业主大会决议侵害了自己的合法权益，可以在知道或者应当知道业主大会作出决定之日起 1 年内依法向人民法院起诉，请求撤销该决议。

《民法典》第278条规定了由业主共同决定的事项。最高人民法院《关于审理建筑物区分所有权纠纷案件适用法律若干问题的解释》第7条规定，处分共有部分，以及业主大会依法决定或者管理规约依法确定应由业主共同决定的事项，应当认定为《民法典》第278条第1款第9项规定的有关共有和共同管理权利的“其他重大事项”。共同管理事项范围可以通过业主共同表决的方式来决定，该决定对全体业主具有约束力，也包括未参加业主大会的业主。

法律依据

《中华人民共和国民法典》

第二百七十八条 下列事项由业主共同决定：

（一）制定和修改业主大会议事规则；

（二）制定和修改管理规约；

（三）选举业主委员会或者更换业主委员会成员；

（四）选聘和解聘物业服务企业或者其他管理人；

（五）使用建筑物及其附属设施的维修资金；

（六）筹集建筑物及其附属设施的维修资金；

（七）改建、重建建筑物及其附属设施；

（八）改变共有部分的用途或者利用共有部分从事经营活动；

（九）有关共有和共同管理权利的其他重大事项。

业主共同决定事项，应当由专有部分面积占比三分之二以上的业主且人数占比三分之二以上的业主参与表决。决定前款第六项至第八项规定的事项，应当经参与表决专有部分面积四分之三以上的业主且参与表决人数四分之三以上的业主同意。决定前款其他事项，应当经参与表决专有部分面积过半数的业主且参与表决人数过半数的业主同意。

第二百八十条　业主大会或者业主委员会的决定，对业主具有法律约束力。

业主大会或者业主委员会作出的决定侵害业主合法权益的，受侵害的业主可以请求人民法院予以撤销。

最高人民法院《关于审理建筑物区分所有权纠纷案件适用法律若干问题的解释》

第七条　处分共有部分，以及业主大会依法决定或者管理规约依法确定应由业主共同决定的事项，应当认定为民法典第二百七十八条第一款第（九）项规定的有关共有和共同管理权利的“其他重大事项”。

155. 只通知部分业主召开业主大会是否合法？

法律咨询

小区业主委员会召集部分业主召开业主大会，就提高小区物业服务收费标准进行讨论。会议决定物业服务收费每平方米在原有基础上增加0.20元。有部分业主接到开会通知，有部分业主没有接到，小区的公告栏里也没有任何召开业主大会的公告。业主委员会负责人解释说由于部分业主上班期间没找到就没有通知。那么，只通知部分业主召开业主大会是否合法？

律师答疑

业主大会会议可以采用集体讨论的形式，也可以采用书面征求意见的形式。无论采用哪种形式，必须由专有部分面积占比 2/3 以上的业主且人数占比 2/3 以上的业主参与表决。也就是说，业主大会开会形式多样，但必须符合法定的人数。业主大会召开必须满足最低人数或投票权的限定，只有这样才能体现大多数人的利益，以保障所作出的决议的科学性、合理性。否则，形成的决议属于无效。

《物业管理条例》第 13 条对业主大会开会期限作出了规定，即业主大会会议分为定期会议和临时会议。业主大会定期会议应当按照业主大会议事规则的规定召开。经 20% 以上的业主提议，业主委员会应当组织召开业主大会临时会议。为了确保每个业主的知情权，充分实现业主自治，《物业管理条例》第 14 条第 1 款规定，召开业主大会会议，应当于会议召开 15 日以前通知全体业主。

至于通知的形式，《物业管理条例》没有作出强制性规定，实践中可以采用口头形式、书面形式等。《物业管理条例》第 14 条第 2 款、第 3 款规定，住宅小区的业主大会会议，应当同时告知相关的居民委员会。业主委员会应当做好业主大会会议记录。从上述规定可以看出，小区业主委员会召集召开业主大会，只通知部分业主，违反了《物业管理条例》的规定，不符合召开业主大会的法定程序，而其作出的决议又涉及每个业主的切身利益，故其决议程序违法，业主可以请求人民法院予以撤销。

法律依据

《中华人民共和国民法典》

第二百七十八条 下列事项由业主共同决定：

（一）制定和修改业主大会议事规则；

（二）制定和修改管理规约；

（三）选举业主委员会或者更换业主委员会成员；

（四）选聘和解聘物业服务企业或者其他管理人；

（五）使用建筑物及其附属设施的维修资金；

（六）筹集建筑物及其附属设施的维修资金；

（七）改建、重建建筑物及其附属设施；

（八）改变共有部分的用途或者利用共有部分从事经营活动；

（九）有关共有和共同管理权利的其他重大事项。

业主共同决定事项，应当由专有部分面积占比三分之二以上的业主且人数占比三分之二以上的业主参与表决。决定前款第六项至第八项规定的事项，应当经参与表决专有部分面积四分之三以上的业主且参与表决人数四分之三以上的业主同意。决定前款其他事项，应当经参与表决专有部分面积过半数的业主且参与表决人数过半数的业主同意。

《物业管理条例》

第十三条　业主大会会议分为定期会议和临时会议。

业主大会定期会议应当按照业主大会议事规则的规定召开。经 20% 以上的业主提议，业主委员会应当组织召开业主大会临时会议。

第十四条　召开业主大会会议，应当于会议召开 15 日以前通知全体业主。

住宅小区的业主大会会议，应当同时告知相关的居民委员会。

业主委员会应当做好业主大会会议记录。

156. 让业主填写“征求意见表”符合业主大会召开的条件吗？

法律咨询

某小区有业主252户，业主委员会想续聘现物业服务企业，同时上调服务费用，为此，业主委员会以“征求意见表”的形式征求业主意见并召开业主大会。经统计，出席会议及提交征求意见表的业主共有187户，业主委员会认为已经过半，便通过了该决议。这一决议引起小区部分未参加会议业主的反对。那么，让业主填写“征求意见表”符合业主大会召开的条件吗？

律师答疑

由于每一个小区的业主人数不等，少则几十户，多则上千户，因此要求每个小区的每位业主都集中到一起开会讨论，很难找到适合场地和合适时间，也不切实际。《物业管理条例》第12条规定，业主大会会议可以采用集体讨论的形式，也可以采用书面征求意见的形式。也就是说，填写“征求意见表”属于召开业主大会的一种形式。

无论采用哪种形式，必须贯彻少数服从多数的原则，确保形成的决议具有公平性和民主性。根据《民法典》第278条的规定，业主共同决定事项，应当由专有部分面积占比2/3以上的业主且人数占比2/3以上的业主参与表决。部分重要事项，应当经参与表决专有部分面积3/4以上的业主且参与表决人数3/4以上的业主同意。决定其他事项，应当经参与表决专有部分面积过半数的业主且参与表决人数过半数的业主同意。这里的投票人数不仅要计算业主的人数，还要计算业主拥有的专有部分建筑面积。业主的人数一般应以产权证记载为准，一本产权证记作一个投票业主，面积也以产权证登记的面积为准。

首先，以“征求意见表”的形式征求业主意见的开会形式，符合法律的规定。其次，出席会议并提交征求意见表的业主户数已经超过 2/3，但不一定意味着其拥有的专有部分建筑面积也超过建筑物总面积的 2/3。因此，该协议是否生效还需进一步统计确定。

此外，业主委员会在召开业主大会前还应提前 15 日通知业主，将会议通知及有关材料以书面形式在物业管理区域内公告，该程序也是必不可少的。现实生活中，之所以有部分业主对“征求意见表”这种开会形式不理解，很可能是因为业主委员会没有提前通知，召开业主大会的前期工作没有做好。

法律依据

《物业管理条例》

第十二条　业主大会会议可以采用集体讨论的形式，也可以采用书面征求意见的形式……

第十四条　召开业主大会会议，应当于会议召开 15 日以前通知全体业主。

住宅小区的业主大会会议，应当同时告知相关的居民委员会。

业主委员会应当做好业主大会会议记录。

《中华人民共和国民法典》

第二百七十八条　下列事项由业主共同决定：

（一）制定和修改业主大会议事规则；

（二）制定和修改管理规约；

（三）选举业主委员会或者更换业主委员会成员；

（四）选聘和解聘物业服务企业或者其他管理人；

（五）使用建筑物及其附属设施的维修资金；

（六）筹集建筑物及其附属设施的维修资金；

（七）改建、重建建筑物及其附属设施；

（八）改变共有部分的用途或者利用共有部分从事经营活动；

（九）有关共有和共同管理权利的其他重大事项。

业主共同决定事项，应当由专有部分面积占比三分之二以上的业主且人数占比三分之二以上的业主参与表决。决定前款第六项至第八项规定的事项，应当经参与表决专有部分面积四分之三以上的业主且参与表决人数四分之三以上的业主同意。决定前款其他事项，应当经参与表决专有部分面积过半数的业主且参与表决人数过半数的业主同意。

157. 在小区内，到底是业主委员会说了算，还是业主大会说了算？

法律咨询

某小区业主委员会通过一项对自行车、三轮车等非机动车收取5元/月停车管理费的决定。业主对此提出异议，认为该决议没有通过业主大会，而且业主委员会也没有权利规定收取停车管理费。那么，在小区内，到底是业主委员会说了算，还是业主大会说了算？

律师答疑

根据《物业管理条例》第15条的规定，业主委员会是业主大会的执行机构，具体负责执行业主大会的决议。业主委员会主要职责限于：（1）召集业主大会会议，报告物业管理的实施情况；（2）代表业主与业主大会选聘的物业服务企业签订物业服务合同；（3）及时了解业主、物业使用人的意见和建议，监督和协助物业服务企业履行物业服务合同；（4）监督管理规约的实施；（5）业主大会赋予的其他职责。故业主委员会在未经业主大会授权或业主协商一致的情况下，无权就小区内公共管理事项擅自作出决定。

业主大会和业主委员会的显著区别表现在：（1）业主大会的会员是全体业主；而业主委员会的成员是由热心公益事业、责任心强、具有一定组织能力的业主担任，只是全体业主中的极少部分。（2）业主大会有权对小区的共有和共同管理事项作出决议，该决议对全体业主具有约束力；而业主委员会只能是对业主大会的决议负责具体执行实施，在没有经业主大会授权情况下无权就小区业主的共有和共同管理事项作出决议。

对业主停放非机动车收取停车费，关系到大部分业主的切身利益，属于物业管理区域内共同管理事项范围。《民法典》第278条规定，有关共有和共同管理权利的其他重大事项，应当由专有部分面积占比2/3以上的业主且人数占比2/3以上的业主参与表决，且经参与表决专有部分面积过半数的业主且参与表决人数过半数的业主同意。本案中，业主委员会的决定既没有经过业主大会决议或授权，也没有经业主同意，作出的决议损害了业主的合法权益。业主可以向人民法院起诉，请求撤销业主委员会关于收取非机动车停车费的决议。

法律依据

《物业管理条例》

第十五条 业主委员会执行业主大会的决定事项，履行下列职责：

（一）召集业主大会会议，报告物业管理的实施情况；

（二）代表业主与业主大会选聘的物业服务企业签订物业服务合同；

（三）及时了解业主、物业使用人的意见和建议，监督和协助物业服务企业履行物业服务合同；

（四）监督管理规约的实施；

（五）业主大会赋予的其他职责。

《中华人民共和国民法典》

第二百七十八条 下列事项由业主共同决定：

（一）制定和修改业主大会议事规则；

（二）制定和修改管理规约；

（三）选举业主委员会或者更换业主委员会成员；

（四）选聘和解聘物业服务企业或者其他管理人；

（五）使用建筑物及其附属设施的维修资金；

（六）筹集建筑物及其附属设施的维修资金；

（七）改建、重建建筑物及其附属设施；

（八）改变共有部分的用途或者利用共有部分从事经营活动；

（九）有关共有和共同管理权利的其他重大事项。

业主共同决定事项，应当由专有部分面积占比三分之二以上的业主且人数占比三分之二以上的业主参与表决。决定前款第六项至第八项规定的事项，应当经参与表决专有部分面积四分之三以上的业主且参与表决人数四分之三以上的业主同意。决定前款其他事项，应当经参与表决专有部分面积过半数的业主且参与表决人数过半数的业主同意。

第二百八十条　业主大会或者业主委员会的决定，对业主具有法律约束力。

业主大会或者业主委员会作出的决定侵害业主合法权益的，受侵害的业主可以请求人民法院予以撤销。

158. 业主在物业管理区域内有多套房屋，其在业主大会上如何行使表决权？

法律咨询

某小区业主在该小区共有3套产权房，3本产权证上均是其一个人名字。某日，小区业主大会决定对小区物业管理规约内容进行修改，该业主认为自己有3套房屋，应该算3个投票人数，其他业主则认为该业主虽然有3套房屋，但均属同一个人，因此只能算一个投票人数。那么，业主在物业管理区域内有多套房屋，其在业主大会上如何行使表决权？

律师答疑

根据《民法典》第278条第2款的规定，计算业主投票表决物业管理区域共同管理事项时，不仅对业主人数作了规定，还对业主拥有的专有部分占建筑物总面积作了要求，解决了部分业主在一个小区购置多套房屋，面积较多而产权人数较少的情况。《民法典》第278条第2款规定了业主自治多数决定的比例，但对计算该比例依据的专有部分面积、建筑物总面积，以及业主人数、总人数却未作明确规定。

最高人民法院《关于审理建筑物区分所有权纠纷案件适用法律若干问题的解释》第8条规定，《民法典》第278条第2款和第283条规定的专有部分面积可以按照不动产登记簿记载的面积计算；尚未进行物权登记的，暂按测绘机构的实测面积计算；尚未进行实测的，暂按房屋买卖合同记载的面积计算。第9条规定，《民法典》第278条第2款规定的业主人数可以按照专有部分的数量计算，一个专有部分按一人计算。但建设单位尚未出售和虽已出售但尚未交付的部分，以及同一买受人拥有一个以上专有部分的，按一人计算。因此，即使部分业主有多套房屋，但均在一个物业管理小区内，只能按照一个投票人数计算。但根据法律规定，业主投票结果采用的是“面积加人数”相结合的方式。业主人数原则上应当按照专有部分的数量计算，但在一人（包括建设单位）拥有数个专有部分的情况中，如果同时复计人数将使该人具有双重优势。因此，同一买受人拥有一个以上专有部分的，按一人计算的规定并不会对这类权利人行使管理权造成影响。

法律依据

《中华人民共和国民法典》

第二百七十八条 下列事项由业主共同决定：

（一）制定和修改业主大会议事规则；

（二）制定和修改管理规约；

（三）选举业主委员会或者更换业主委员会成员；

（四）选聘和解聘物业服务企业或者其他管理人；

（五）使用建筑物及其附属设施的维修资金；

（六）筹集建筑物及其附属设施的维修资金；

（七）改建、重建建筑物及其附属设施；

（八）改变共有部分的用途或者利用共有部分从事经营活动；

（九）有关共有和共同管理权利的其他重大事项。

业主共同决定事项，应当由专有部分面积占比三分之二以上的业主且人数占比三分之二以上的业主参与表决。决定前款第六项至第八项规定的事项，应当经参与表决专有部分面积四分之三以上的业主且参与表决人数四分之三以上的业主同意。决定前款其他事项，应当经参与表决专有部分面积过半数的业主且参与表决人数过半数的业主同意。

最高人民法院《关于审理建筑物区分所有权纠纷案件适用法律若干问题的解释》

第八条　民法典第二百七十八条第二款和第二百八十三条规定的专有部分面积可以按照不动产登记簿记载的面积计算；尚未进行物权登记的，暂按测绘机构的实测面积计算；尚未进行实测的，暂按房屋买卖合同记载的面积计算。

第九条　民法典第二百七十八条第二款规定的业主人数可以按照专有部分的数量计算，一个专有部分按一人计算。但建设单位尚未出售和虽已出售但尚未交付的部分，以及同一买受人拥有一个以上专有部分的，按一人计算。

Chapter 10

第十章

业主的权利义务

159. 业主对小区内的建筑物享有哪些权利？

法律咨询

陈先生在某小区看中了一套二手房，在与房主多次协商之后，终于以330万元的价格成交，随后双方签订了买卖合同并办理了房屋所有权的转移手续。如今，陈先生已入住该房屋，不过令陈先生疑惑的是，除了对专有部分享有所有权，自己还享有哪些权利？那么，业主对小区内的建筑物享有哪些权利？

律师答疑

根据《民法典》第271~276条的规定，业主对小区内建筑物享有以下所有权：（1）对建筑物内的住宅、经营性用房等专有部分享有所有权，对专有部分以外的共有部分享有共有和共同管理的权利。业主转让其建筑物专有部分所有权的，其对建筑物共有部分享有的共有和共同管理的权利视为一并转让。（2）对其建筑物专有部分享有占有、使用、收益和处分的权利，但业主上述权利的行使不得危及建筑物的安全，不得损害其他业主的合法权益。（3）建筑区划内的道路，属于业主共有，但属于城镇公共道路的除外。建筑区划内的绿地，属于业主共有，但属于城镇公共绿地或者明示归个人的除外。建筑区划内的其他公共场所、公用设施和物业服务用房，属于业主共有。（4）有的车库、车位是业主购买的，有的是业主承租的。无论是购买还是承租，都有合同约定。因此，对于车库车位的归属，有约定的，按照约定；没有约定或者约定不明确的，除建设单位等能够证明其享有所有权外，属于业主共有。（5）属于业主共有的财产，应是那些不可分割、不宜也不可能归任何业主专有的财产，如电梯等公用设施、绿地等公用场所。从房地产市场的情况来看，一般来说，专门用来停放汽车的车库、车位的归属，是由当事人通过出售、出租或附赠等方式，明确归业主专有或专用。这样，既容易操作，也可以避免纠纷。同时，从现实情况来看，在业主共有的道路或者其他场地上划出的车位，当然应归业主共有。

法律依据

《中华人民共和国民法典》

第二百七十一条 业主对建筑物内的住宅、经营性用房等专有部分享有所有权，对专有部分以外的共有部分享有共有和共同管理的权利。

第二百七十二条 业主对其建筑物专有部分享有占有、使用、收益和处分的权利。业主行使权利不得危及建筑物的安全，不得损害其他业主的合法权益。

第二百七十三条 业主对建筑物专有部分以外的共有部分，享有权利，承担义务；不得以放弃权利为由不履行义务。

业主转让建筑物内的住宅、经营性用房，其对共有部分享有的共有和共同管理的权利一并转让。

第二百七十四条 建筑区划内的道路，属于业主共有，但是属于城镇公共道路的除外。建筑区划内的绿地，属于业主共有，但是属于城镇公共绿地或者明示属于个人的除外。建筑区划内的其他公共场所、公用设施和物业服务用房，属于业主共有。

第二百七十五条 建筑区划内，规划用于停放汽车的车位、车库的归属，由当事人通过出售、附赠或者出租等方式约定。

占用业主共有的道路或者其他场地用于停放汽车的车位，属于业主共有。

第二百七十六条 建筑区划内，规划用于停放汽车的车位、车库应当首先满足业主的需要。

160. 业主可以对管理规约说不吗？

法律咨询

某业主购买了一套二手房，而后对房屋进行装修时，物业服务企业阻止封闭阳台，并称要封闭阳台必须由物业服务企业委托某公司进行。同时，物业服务企业拿出小区管理规约，规约中写明禁止业主私自封闭阳台，确需封闭的应由物业服务企业委托某公司统一安装，统一收费。那么，业主可以对管理规约说不吗？

律师答疑

物业管理规约，是由全体业主共同制定的，并经业主大会表决通过的，有关业主在物业使用、维护、管理方面的权利义务规范，对全体业主具有约束力。《民法典》第278条规定，制定和修改管理规约应由业主共同决定。实践中，首次业主大会会议筹备组根据物业服务企业所在地房地产行政主管部门制定的示范文本制定管理规约，并提交业主大会会议表决，应当由专有部分面积占比 2/3 以上的业主且人数占比 2/3 以上的业主参与表决，并经参与表决专有部分面积过半数的业主且参与表决人数过半数的业主同意，管理规约即生效，对全体业主具有约束力。管理规约不仅对全体业主具有普遍的约束力，而且对使用人（如承租人、借用人）和继受人（如买受人、继承人）等物业服务企业建筑物的占有或使用人均具有约束力。

管理规约对全体业主具有约束力，即使是通过二手房交易成为新业主的，也应遵守已经制定的管理规约，不能以其没有参与制定管理规约为由，否定管理规约对其具有约束力。但小区管理规约应当尊重社会公德，不得违反法律、法规或者损害社会公共利益，否则业主可以向业主委员会反映要求修改不适当的条款，协商不成的可以向人民法院起诉请求撤销。

法律依据

《物业管理条例》

第十七条 管理规约应当对有关物业的使用、维护、管理，业主的共同利益，业主应当履行的义务，违反管理规约应当承担的责任等事项依法作出约定。

管理规约应当尊重社会公德，不得违反法律、法规或者损害社会公共利益。

管理规约对全体业主具有约束力。

《中华人民共和国民法典》

第二百七十八条 下列事项由业主共同决定：

（一）制定和修改业主大会议事规则；

（二）制定和修改管理规约；

（三）选举业主委员会或者更换业主委员会成员；

（四）选聘和解聘物业服务企业或者其他管理人；

（五）使用建筑物及其附属设施的维修资金；

（六）筹集建筑物及其附属设施的维修资金；

（七）改建、重建建筑物及其附属设施；

（八）改变共有部分的用途或者利用共有部分从事经营活动；

（九）有关共有和共同管理权利的其他重大事项。

业主共同决定事项，应当由专有部分面积占比三分之二以上的业主且人数占比三分之二以上的业主参与表决。决定前款第六项至第八项规定的事项，应当经参与表决专有部分面积四分之三以上的业主且参与表决人数四分之三以上的业主同意。决定前款其他事项，应当经参与表决专有部分面积过半数的业主且参与表决人数过半数的业主同意。

161. 房屋设备不全，业主应该如何维权？

法律咨询

某小区，业主入住近两年了，安防系统仍未投入使用，给小区安全埋下了隐患。对此，物业称，因安防系统存在问题不能正常使用，物业服务企业与开发商尚未办理交接手续。开发商却称，该小区安防系统已经过有关部门验收，未投入使用是物业服务企业和业主的原因。那么，房屋设备不全，业主应该如何维权？

律师答疑

新商品房业主进户时都拿到了由相关房地产行政管理部门监制的《××市新建住宅质量保证书》(各地叫法不同),但发现房屋及其设施设备问题很多。原因在于:首先,在验收内容和比例上,验收是按照一定比例抽检的,抽检的结果不一定能全部反映房屋设施的完好情况。其次,验收检验一般是在相对静态情况下进行的,而业主频繁使用房屋的过程中更能反映出其性能完好的真实情况。开发商并不能因为房屋及其设施设备通过有关部门验收后签字盖章就对房屋存在的瑕疵免责,业主也不能因开发商的过错而拒缴物业服务费妨碍正常的物业管理服务工作的顺利进行。《民法典》第615条明确规定了买卖合同中卖方对出卖标的物的质量瑕疵担保责任。出卖人应当按照约定的质量要求交付标的物,否则需要承担修补、调换、减少价金等相应的法律责任。最高人民法院《关于审理商品房买卖合同纠纷案件适用法律若干问题的解释》第9条、第10条也明确规定房屋主体结构质量不合格不能交付使用,或者房屋交付使用后,房屋主体结构质量经核验确属不合格,或者房屋质量问题严重影响正常居住使用的,买受人可以请求解除合同和赔偿损失。在保修期内,出卖人应当承担修复责任;出卖人拒绝修复或者在合理期限内拖延修复的,买受人可以自行或者委托他人修复。修复费用及修复期间造成的其他损失由出卖人承担。

房屋销售合同系双方当事人真实意思表示,具有法律约束力,双方均应按约定全面履行。开发商理应保证房屋及附属设施设备能正常使用,否则,开发商虽然获得了相关房地产行政管理部门监制的《××市新建住宅质量保证书》(各地叫法不同),但并不能因此免除其在买卖合同中应承担的质量瑕疵担保责任。

法律依据

《中华人民共和国民法典》

第六百一十五条 出卖人应当按照约定的质量要求交付标的物。出卖人提供有关标的物质量说明的,交付的标的物应当符合该说明的质量要求。

最高人民法院《关于审理商品房买卖合同纠纷案件适用法律若干问题的解释》

第九条 因房屋主体结构质量不合格不能交付使用,或者房屋交付使用后,房屋主体结构质量经核验确属不合格,买受人请求解除合同和赔偿损失的,应予支持。

第十条 因房屋质量问题严重影响正常居住使用,买受人请求解除合同和赔偿损失的,应予支持。

交付使用的房屋存在质量问题,在保修期内,出卖人应当承担修复责任;出卖人拒绝修复或者在合理期限内拖延修复的,买受人可以自行或者委托他人修复。修复费用及修复期间造成的其他损失由出卖人承担。

162. 业主觉得业主委员会的决定不适当,可以提起撤销之诉吗?

法律咨询

经业主委员会同意,某小区物业服务企业将房屋出租给他人使用,并将租金用作物业管理。业主张某对物业服务企业的做法很是愤慨,凭什么小区房屋出租的租金不是归业主而是由物业服务企业支配。那么，业主觉得业主委员会的决定不适当，可以提起撤销之诉吗？

律师答疑

《民法典》第 280 条第 2 款规定，业主大会或者业主委员会作出的决定侵害业主合法权益的，受侵害的业主可以请求人民法院予以撤销。由此可见，业主可以对业主大会或业主委员会作出的不适当的决议请求法院予以撤销。另外，如果业主认为业主大会、业主委员会的决定违反了法律、法规的，还可以请求当地房地产行政管理部门或者街道办事处、乡镇人民政府进行处理。政府应当责令限期改正或者撤销其决定，并通告全体业主。

《民法典》第 278 条明确规定，有关共有和共同管理权利的重大事项要由业主共同决定。业主委员会未经业主大会授权，擅自作出决定损害业主利益，既侵犯了业主的知情权和监督权，也侵犯了业主的合法财产权利。无论是业主大会的决定还是业主委员会的决定，业主只要认为侵犯了自己的合法权益，都有权向法院提起诉讼，请求撤销。需要注意的是，根据最高人民法院《关于审理建筑物区分所有权纠纷案件适用法律若干问题的解释》第 12 条的规定，业主应当在知道或应当知道业主大会或业主委员会作出决定之日起 1 年内行使撤销权。此处行使撤销权的 1 年期间为除斥期间，不存在中止、中断和延长的问题，是不变期间。

法律依据

《中华人民共和国民法典》

第二百七十八条 下列事项由业主共同决定：

（一）制定和修改业主大会议事规则；

（二）制定和修改管理规约；

（三）选举业主委员会或者更换业主委员会成员；

（四）选聘和解聘物业服务企业或者其他管理人；

（五）使用建筑物及其附属设施的维修资金；

（六）筹集建筑物及其附属设施的维修资金；

（七）改建、重建建筑物及其附属设施；

（八）改变共有部分的用途或者利用共有部分从事经营活动；

（九）有关共有和共同管理权利的其他重大事项。

业主共同决定事项，应当由专有部分面积占比三分之二以上的业主且人数占比三分之二以上的业主参与表决。决定前款第六项至第八项规定的事项，应当经参与表决专有部分面积四分之三以上的业主且参与表决人数四分之三以上的业主同意。决定前款其他事项，应当经参与表决专有部分面积过半数的业主且参与表决人数过半数的业主同意。

第二百八十条 业主大会或者业主委员会的决定，对业主具有法律约束力。

业主大会或者业主委员会作出的决定侵害业主合法权益的，受侵害的业主可以请求人民法院予以撤销。

最高人民法院《关于审理建筑物区分所有权纠纷案件适用法律若干问题的解释》

第十二条 业主以业主大会或者业主委员会作出的决定侵害其合法权益或者违反了法律规定的程序为由，依据民法典第二百八十条第二款的规定请求人民法院撤销该决定的，应当在知道或者应当知道业主大会或者业主委员会作出决定之日起一年内行使。

163. 业主破坏小区绿地，物业服务企业不作为，其他业主可以行使物业管理权吗？

法律咨询

业主张某在房前的绿地种植了蔬菜，其他业主遂要求物业服务企业制止张某的行为。但物业服务企业以发过整改通知为由推托。其他业主劝说张某铲掉所种植的蔬菜时，反而遭到张某的指责。在这种情况下，其他业主可以行使物业管理权吗？

律师答疑

首先，业主破坏绿地行为，违反了物业管理法规。《物业管理条例》第 49 条第 1 款规定，物业管理区域内按照规划建设的公共建筑和共用设施，不得改变用途。第 50 条第 1 款规定，业主、物业服务企业不得擅自占用、挖掘物业管理区域内的道路、场地，损害业主的共同利益。业主将绿地破坏后种植蔬菜属于改变公共部位的用途、擅自占用场地的行为，严重违反了上述法律规定。其次，业主委员会作为业主自治组织，可以要求行为人停止侵害，赔偿因绿地被破坏造成的损失。业主委员会也可以代表业主向人民法院提起诉讼，请求行为人停止侵害、恢复原状。最后，小区绿地属于业主共有部分，擅自破坏绿地，属于损害他人合法权益的行为。其他业主对侵害自己合法权益的行为，可以进行制止。

法律依据

《物业管理条例》

第四十九条　物业管理区域内按照规划建设的公共建筑

和共用设施，不得改变用途。

业主依法确需改变公共建筑和共用设施用途的，应当在依法办理有关手续后告知物业服务企业；物业服务企业确需改变公共建筑和共用设施用途的，应当提请业主大会讨论决定同意后，由业主依法办理有关手续。

第五十条 业主、物业服务企业不得擅自占用、挖掘物业管理区域内的道路、场地，损害业主的共同利益。

因维修物业或者公共利益，业主确需临时占用、挖掘道路、场地的，应当征得业主委员会和物业服务企业的同意；物业服务企业确需临时占用、挖掘道路、场地的，应当征得业主委员会的同意。

业主、物业服务企业应当将临时占用、挖掘的道路、场地，在约定期限内恢复原状。

164. 业主认为业主委员会委员不称职，如何撤销其资格？

法律咨询

某小区成立了业主委员会，以管理小区的公共事务。其中，业主委员会委员张某平日里工作繁忙，对小区的公共事务不管不问，总是以各种理由推脱，损害了小区业主的利益，大多数业主对此议论纷纷。那么，业主认为业主委员会委员不称职，如何撤销其资格？

律师答疑

《物业管理条例》第16条第2款、第3款规定，业主委员会委员应当由热心公益事业、责任心强、具有一定组织能力的业主担任。业主委员会主任、副主任在业主委员会成员中推选产生。根据《业主大会和业主委员会指导规则》第43条、第44条的规定，出现以下情形之一的，业主委员会委员资格自行终止：(1)因物业转让、灭失等原因不再是业主的；(2)丧失民事行为能力的；(3)依法被限制人身自由的；(4)法律、法规以及管理规约规定的其他情形。业主委员会委员有下列情况之一的，由业主委员会1/3以上委员或者持有20%以上投票权数的业主提议，业主大会或者业主委员会根据业主大会的授权，可以决定是否终止其委员资格：(1)以书面方式提出辞职请求的；(2)不履行委员职责的；(3)利用委员资格谋取私利的；(4)拒不履行业主义务的；(5)侵害他人合法权益的；(6)因其他原因不宜担任业主委员会委员的。

如该委员既不积极履行作为业主委员会委员的义务，又不愿意主动退出业主委员会，业主该怎么办呢？根据《业主大会和业主委员会指导规则》第17条的规定，更换业主委员会委员由业主大会决定。根据《物业管理条例》第13条的规定，经20%以上的业主提议，业主委员会应当组织召开业主大会临时会议。经业主提议召开临时大会，业主大会一致决定撤销某人业主委员会委员资格，符合法律的规定。

法律依据

《物业管理条例》

第十三条　业主大会会议分为定期会议和临时会议。

业主大会定期会议应当按照业主大会议事规则的规定召开。经20%以上的业主提议,业主委员会应当组织召开业主大会临时会议。

第十六条 业主委员会应当自选举产生之日起30日内,向物业所在地的区、县人民政府房地产行政主管部门和街道办事处、乡镇人民政府备案。

业主委员会委员应当由热心公益事业、责任心强、具有一定组织能力的业主担任。

业主委员会主任、副主任在业主委员会成员中推选产生。

《业主大会和业主委员会指导规则》

第四十三条 有下列情况之一的,业主委员会委员资格自行终止:

(一)因物业转让、灭失等原因不再是业主的;

(二)丧失民事行为能力的;

(三)依法被限制人身自由的;

(四)法律、法规以及管理规约规定的其他情形。

第四十四条 业主委员会委员有下列情况之一的,由业主委员会三分之一以上委员或者持有20%以上投票权数的业主提议,业主大会或者业主委员会根据业主大会的授权,可以决定是否终止其委员资格:

(一)以书面方式提出辞职请求的;

(二)不履行委员职责的;

(三)利用委员资格谋取私利的;

(四)拒不履行业主义务的;

(五)侵害他人合法权益的;

(六)因其他原因不宜担任业主委员会委员的。

165. 物业服务企业出租小区共用地，业主有权起诉吗？

法律咨询

某小区将小区门厅共用地租给银行，银行又将自动取款机设在大楼门口，招来不少社会人员，既影响业主出入，又对小区安全造成隐患。业主张某认为全体业主依法享有小区公用部分，有公用设施的所有权和使用权，其他人不得擅自处分。那么，物业服务企业出租小区公用地，业主有权起诉吗？

律师答疑

物业服务企业应遵守相关法律法规的规定和物业管理公约的约定，利用物业共用部位、共用设施设备进行经营的，应当在征得相关业主、业主大会、物业服务企业的同意后，按照规定办理有关手续，而不得擅自将小区共用地出租盈利。个别或部分业主对于物业服务企业利用物业共用部位、共用设施设备进行经营的侵权行为，业主是否有权起诉，各地法院观点不一。有法院认为，应通过召开业主大会，得到业主大会或业主委员会的授权，或经过全体业主的共同决定，方可向法院起诉物业服务企业，维护共用利益，个人或部分业主不具有此类诉讼主体资格。也有法院认为，业主对物业共有部分、共用设施享有共有和共同管理的权利，且业主起诉对其他共有权人不会产生不利影响，业主有权起诉。

虽然本问题争议较大，但是小区业主最好在经业主大会或业主委员会授权之后，再针对物业服务企业利用共有设施进行经营的侵权行为提起诉讼，这是较为稳妥的做法。

法律依据

《中华人民共和国民法典》

第二百七十八条 下列事项由业主共同决定：

（一）制定和修改业主大会议事规则；

（二）制定和修改管理规约；

（三）选举业主委员会或者更换业主委员会成员；

（四）选聘和解聘物业服务企业或者其他管理人；

（五）使用建筑物及其附属设施的维修资金；

（六）筹集建筑物及其附属设施的维修资金；

（七）改建、重建建筑物及其附属设施；

（八）改变共有部分的用途或者利用共有部分从事经营活动；

（九）有关共有和共同管理权利的其他重大事项。

业主共同决定事项，应当由专有部分面积占比三分之二以上的业主且人数占比三分之二以上的业主参与表决。决定前款第六项至第八项规定的事项，应当经参与表决专有部分面积四分之三以上的业主且参与表决人数四分之三以上的业主同意。决定前款其他事项，应当经参与表决专有部分面积过半数的业主且参与表决人数过半数的业主同意。

最高人民法院《关于审理建筑物区分所有权纠纷案件适用法律若干问题的解释》

第十四条 建设单位、物业服务企业或者其他管理人等擅自占用、处分业主共有部分、改变其使用功能或者进行经营性活动，权利人请求排除妨害、恢复原状、确认处分行为无效或者赔偿损失的，人民法院应予支持。

属于前款所称擅自进行经营性活动的情形，权利人请求建设单位、物业服务企业或者其他管理人等将扣除合理成本之后的收益用于补充专项维修资金或者业主共同决定的其他用途的，人民法院应予支持。行为人对成本的支出及其合理性承担举证责任。

166. 业主与物业服务企业之间发生供暖纠纷，业主个人或者全体业主应该如何维权？

法律咨询

张先生在某小区购入了一套住房，签订购房协议并交纳了物业费之后装修入住。不久之后，该小区的业主与物业服务企业发生了纠纷，起因是原本该小区用小区自身配套的设备供暖，但物业服务企业认为该小区的入住率太低，遂决定不集中供暖。那么，业主与物业服务企业之间发生供暖纠纷，业主个人或者全体业主应该如何维权？

律师答疑

小区供暖纠纷主要包括以下五类：

（1）物业服务企业以入住率不符合约定而不予供暖。目前，小区居民住宅的供暖方式主要有两种：一种是专门的热力集团或热力公司集中供暖；另一种是小区自身配套的供暖设备供暖，主要是锅炉供暖。如果是专门的热力集团供暖，物业服务企业无权决定是否供暖。《物业管理条例》第44条第1款规定："物业管理区域内，供水、供电、供气、供热、通信、有线电视等单位应当向最终用户收取有关费用。”因此，直接的供暖人是热力公司，物业服务企业只负责代收供暖费及协助日常的供暖管理。决定是否供暖的是热力公司，而热力公司的供暖对象不是一个小区，因此一般不会受单个小区业主入住率的影响。如果是小区利用自身配套的供暖设备供暖，那么业主有权通过业主大会决议的形式要求供暖。根据《住宅专项维修资金管理办法》的规定，小区的锅炉、暖气线路属于业主共用设施设备，除非购房合同中明确了此锅炉由开发商单独购买，否则属于已经被业主分摊了的部分。因此，物业服务企业只是此设备的委托管理人。

（2）业主以未享受供暖服务而拒绝支付供暖费。例如，业主有多处住房，一处集中供暖的房产常年空置。供暖季结束后，物业服务企业将业主起诉至法院，请求其交纳供暖费。但业主认为自己未居住该房屋，也未出租房屋，没有享受供暖服务，没有享有权利，不存在支付供暖费的义务。事实上，集中供暖空置房屋应当交纳供暖费。原因如下：第一，老居民楼集中供暖管道大多是单管串联式的，用户在享受同质的供热服务时被捆在一起，没有技术条件对居民办理用热或停热手续。第二，供暖服务不同于一般的商业服务，带有公用服务性质，只要收缴取暖费达到一定比例，即使还有欠款也要供热。而且现有供暖设施决定了每户必须保证供热，才能达到整体供热效果良好和不加大供热成本的目标。如果少数居民“停止供暖”，相邻房屋就受一定影响；一旦大面积停止供暖，必然影响供暖质量。第三，这一问题受限于现有集中供暖、按面积计费的方式。按分户计量的标准安装了分户供热系统是以后的趋势，满足一定条件就可以采取分户计量的方式，按每户的实际用热量收取供暖费用。

（3）出现“蹭暖族”如何解决？依靠楼上楼下“余热”取暖的住户即为“蹭暖族”，因为热会产生传导。如果某一住户自己不主动采取采暖措施，与他相邻楼上楼下、左右邻居的热能都会向不采暖房间延伸。这样一来，自采暖住户要达到合适的温度，必须采取加大功率等方式。“蹭暖族”其实是借用邻居采暖行为占便宜，故增强业主公共道德意识是解决这一问题的关键。

（4）主张供暖费是否适用诉讼时效？原则上应遵守《民法典》关于诉讼时效的规定。但是，北京市高级人民法院办公室《关于发布审理供热费案件的若干意见的通知》规定，供热合同具有不同于其他民事合同的公共服务性、行政强制性、强制继续履行性。供热合同中供暖公司与采暖的业主权利不尽平衡，由于实际采暖人众多、居住分散，供暖公司在主张权利方面处于不利地位；而且采暖人拖欠供暖费势必对这一社会公用事业造成不利的影响，损害社会公众的利益。所以对供热合同适用诉讼时效不宜过苛，除供热单位明显怠于主张权利，应当认定供暖公司在持续地主张权利。

（5）供暖温度不达标如何取证？业主在冬季采暖中由于房屋楼层朝向、管道设施老化、暖气散热性能、楼宇距供暖锅炉距离等，室温会有所差别。但是个别业主房屋不能达到法定温度标准的，应当在供暖季来临后，与当地供暖办进行联系，由业主、供暖办、供暖公司三方进行现场测温，以确定室温是否达标。如室温不能达标，视具体情况应对业主承担的供暖费进行酌减。

法律依据

《物业管理条例》

第四十四条 物业管理区域内，供水、供电、供气、供热、通信、有线电视等单位应当向最终用户收取有关费用。

物业服务企业接受委托代收前款费用的，不得向业主收取手续费等额外费用。

《住宅专项维修资金管理办法》

第三条 本办法所称住宅共用部位，是指根据法律、法规和房屋买卖合同，由单幢住宅内业主或者单幢住宅内业主及与之结构相连的非住宅业主共有的部位，一般包括：住宅的基础、承重墙体、柱、梁、楼板、屋顶以及户外的墙面、门厅、楼梯间、走廊通道等。

本办法所称共用设施设备，是指根据法律、法规和房屋买卖合同，由住宅业主或者住宅业主及有关非住宅业主共有的附属设施设备，一般包括电梯、天线、照明、消防设施、绿地、道路、路灯、沟渠、池、井、非经营性车场车库、公益性文体设施和共用设施设备使用的房屋等。

北京市高级人民法院办公室《关于发布审理供热费案件的若干意见的通知》

二、诉讼时效

供热单位属社会公用企业，履行供热义务不仅是基于合同的约定，而且是基于有关行政规章和国家政策的规定，政府每年冬季也均要求并检查供热方是否保证正常供热。同时，供热在技术上系整体供热，在采暖方欠费时，供热单位难以行使一般民事合同的履行抗辩权，停止向特定采暖方供热，而必须继续履行供热合同，以保证整体供暖。由此供热合同具有不同于其他民事合同的公共服务性、行政强制性和强制继续履行的特点，供热合同中供热方与采暖方的权利失衡。并且，由于实际采暖单位与个人众多，居住分散，供热单位在主张权利方面处于不利地位。实践中，采暖单位与个人拖欠供暖费，势必对供热这一社会公用事业造成不利影响，损害社会利益。鉴于以上情况，在诉讼时效问题上应适用以下原则：

审理追索供热费案件，一般应遵守《民法通则》关于诉讼时效的规定。但在适用诉讼时效时不宜过苛，除供热单位明显怠于行使权利的，应认定供热单位在持续主张权利。

167. 业主大会作出小区车位先到先得的决议是否可以被撤销？

法律咨询

某小区的车位紧张，经常因为停车问题发生矛盾，小区业主委员会遂召开业主大会，业主大会作出小区车位先到先得的决议，部分业主认为这个决议侵犯了他们的权益，遂向法院起诉请求撤销该决议。那么，业主大会作出小区车位先到先得的决议是否可以被撤销？

律师答疑

小区公共车位的使用，属于《民法典》第278条所说的“有关共有和共同管理权利的其他重大事项”，应该由全体业主共同决定。因为车位紧张，业主大会通过法定的程序，作出先到先得的决议，是符合相对公平原则的，也符合全体业主的共同利益，不能因为决议无法满足每一位业主的停车需求，就否认其合理性。个别业主以此为由提起业主撤销权之诉的，很难得到法院的支持。

法律依据

《中华人民共和国民法典》

第二百七十八条 下列事项由业主共同决定：

（一）制定和修改业主大会议事规则；

（二）制定和修改管理规约；

（三）选举业主委员会或者更换业主委员会成员；

（四）选聘和解聘物业服务企业或者其他管理人；

（五）使用建筑物及其附属设施的维修资金；

（六）筹集建筑物及其附属设施的维修资金；

（七）改建、重建建筑物及其附属设施；

（八）改变共有部分的用途或者利用共有部分从事经营活动；

（九）有关共有和共同管理权利的其他重大事项。

业主共同决定事项，应当由专有部分面积占比三分之二以上的业主且人数占比三分之二以上的业主参与表决。决定前款第六项至第八项规定的事项，应当经参与表决专有部分面积四分之三以上的业主且参与表决人数四分之三以上的业主同意。决定前款其他事项，应当经参与表决专有部分面积过半数的业主且参与表决人数过半数的业主同意。

第二百八十条 业主大会或者业主委员会的决定，对业主具有法律约束力。

业主大会或者业主委员会作出的决定侵害业主合法权益的，受侵害的业主可以请求人民法院予以撤销。

168. 业主是否可以要求撤销业主大会作出的提高小区部分性质房屋物业费的决议？

法律咨询

王先生是某小区配套商用房屋的业主，他得知小区业主大会作出决议将提高小区内商用房屋的物业费标准，王先生觉得自己受到了不平等的对待，决定向法院起诉。那么，业主是否可以要求撤销业主大会作出的提高小区部分性质房屋物业费的决议？

律师答疑

《民法典》第280条规定，业主大会或者业主委员会的决定，对业主具有法律约束力。业主大会或者业主委员会作出的决定侵害业主合法权益的，受侵害的业主可以请求人民法院予以撤销。业主是否能够行使撤销权，除了考察业主大会或者业主委员会决定的作出是否存在程序瑕疵，还需要考察该决定是否侵害了业主的合法权益。当小区内存在不同性质的房屋，如住宅房屋与商铺、别墅与公寓、售后公房与商品房等，业主大会可能会针对部分业主作出调整物业费的决定。业主不能以不同性质物业的收费不一或仅调整部分房屋物业费而主张撤销相关决定。“同等服务、同等收费”的原则应适用于性质相同的物业，商铺物业费高于普通住宅物业费并不必然表明商铺物业费标准不合理。

法律依据

《中华人民共和国民法典》

第二百八十条 业主大会或者业主委员会的决定，对业主具有法律约束力。

业主大会或者业主委员会作出的决定侵害业主合法权益的，受侵害的业主可以请求人民法院予以撤销。

169. 业主大会投票时，“视为同意”和“视为同意多数”有何区别？

法律咨询

胡先生经常参与小区相关事项的投票，他注意到一个现象，在通知的公告中时常出现“视为同意”和“视为同意多数”的表述，胡先生不理解这两者的区别。那么，业主大会投票时，“视为同意”和“视为同意多数”有何区别？

律师答疑

为提高意见征集的效率、维持小区公共管理的正常运行，业主大会或业主委员会在征集业主意见的时候常会采取附加“视为同意”或“视为同意多数”条款。例如，当履行表决程序时，在小区公告栏内公示征求业主意见并载明“业主如未在公示期间提出异议视为同意”或在表决票中载明“已送达的表决票，业主在规定的时间内不反馈意见或者不提出同意、反对、弃权意见的，视为同意已表决的多数票意见”。此类条款是否有效在实践中存在较大争议。“视为同意多数”与“视为同意”不同：“视为同意多数”相当于业主不参与表决并服从多数业主的表决结果；“视为同意”则相当于业主表态为同意，此系对业主实体权益的处置。因此，法院对“视为同意”的审查应当比“视为同意多数”的审查更为严格。在审查该两类条款是否有效时，法院会从以下两个方面着手：首先，如经业主大会通过的议事规则等对此有过明确约定，则该条款应被认定为有效，视为同意票应当纳入投票业主的基数中予以考量。其次，如业主大会议事规则等对此没有约定，法院就该类条款的效力认定更为谨慎，具体会从以下几点考量：第一，该条款载明的位置是否突出，提示是否明显；第二，业主对此是否知道或应当知道；第三，相关公示期或规定期限的设置是否合理；第四，相关决议事项的紧急和重要程度；第五，该决议与业主个人利益的紧密程度等。“视为同意”对业主权利的处分程度更重，因此在涉及小区内重大事项决议的时候不适合适用此规则，因为容易侵犯业主的合法权益；“视为同意”更倾向于处理小区内“不紧迫”“不严重”的问题。“视为同意多数”则对业主权利的处分程度更轻，比较适合一些较为重大的决议。

法律依据

《中华人民共和国民法典》

第二百七十八条 下列事项由业主共同决定：

（一）制定和修改业主大会议事规则；

（二）制定和修改管理规约；

（三）选举业主委员会或者更换业主委员会成员；

（四）选聘和解聘物业服务企业或者其他管理人；

（五）使用建筑物及其附属设施的维修资金；

（六）筹集建筑物及其附属设施的维修资金；

（七）改建、重建建筑物及其附属设施；

（八）改变共有部分的用途或者利用共有部分从事经营活动；

（九）有关共有和共同管理权利的其他重大事项。

业主共同决定事项，应当由专有部分面积占比三分之二以上的业主且人数占比三分之二以上的业主参与表决。决定前款第六项至第八项规定的事项，应当经参与表决专有部分面积四分之三以上的业主且参与表决人数四分之三以上的业主同意。决定前款其他事项，应当经参与表决专有部分面积过半数的业主且参与表决人数过半数的业主同意。

第二百八十条 业主大会或者业主委员会的决定，对业主具有法律约束力。

业主大会或者业主委员会作出的决定侵害业主合法权益的，受侵害的业主可以请求人民法院予以撤销。

170. 业主行使撤销权有时间限制吗？

法律咨询

崔某因与小区业主委员会发生矛盾，心生不满，他想起来业主委员会在2年前曾使用小区维修资金修缮小区大门，程序上可能存在瑕疵，准备行使业主撤销权。那么，业主行使撤销权有时间限制吗？

律师答疑

根据最高人民法院《关于审理建筑物区分所有权纠纷案件适用法律若干问题的解释》的规定，业主以业主大会或者业主委员会作出的决定侵害其合法权益或者违反了法律规定的程序为由，行使业主撤销权的，应当在知道或者应当知道业主大会或者业主委员会作出决定之日起1年内行使。因此，业主行使撤销权是有时间限制的，即应当在知道或者应当知道决定作出之日起1年内，这个1年的期间是不可变更的除斥期间。崔某作为小区的业主，经常通过小区大门，不存在不知情的合理性，因此在2年后才行使撤销权，法院不会支持。

法律依据

最高人民法院《关于审理建筑物区分所有权纠纷案件适用法律若干问题的解释》

第十二条　业主以业主大会或者业主委员会作出的决定侵害其合法权益或者违反了法律规定的程序为由，依据民法典第二百八十条第二款的规定请求人民法院撤销该决定的，应当在知道或者应当知道业主大会或者业主委员会作出决定之日起一年内行使。

Chapter 11

第十一章

业主委员会的权利义务

171. 一个小区能否成立多个业主委员会?

法律咨询

李先生所在的小区业主多达几千户,在召开业主大会和业主委员会行使职权时,经常会因意见众多而不能达成一致意见。所以李先生几人就提出能不能在他们的小区分区域成立几个业主大会及业主委员会。那么,一个小区能否成立多个业主委员会?

律师答疑

如果一个小区是一个独立的物业管理区域,那么只能成立一个业主委员会。《物业管理条例》第 9 条第 1 款规定:“一个物业管理区域成立一个业主大会。”一个业主大会只能成立一个业主委员会,因此一个小区只能成立一个业主委员会。是不是独立的物业管理区域,则需要结合物业的共用部位、共用设施设备、规划,以及地方规定等综合因素来确定。如果是一个物业管理区域内的三个区,那么,在目前条件下是不能成立三个业主委员会的。房管局具有进行物业管理区域划分的行政职权,但如果区域的划分不可避免地涉及共用设施的调整和分割,就必须通过业主大会的讨论才能决定,房管局不能任意划分。根据《物业管理条例》的规定,行政主管机关作为物业管理活动的行政管理部门,应当依职权或根据当事人的申请,对所辖区域内包括划分物业管理区域在内的物业管理活动,依法实施管理和监督。同时,根据《物业管理条例》第 9 条第 2 款的规定,物业管理区域的划分应当考虑物业的共用设施设备、建筑物规模、社区建设等因素。

法律依据

《物业管理条例》

第九条　一个物业管理区域成立一个业主大会。

物业管理区域的划分应当考虑物业的共用设施设备、建筑物规模、社区建设等因素。具体办法由省、自治区、直辖市制定。

172. 业主委员会可以擅自决定聘用其他工作人员吗?

法律咨询

孙女士是某小区业主委员会的主任。最近有些委员向孙女士提出,当前工作任务繁多,能不能从社会上聘请专门的人来帮助业主委员会成员减轻工作压力。对此,孙女士也很为难。那么,业主委员会可以擅自决定聘用其他的工作人员吗?

律师答疑

根据《物业管理条例》第15条的规定,业主委员会是业主自我管理、自我服务,办理本辖区涉及物业管理的公共事务的自治性组织。业主委员会只是业主大会的执行机构,不享有自治管理规范决定权。业主委员会本身属于非营利的社会组织,其本身没有财产来源,也无收入用于支付聘用人员的工资。具体地说,业主委员会研究决定聘用工作人员,并支付工资,必然要从业主的共同收益中进行支付,损害了业主的合法利益,况且聘用社会人员也超出了其工作权限范围。《物业管理条例》第16条第2款、第3款规定，业主委员会委员应当由热心公益事业、责任心强、具有一定组织能力的业主担任。业主委员会主任、副主任在业主委员会成员中推选产生。由该规定可以看出，业主委员会成员本身必须是业主，其他人员不能成为业主委员会成员。

能成为业主委员会成员的首要条件就是要热心公益事业，有奉献精神，而不是担任领导，由其再另行聘请他人履行职责。因此，业主委员会直接聘用工作人员进行工作，显然与法律规定的精神相背离。聘请的工作人员也很难从业主切身利益出发，为业主提供服务。

现实生活中，业主委员会一般都是由具有一定公信力、年龄较大的业主担任。由于其精力有限，聘用其他人员进行日常事务的管理似乎也符合常理。但根据目前法律规范，业主委员会没有专职的委员，业主委员会成员本身就是代表业主利益、为业主服务的。业主委员会成员应按照物业管理规范履行职责，而不应聘请其他人员替代其本身职责。如果业主大会表决通过，同意聘用人员从事专职服务工作，也是可以的。

法律依据

《物业管理条例》

第十五条 业主委员会执行业主大会的决定事项，履行下列职责：

（一）召集业主大会会议，报告物业管理的实施情况；

（二）代表业主与业主大会选聘的物业服务企业签订物业服务合同；

（三）及时了解业主、物业使用人的意见和建议，监督和协助物业服务企业履行物业服务合同；

（四）监督管理规约的实施；

（五）业主大会赋予的其他职责。

第十六条　业主委员会应当自选举产生之日起30日内，向物业所在地的区、县人民政府房地产行政主管部门和街道办事处、乡镇人民政府备案。

业主委员会委员应当由热心公益事业、责任心强、具有一定组织能力的业主担任。

业主委员会主任、副主任在业主委员会成员中推选产生。

173. 业主入住小区多年，一直未成立业主委员会，如何解决？

法律咨询

某小区2006年已经向小区业主交房，现业主已入住多年，但一直都未成立业主委员会。虽然业主曾多次要求成立业主委员会，但开发商以各种理由不配合；业主自发成立的业主委员会，房地产行政主管部门又不予以登记备案。那么，业主入住小区多年，一直未成立业主委员会，如何解决？

律师答疑

现行《物业管理条例》对成立业主委员会的时间和条件没有作出具体规定，而是由省、自治区、直辖市制定具体办法。实践中，一个物业管理区域内，房屋出售并交付使用的建筑面积达到50%以上，或者首套房屋出售并交付使用已满两年的，应当召开首次业主大会会议，并选举产生业主委员会。《物业管理条例》第10条规定，同一个物业管理区域内的业主，应当在物业所在地的区、县人民政府房地产行政主管部门或者街道办事处、乡镇人民政府的指导下成立业主大会，并选举产生业主委员会。但是，只有一个业主的，或者业主人数较少且经全体业主一致同意，决定不成立业主大会的，由业主共同履行业主大会、业主委员会职责。

因此，在本案这种情况下，应首先选出业主代表和建设单位沟通，并向物业服务企业所在地的区、县人民政府房地产行政主管部门和街道办事处（乡镇人民政府）提出要求召开业主大会，为成立业主大会、选举业主委员会做好相关筹备工作。开发商不配合可以向房地产行政管理部门投诉，要求相关部门进行协调。业主可以自行组织筹备召开业主大会，并选举业主委员会，只要其程序和表决符合《物业管理条例》的规定，相关部门应予以登记备案。

在成立业主委员会过程中相关部门也应发挥积极指导作用，如果政府相关部门在这个过程中不作为，业主可以对其提起行政复议或行政诉讼。

法律依据

《物业管理条例》

第十条 同一个物业管理区域内的业主，应当在物业所在地的区、县人民政府房地产行政主管部门或者街道办事处、乡镇人民政府的指导下成立业主大会，并选举产生业主委员会。但是，只有一个业主的，或者业主人数较少且经全体业主一致同意，决定不成立业主大会的，由业主共同履行业主大会、业主委员会职责。

第十六条　业主委员会应当自选举产生之日起30日内，向物业所在地的区、县人民政府房地产行政主管部门和街道办事处、乡镇人民政府备案。

业主委员会委员应当由热心公益事业、责任心强、具有一定组织能力的业主担任。

业主委员会主任、副主任在业主委员会成员中推选产生。

174. 业主委员会有权决定将草坪绿地改建为停车位吗？

法律咨询

张先生在购房时，特意选择了靠近小区草坪绿地的一套房屋。现在小区业主委员会经开会研究决定将该块草坪绿地改建为停车场，为小区业主停车提供方便。对此，张先生提出异议，认为业主委员会不能擅自决定这件事情。那么，业主委员会有权决定将草坪绿地改建为停车位吗？

律师答疑

依据《民法典》、《物业管理条例》和相关司法解释可知：（1）业主委员会作为业主大会的执行机构，其无权决定将小区公共绿地改建为停车位进行创收。（2）业主委员会的决定，侵害了业主的合法权益，业主可以在知道或者应当知道业主委员会作出决定之日起1年内依法向人民法院提起诉讼，维护自己的合法权益。

小区绿地是小区整体环境的一部分，也是许多购房人购房时要考虑的因素之一。实际生活中，因破坏小区绿地引起的纠纷也比较多。《民法典》第274条规定，建筑区划内的道路，属于业主共有，但是属于城镇公共道路的除外。建筑区划内的绿地，属于业主共有，但是属于城镇公共绿地或者明示属于个人的除外。因此，小区绿地除非开发商在出售时明示为个人外，应属于小区全体业主共有，任何人不能随意破坏。《物业管理条例》第49条规定，物业管理区域内按照规划建设的公共建筑和共用设施，不得改变用途。业主依法确需改变公共建筑和共用设施用途的，应当在依法办理有关手续后告知物业服务企业；物业服务企业确需改变公共建筑和共用设施用途的，应当提请业主大会讨论决定同意后，由业主依法办理有关手续。故任何人都不能擅自将小区绿地改作其他用途，因为这牵涉到小区规划建设的部分变更，该变更要经相关主管部门审批。《民法典》第278条规定，改变共有部分的用途或者利用共有部分从事经营活动，应当由专有部分面积占比2/3以上的业主且人数占比2/3以上的业主参与表决，并应当经参与表决专有部分面积3/4以上的业主且参与表决人数3/4以上的业主同意。因此，小区业主委员会没有权利擅自开会决定将本属于小区的绿地改建为停车位，这侵害了业主的合法权益。《民法典》第280条第2款规定，业主大会或者业主委员会作出的决定侵害业主合法权益的，受侵害的业主可以请求人民法院予以撤销。最高人民法院《关于审理建筑物区分所有权纠纷案件适用法律若干问题的解释》第12条规定，业主以业主大会或者业主委员会作出的决定侵害其合法权益或者违反了法律规定的程序为由，依据《民法典》第280条第2款的规定请求人民法院撤销该决定的，应当在知道或者应当知道业主大会或者业主委员会作出决定之日起1年内行使。本案中，业主委员会以停车位可以提供方便为由将草坪绿地改建为停车位，侵害了业主的合法权益，业主可以在知道或者应当知道业主委员会作出决定之日起1年内向人民法院起诉，请求撤销。

法律依据

《中华人民共和国民法典》

第二百七十四条　建筑区划内的道路，属于业主共有，但是属于城镇公共道路的除外。建筑区划内的绿地，属于业主共有，但是属于城镇公共绿地或者明示属于个人的除外。建筑区划内的其他公共场所、公用设施和物业服务用房，属于业主共有。

第二百七十八条　下列事项由业主共同决定：

（一）制定和修改业主大会议事规则；

（二）制定和修改管理规约；

（三）选举业主委员会或者更换业主委员会成员；

（四）选聘和解聘物业服务企业或者其他管理人；

（五）使用建筑物及其附属设施的维修资金；

（六）筹集建筑物及其附属设施的维修资金；

（七）改建、重建建筑物及其附属设施；

（八）改变共有部分的用途或者利用共有部分从事经营活动；

（九）有关共有和共同管理权利的其他重大事项。

业主共同决定事项，应当由专有部分面积占比三分之二以上的业主且人数占比三分之二以上的业主参与表决。决定前款第六项至第八项规定的事项，应当经参与表决专有部分面积四分之三以上的业主且参与表决人数四分之三以上的业主同意。决定前款其他事项，应当经参与表决专有部分面积过半数的业主且参与表决人数过半数的业主同意。

第二百八十条 业主大会或者业主委员会的决定，对业主具有法律约束力。

业主大会或者业主委员会作出的决定侵害业主合法权益的，受侵害的业主可以请求人民法院予以撤销。

最高人民法院《关于审理建筑物区分所有权纠纷案件适用法律若干问题的解释》

第十二条 业主以业主大会或者业主委员会作出的决定侵害其合法权益或者违反了法律规定的程序为由，依据民法典第二百八十条第二款的规定请求人民法院撤销该决定的，应当在知道或者应当知道业主大会或者业主委员会作出决定之日起一年内行使。

《物业管理条例》

第四十九条 物业管理区域内按照规划建设的公共建筑和共用设施，不得改变用途。

业主依法确需改变公共建筑和共用设施用途的，应当在依法办理有关手续后告知物业服务企业；物业服务企业确需改变公共建筑和共用设施用途的，应当提请业主大会讨论决定同意后，由业主依法办理有关手续。

175. 业主委员会有权对拖欠物业服务费的业主进行公示吗?

法律咨询

某小区业主认为该小区物业不负责任,对小区内乱停放车辆、乱扔垃圾等问题不予治理,为此,有些业主拖欠物业服务费。物业将业主不交纳物业服务费的情况反映给业主委员会,业主委员会为督促业主交纳费用,在小区公告栏中将拖欠物业服务费的业主进行了公示。那么,业主委员会有权对拖欠物业服务费的业主进行公示吗?

律师答疑

根据《物业管理条例》第40条、第41条的规定,业主应当根据物业服务合同的约定交纳物业服务费用。物业服务收费由业主和物业服务企业按照国务院价格主管部门会同国务院建设行政主管部门制定的物业服务收费办法,在物业服务合同中约定。第7条规定,业主应按时交纳物业服务费用。也就是说,物业服务企业提供的是有偿服务,业主应按照物业服务合同约定的收费标准和交付期限按时交纳物业服务费。按时交纳物业服务费,是业主的应尽义务。同时,物业服务企业应按照合同约定提供物业管理服务。第35条第1款规定,物业服务企业应当按照物业服务合同的约定,提供相应的服务。《业主大会和业主委员会指导规则》第35条规定,小区业主委员会作为业主大会选举出的业主自治组织,有职责督促业主交纳物业服务费及其他相关费用。但是,公示的形式进行催交很可能会与公民的隐私权和名誉权相冲突,因此这种形式应当谨慎使用，把握好公示的度。首先，公示的时候一定要确保公示的内容准确、真实，仅限于对未交物业服务费的客观事实的准确阐述。其次，不能对业主的姓名、手机号码等个人信息进行公示，否则很有可能侵害到业主的隐私权。受侵害的业主有权要求业主委员会予以纠正，甚至依法向人民法院提起诉讼。

法律依据

《中华人民共和国民法典》

第一千零二十四条 民事主体享有名誉权。任何组织或者个人不得以侮辱、诽谤等方式侵害他人的名誉权。

名誉是对民事主体的品德、声望、才能、信用等的社会评价。

第一千零三十二条 自然人享有隐私权。任何组织或者个人不得以刺探、侵扰、泄露、公开等方式侵害他人的隐私权。

隐私是自然人的私人生活安宁和不愿为他人知晓的私密空间、私密活动、私密信息。

第一千零三十三条 除法律另有规定或者权利人明确同意外，任何组织或者个人不得实施下列行为：

（一）以电话、短信、即时通讯工具、电子邮件、传单等方式侵扰他人的私人生活安宁；

（二）进入、拍摄、窥视他人的住宅、宾馆房间等私密空间；

（三）拍摄、窥视、窃听、公开他人的私密活动；

（四）拍摄、窥视他人身体的私密部位；

（五）处理他人的私密信息；

（六）以其他方式侵害他人的隐私权。

第一千零三十四条　自然人的个人信息受法律保护。

个人信息是以电子或者其他方式记录的能够单独或者与其他信息结合识别特定自然人的各种信息，包括自然人的姓名、出生日期、身份证件号码、生物识别信息、住址、电话号码、电子邮箱、健康信息、行踪信息等。

个人信息中的私密信息，适用有关隐私权的规定；没有规定的，适用有关个人信息保护的规定。

《物业管理条例》

第七条　业主在物业管理活动中，履行下列义务：

（一）遵守管理规约、业主大会议事规则；

（二）遵守物业管理区域内物业共用部位和共用设施设备的使用、公共秩序和环境卫生的维护等方面的规章制度；

（三）执行业主大会的决定和业主大会授权业主委员会作出的决定；

（四）按照国家有关规定交纳专项维修资金；

（五）按时交纳物业服务费用；

（六）法律、法规规定的其他义务。

第三十五条　物业服务企业应当按照物业服务合同的约定，提供相应的服务。

物业服务企业未能履行物业服务合同的约定，导致业主人身、财产安全受到损害的，应当依法承担相应的法律责任。

第四十条　物业服务收费应当遵循合理、公开以及费用与服务水平相适应的原则，区别不同物业的性质和特点，由业主和物业服务企业按照国务院价格主管部门会同国务院建设行政主管部门制定的物业服务收费办法，在物业服务合同中约定。

第四十一条 业主应当根据物业服务合同的约定交纳物业服务费用。业主与物业使用人约定由物业使用人交纳物业服务费用的,从其约定,业主负连带交纳责任。

已竣工但尚未出售或者尚未交给物业买受人的物业,物业服务费用由建设单位交纳。

《业主大会和业主委员会指导规则》

第三十五条 业主委员会履行以下职责:

(一)执行业主大会的决定和决议;

(二)召集业主大会会议,报告物业管理实施情况;

(三)与业主大会选聘的物业服务企业签订物业服务合同;

(四)及时了解业主、物业使用人的意见和建议,监督和协助物业服务企业履行物业服务合同;

(五)监督管理规约的实施;

(六)督促业主交纳物业服务费及其他相关费用;

(七)组织和监督专项维修资金的筹集和使用;

(八)调解业主之间因物业使用、维护和管理产生的纠纷;

(九)业主大会赋予的其他职责。

176. 业主委员会办公经费可以使用专项维修资金吗?

法律咨询

某小区业主委员会的办公经费一直由小区业主共同承担,但该办公经费并不足以支持业主委员会的工作。为了解决办公经费问题，该业主委员会私自挪用了其保管的住宅维修资金。那么，业主委员会的办公经费可以使用专项维修资金吗？

律师答疑

业主委员会可以根据《物业管理条例》规定，召开业主大会，就业主委员会办公经费开支制定方案，经业主大会表决通过后具体实施。实践中，多数业主对业主委员会的办公经费是支持的，只是经费多与少的问题。一般来说，不能动用专项维修资金作为小区业主委员会的办公经费，但可以从停车费、广告费等公共收益中提取。

如果某个小区的业主委员会，在没有办公经费的情况下，不是按照法律途径召开业主大会予以解决，而是擅自动用小区业主的维修资金作为办公经费，则损害了业主的利益，相关责任人员应承担相应的法律责任。专项维修资金是房屋的"养老钱"，专款专用，任何人不能私自挪用。《物业管理条例》第 53 条第 2 款规定，专项维修资金属于业主所有，专项用于物业保修期满后物业共用部位、共用设施设备的维修和更新、改造，不得挪作他用。《住宅专项维修资金管理办法》规定，住宅专项维修资金应当专项用于住宅共用部位、共用设施设备保修期满后的维修和更新、改造，不得挪作他用。住宅专项维修资金管理实行专户存储、专款专用、所有权人决策、政府监督的原则。县级以上地方人民政府建设（房地产）主管部门会同同级财政部门负责本行政区域内住宅专项维修资金的指导和监督工作。因此，相关部门应加强监督，确保维修资金专款专用。挪用住宅专项维修资金的，由县级以上地方人民政府建设（房地产）主管部门追回挪用的住宅专项维修资金，没收违法所得，可以并处挪用金额 2 倍以下的罚款；构成犯罪的，依法追究直接负责的主管人员和其他直接责任人员的刑事责任。

法律依据

《物业管理条例》

第五十三条 住宅物业、住宅小区内的非住宅物业或者与单幢住宅楼结构相连的非住宅物业的业主，应当按照国家有关规定交纳专项维修资金。

专项维修资金属于业主所有，专项用于物业保修期满后物业共用部位、共用设施设备的维修和更新、改造，不得挪作他用。

专项维修资金收取、使用、管理的办法由国务院建设行政主管部门会同国务院财政部门制定。

《住宅专项维修资金管理办法》

第二条 商品住宅、售后公有住房住宅专项维修资金的交存、使用、管理和监督，适用本办法。

本办法所称住宅专项维修资金，是指专项用于住宅共用部位、共用设施设备保修期满后的维修和更新、改造的资金。

第四条 住宅专项维修资金管理实行专户存储、专款专用、所有权人决策、政府监督的原则。

第五条 国务院建设主管部门会同国务院财政部门负责全国住宅专项维修资金的指导和监督工作。

县级以上地方人民政府建设（房地产）主管部门会同同级财政部门负责本行政区域内住宅专项维修资金的指导和监督

工作。

第三十七条　违反本办法规定，挪用住宅专项维修资金的，由县级以上地方人民政府建设（房地产）主管部门追回挪用的住宅专项维修资金，没收违法所得，可以并处挪用金额2倍以下的罚款；构成犯罪的，依法追究直接负责的主管人员和其他直接责任人员的刑事责任。

物业服务企业挪用住宅专项维修资金，情节严重的，除按前款规定予以处罚外，还应由颁发资质证书的部门吊销资质证书。

直辖市、市、县人民政府建设（房地产）主管部门挪用住宅专项维修资金的，由上一级人民政府建设（房地产）主管部门追回挪用的住宅专项维修资金，对直接负责的主管人员和其他直接责任人员依法给予处分；构成犯罪的，依法追究刑事责任。

直辖市、市、县人民政府财政部门挪用住宅专项维修资金的，由上一级人民政府财政部门追回挪用的住宅专项维修资金，对直接负责的主管人员和其他直接责任人员依法给予处分；构成犯罪的，依法追究刑事责任。

177. 业主委员会任期届满，不开会就换届符合法律规定吗？

法律咨询

某小区业主委员会任期于2021年3月1日届满。该委员会认为召开业主大会换届过于烦琐，因此于2月下旬，在委员会内部完成了换届,并将换局后委员会委员名单进行了公告。对此,部分业主认为新业主委员会的成立于法无据,要求重新选举。那么,业主委员会任期届满,不开会就换届符合法律规定吗?

律师答疑

《民法典》第278条规定,选举业主委员会或者更换业主委员会成员由业主共同决定,应当由专有部分面积占比2/3以上的业主且人数占比2/3以上的业主参与表决,并应当经参与表决专有部分面积过半数的业主且参与表决人数过半数的业主同意。也就是说,业主委员会的选举和更换等具体程序,由业主大会通过法定程序进行决议通过后执行,充分体现了业主自治原则。也正是这种业主自我管理,使一些业主委员会换届无章可循,成了非常麻烦的问题。为了解决业主委员会换届程序问题,指导业主委员会换届。《业主大会和业主委员会指导规则》第47条规定,业主委员会任期届满前3个月,应当组织召开业主大会会议,进行换届选举,并报告物业所在地的区、县房地产行政主管部门和街道办事处、乡镇人民政府。

法律依据

《中华人民共和国民法典》

第二百七十八条 下列事项由业主共同决定:

(一)制定和修改业主大会议事规则;

(二)制定和修改管理规约;

(三)选举业主委员会或者更换业主委员会成员;

（四）选聘和解聘物业服务企业或者其他管理人；

（五）使用建筑物及其附属设施的维修资金；

（六）筹集建筑物及其附属设施的维修资金；

（七）改建、重建建筑物及其附属设施；

（八）改变共有部分的用途或者利用共有部分从事经营活动；

（九）有关共有和共同管理权利的其他重大事项。

业主共同决定事项，应当由专有部分面积占比三分之二以上的业主且人数占比三分之二以上的业主参与表决。决定前款第六项至第八项规定的事项，应当经参与表决专有部分面积四分之三以上的业主且参与表决人数四分之三以上的业主同意。决定前款其他事项，应当经参与表决专有部分面积过半数的业主且参与表决人数过半数的业主同意。

《业主大会和业主委员会指导规则》

第四十七条　业主委员会任期届满前3个月，应当组织召开业主大会会议，进行换届选举，并报告物业所在地的区、县房地产行政主管部门和街道办事处、乡镇人民政府。

178. 业主委员会主任独揽大权，将印章私藏家中，擅自盖章造成的损失，由谁承担？

法律咨询

李女士是某小区业主委员会的主任，为了工作方便，其一直将业主委员会的印章放在家中。一次，李女士在未征得业主同意的情况下，擅自以业主委员会的名义与某公司签订保安服务合同，后因合同未履行而给小区业主造成巨大损失。那么，业主委员会主任独揽大权，将印章私藏家中，擅自盖章造成的损失，由谁承担？

律师答疑

能担任业主委员会职务的人，一般都是在小区内有一定公信力、有威望的业主。业主基于对其信任，将业主自治管理的权限交由业主委员会主任，让其带领大家实施物业管理区域的自治管理。但现实生活中有些小区业主委员会主任上任后权力欲膨胀，对应由业主共同决定或业主委员共同决定的事项，个人独自决定，损害业主利益。业主委员会作为业主大会的执行机构，对外代表业主行使业主赋予的权利，故应对自己的行为承担相应的责任。

《业主大会和业主委员会指导规则》第 41 条规定，业主委员会应当建立印章管理规定，并指定专人保管印章。使用业主大会印章，应当根据业主大会议事规则的规定或者业主大会会议的决定；使用业主委员会印章，应当根据业主委员会会议的决定。第 55 条规定，违反业主大会议事规则或者未经业主大会会议和业主委员会会议的决定，擅自使用业主大会印章、业主委员会印章的，物业所在地的街道办事处、乡镇人民政府应当责令限期改正，并通告全体业主；造成经济损失或者不良影响的，应当依法追究责任人的法律责任。本案中，业主委员会主任将印章私自藏在自己家中，并擅自对外盖章，一旦由此产生责任，造成损失的，应由其自己承担。

法律依据

《业主大会和业主委员会指导规则》

第四十一条　业主委员会应当建立印章管理规定，并指定专人保管印章。

使用业主大会印章，应当根据业主大会议事规则的规定或者业主大会会议的决定；使用业主委员会印章，应当根据业主委员会会议的决定。

第五十五条　违反业主大会议事规则或者未经业主大会会议和业主委员会会议的决定，擅自使用业主大会印章、业主委员会印章的，物业所在地的街道办事处、乡镇人民政府应当责令限期改正，并通告全体业主；造成经济损失或者不良影响的，应当依法追究责任人的法律责任。

179. 业主委员会可以对不交纳物业服务费的业主提起诉讼吗？

法律咨询

张先生经常无故拖欠物业服务费，后来物业找到该小区的业主委员会，希望业主委员会能够帮忙解决。业主委员会与张先生沟通无果后，希望通过诉讼的方式要求张先生交纳应交的物业服务费。那么，业主委员会可以对不交纳物业服务费的业主提起诉讼吗？

律师答疑

根据现行法律，民事诉讼主体资格必须是自然人、法人或者其他组织。对于“其他组织”，相关司法解释规定为合法成立、有一定组织机构和财产，但不具备法人资格的组织，并进行了列举。同时《物业管理条例》规定，业主委员会作为物业管理区域内全体业主实施自治管理的组织，由业主选举产生，根据业主大会的授权对小区进行管理，其行为的法律责任由全体业主承担。故在现有法律框架下，业主委员会是否有民事诉讼主体资格是存在争议的。

一般情况下，物业服务企业作为收取物业费的一方，是起诉追讨物业费的适格主体，但立法的进程总是滞后于社会的发展，并不断地完善。立法时只考虑到业主大会将物业管理权委托给物业服务企业，而没有考虑到存在业主委员会自行行使物业管理权的可能性。《物业管理条例》第 64 条明确规定，业主违反物业服务合同约定，逾期不交纳物业服务费用的，业主委员会应当督促其限期交纳；逾期仍不交纳的，物业服务企业可以向人民法院起诉。业主拖欠物业服务费时，业主委员会有权督促其交纳，但无权直接起诉欠费业主。若业主委员会起诉的，法院依法应不予受理。已经受理的，应裁定驳回。

法律依据

《中华人民共和国民法典》

第九百四十四条 业主应当按照约定向物业服务人支付物业费。物业服务人已经按照约定和有关规定提供服务的，业主不得以未接受或者无需接受相关物业服务为由拒绝支付物业费。

业主违反约定逾期不支付物业费的，物业服务人可以催告其在合理期限内支付；合理期限届满仍不支付的，物业服务人可以提起诉讼或者申请仲裁。

物业服务人不得采取停止供电、供水、供热、供燃气等方式催交物业费。

《物业管理条例》

第六十四条 违反物业服务合同约定，业主逾期不交纳物业服务费用的，业主委员会应当督促其限期交纳；逾期仍不交纳的，物业服务企业可以向人民法院起诉。

180. 业主委员会擅自与物业服务企业签约是否有效?

法律咨询

某小区与原物业服务企业的物业服务合同到期后，该小区的业主委员会既未经业主大会表决，也未征求小区业主意见，擅自决定不再与原物业服务企业续签合同，而改用另一物业服务企业并签订了10年的物业服务合同。那么，业主委员会擅自与物业服务企业签约是否有效?

律师答疑

业主委员会擅自与物业服务企业签订的合同应属无效。根据

《民法典》第278条的规定，选聘和解聘物业服务企业或者其他管理人由业主共同决定，应当由专有部分面积占比2/3以上的业主且人数占比2/3以上的业主参与表决，并应当经参与表决专有部分面积过半数的业主且参与表决人数过半数的业主同意。业主委员会仅仅是执行业主大会的决定事项，代表业主与业主大会选聘的物业服务企业签订物业服务合同，而不能自行决定聘用哪家物业服务企业。因此，成立了业主委员会的小区在选聘物业服务企业时，应当召开业主大会，通过法定程序作出业主大会决议。业主委员会只能代表业主与业主大会选聘的物业服务企业签订物业服务合同，未经表决通过而签订的聘请合同，属于违反我国强制性法规的合同，自始无效。综上所述，业主委员会擅自与物业服务企业签订物业服务合同，属无效合同。

法律依据

《中华人民共和国民法典》

第二百七十八条 下列事项由业主共同决定：

（一）制定和修改业主大会议事规则；

（二）制定和修改管理规约；

（三）选举业主委员会或者更换业主委员会成员；

（四）选聘和解聘物业服务企业或者其他管理人；

（五）使用建筑物及其附属设施的维修资金；

（六）筹集建筑物及其附属设施的维修资金；

（七）改建、重建建筑物及其附属设施；

（八）改变共有部分的用途或者利用共有部分从事经营活动；

（九）有关共有和共同管理权利的其他重大事项。

业主共同决定事项，应当由专有部分面积占比三分之二以上的业主且人数占比三分之二以上的业主参与表决。决定前款第六项至第八项规定的事项，应当经参与表决专有部分面积四分之三以上的业主且参与表决人数四分之三以上的业主同意。决定前款其他事项，应当经参与表决专有部分面积过半数的业主且参与表决人数过半数的业主同意。

《物业管理条例》

第十五条 业主委员会执行业主大会的决定事项，履行下列职责：

（一）召集业主大会会议，报告物业管理的实施情况；

（二）代表业主与业主大会选聘的物业服务企业签订物业服务合同；

（三）及时了解业主、物业使用人的意见和建议，监督和协助物业服务企业履行物业服务合同；

（四）监督管理规约的实施；

（五）业主大会赋予的其他职责。

181. 业主委员会是否具有诉讼主体资格？

法律咨询

某小区业主委员会代表业主与物业服务企业签订了物业服务管理合同。但在合同期内，该物业服务企业因自身经营策略调整，不能继续履行与该小区业主委员会签订的物业服务管理合同。为此，业主委员会想向当地人民法院提起诉讼，要求物业服务企业承担违约责任。那么，业主委员会是否具有诉讼主体资格？

律师答疑

对于业主委员会是否具有诉讼主体资格，实践中有争议。一种意见认为，业主委员会是指根据管理规约或法律的规定，在房地产行政主管部门的指导下成立的业主大会选举产生的、由业主代表组成的代表业主利益、监督物业管理和广大业主履行业主公约的民间组织。业主委员会没有自己独立的财产，不能独立承担民事责任。根据《民法典》及《物业管理条例》的规定，属于小区业主的权利应当由小区业主自己行使，现行法律并未赋予业主委员会代替业主进行诉讼的权利资格。故业主委员会代替该小区全体业主就业主的权利提起诉讼，没有法律依据。另一种意见认为，业主委员会在其权限范围之内具有诉讼主体资格。《物业管理条例》第15条规定，业主委员会执行业主大会的决定事项，召集业主大会会议，报告物业管理的实施情况；代表业主与业主大会选聘的物业服务企业签订物业服务合同；以及履行业主大会赋予的其他职责。在以上情形中，业主委员会具有诉讼主体资格。业主大会应当代表和维护物业管理区域内全体业主在物业管理活动中的合法权益。业主委员会作为业主大会的执行机构，当然也应该在日常管理活动中代表全体业主的利益。笔者同意第二种意见，业主委员会经过业主大会授权后具有诉讼主体资格。

法律依据

《中华人民共和国民法典》

第二百七十八条　下列事项由业主共同决定：

（一）制定和修改业主大会议事规则；

（二）制定和修改管理规约；

（三）选举业主委员会或者更换业主委员会成员；

（四）选聘和解聘物业服务企业或者其他管理人；

（五）使用建筑物及其附属设施的维修资金；

（六）筹集建筑物及其附属设施的维修资金；

（七）改建、重建建筑物及其附属设施；

（八）改变共有部分的用途或者利用共有部分从事经营活动；

（九）有关共有和共同管理权利的其他重大事项。

业主共同决定事项，应当由专有部分面积占比三分之二以上的业主且人数占比三分之二以上的业主参与表决。决定前款第六项至第八项规定的事项，应当经参与表决专有部分面积四分之三以上的业主且参与表决人数四分之三以上的业主同意。决定前款其他事项，应当经参与表决专有部分面积过半数的业主且参与表决人数过半数的业主同意。

《物业管理条例》

第十五条　业主委员会执行业主大会的决定事项，履行下列职责：

（一）召集业主大会会议，报告物业管理的实施情况；

（二）代表业主与业主大会选聘的物业服务企业签订物业服务合同；

（三）及时了解业主、物业使用人的意见和建议，监督和协助物业服务企业履行物业服务合同；

（四）监督管理规约的实施；

（五）业主大会赋予的其他职责。

182. 开发商违约，是业主个人还是业主委员会具有起诉资格？

法律咨询

甲小区是某有限公司开发建设的高档楼盘，广告中承诺社区绿化率达32%，拥有完备的内部设施与成熟的社区配套。但业主们入住后发现，该小区与开发商作出的承诺相去甚远。于是，业主们决定对开发商的违约行为提起诉讼，但不知应以业主个人的名义还是以业主委员会的名义提起诉讼。那么，开发商违约，是业主个人还是业主委员会具有起诉资格？

律师答疑

起诉开发商广告欺诈、合同违约，本质上应属商品房预售合同纠纷，不属于物业管理纠纷，其起诉的内容均与物业管理无关。因此，业主委员会并不具备原告的主体资格，但业主可以自行或推选代表人向法院提起针对开发商广告欺诈、合同违约的共同诉讼。开发商虚假广告主要有夸张性宣传、故意虚构事实或隐瞒真相，当然也有因为政府规划调整等客观原因未履行广告承诺的情形。对于广告承诺的法律效力，不能一概而论。对于内容不具体、不确定的售楼广告，在合同的缔结过程中属于要约邀请。如果开发商将在楼盘广告中的某些许诺以条款的形式写入正式的“购房合同”中，这时就已经不是广告，而是法律效力明确的合同条款了。对于那些楼盘广告虽未订入合同，但标明了价格、位置、装修条件、物业管理条件、配套设施设备、赠送的物品或优惠等，即具有具体、确切的内容，属于要约而不只是要约邀请。对于开发商的各类广告，购房人应该仔细识别其内容是否确定，有无虚假成分，不要偏听偏信，要保存相关证据，待入住发现与其承诺不符的，可以单独或联合起来向法院起诉。不过，合同具有相对性，购房者与开发商签订的是买卖合同，小区的设施建设由开发商负责，设施不符，开发商构成违约，因此，此时被告应是开发商，而非物业服务企业；享有原告起诉资格的是各位业主自己，不是推选出来的业主委员会。

法律依据

最高人民法院《关于审理商品房买卖合同纠纷案件适用法律若干问题的解释》

第三条 商品房的销售广告和宣传资料为要约邀请，但是出卖人就商品房开发规划范围内的房屋及相关设施所作的说明和允诺具体确定，并对商品房买卖合同的订立以及房屋价格的确定有重大影响的，构成要约。该说明和允诺即使未载入商品房买卖合同，亦应当为合同内容，当事人违反的，应当承担违约责任。

183. 业主委员会如何处理新旧物业服务企业的交接工作？

法律咨询

某小区在业主委员会成立后通过招标方式选聘了新的物业服务企业，并签订了物业服务合同。而后，业主委员会正式向开发商及原物业服务企业送达了交接通知，但二者均置之不理。原物业服务企业拒不撤出小区，新物业服务企业无法进驻小区开展工作。在此种情况下，业主委员会该如何处理新旧物业服务企业的交接工作？

律师答疑

开发商与原物业服务企业签订的前期物业服务合同是当事人真实的意思表示，应为合法有效的合同，在合同约定的期限内具有法律效力。但此合同的效力是有限的，业主委员会成立后有权决定续聘原物业服务企业或新聘物业服务企业进行小区物业管理。在业主委员会与新选聘的物业服务企业签订新的物业服务合同之后，即使开发商与原物业服务企业签订的前期物业合同没有到约定的期限，也自动终止。原物业服务企业不能以前期物业合同来对抗业主委员会和新选聘的物业服务企业，进而阻止新物业服务企业进驻小区进行物业管理。

新选聘的物业服务企业依据新的物业服务合同进驻小区，开展物业管理工作，此时应有两个义务主体来协助其进行工作。一方面，根据新的物业服务合同的约定，业主委员会作为合同当事人的一方，负有协助另一方——新的物业服务企业开展物业管理的合同义务。另一方面，根据法律的相关规定，在新的物业服务合同产生之后，前期的物业服务合同自动终止，原物业服务企业应该向新的物业服务企业移交相关物业管理所需材料，以协助新的物业服务企业进驻小区开展工作。在无明确的法律规定的情况下，根据合同的相对性，新的物业服务企业在非自身原因无法进驻小区开展物业管理工作时，不能直接向原物业服务企业主张权利，即不能直接以原物业服务企业为被告向法院起诉，而应要求业主委员会承担相应的协助工作的责任。

法律依据

《中华人民共和国民法典》

第九百四十条 建设单位依法与物业服务人订立的前期物业服务合同约定的服务期限届满前，业主委员会或者业主与新物业服务人订立的物业服务合同生效的，前期物业服务合同终止。

第九百四十九条 物业服务合同终止的，原物业服务人应当在约定期限或者合理期限内退出物业服务区域，将物业服务用房、相关设施、物业服务所必需的相关资料等交还给业主委员会、决定自行管理的业主或者其指定的人，配合新物业服务人做好交接工作，并如实告知物业的使用和管理状况。

原物业服务人违反前款规定的，不得请求业主支付物业服务合同终止后的物业费；造成业主损失的，应当赔偿损失。

《物业管理条例》

第二十一条 在业主、业主大会选聘物业服务企业之前，建设单位选聘物业服务企业的，应当签订书面的前期物业服务合同。

第二十六条 前期物业服务合同可以约定期限；但是，期限未满、业主委员会与物业服务企业签订的物业服务合同生效的，前期物业服务合同终止。

184. 业主委员会是否有权在前期物业服务合同期限届满之前和新的物业服务企业订立物业服务合同呢？

法律咨询

某小区一直使用开发商选聘的物业服务企业，但最近有业主反映该物业服务企业的服务质量一直在下降，所以业主委员会就提出是不是可以选聘新的物业服务企业，但现有的物业服务合同还没有解除。那么，业主委员会是否有权在前期物业服务合同期限届满之前和新的物业服务企业订立物业服务合同呢？

律师答疑

在业主大会、业主委员会成立之前，建设单位与其选聘的物业服务企业签订的物业服务合同为前期物业服务合同。在前期物业服务合同期限届满之前，业主委员会有权聘请新的物业服务企业，而无须先对开发商聘请的前期物业服务企业进行解聘。在业主委员会与新聘物业服务企业签订物业服务合同之后，前期物业服务合同自动终止，而无须待有权机关宣布原物业服务合同终止后，才能选聘新的物业服务企业。也就是说，只要业主委员会执行业主大会的决议，重新选聘了新的物业服务企业，并签订新的物业服务合同，前期物业服务合同即自动终止，无须办理特别手续，原物业服务企业有义务将相关的物业管理资料移交给新的物业服务企业。

法律依据

《中华人民共和国民法典》

第九百四十条　建设单位依法与物业服务人订立的前期物业服务合同约定的服务期限届满前，业主委员会或者业主与新物业服务人订立的物业服务合同生效的，前期物业服务合同终止。

第九百四十九条　物业服务合同终止的，原物业服务人应当在约定期限或者合理期限内退出物业服务区域，将物业服务用房、相关设施、物业服务所必需的相关资料等交还给业主委员会、决定自行管理的业主或者其指定的人，配合新物业服务人做好交接工作，并如实告知物业的使用和管理状况。

原物业服务人违反前款规定的，不得请求业主支付物业服务合同终止后的物业费；造成业主损失的，应当赔偿损失。

《物业管理条例》

第十五条　业主委员会执行业主大会的决定事项，履行下列职责：

（一）召集业主大会会议，报告物业管理的实施情况；

（二）代表业主与业主大会选聘的物业服务企业签订物业服务合同；

（三）及时了解业主、物业使用人的意见和建议，监督和协助物业服务企业履行物业服务合同；

（四）监督管理规约的实施；

（五）业主大会赋予的其他职责。

第二十一条 在业主、业主大会选聘物业服务企业之前，建设单位选聘物业服务企业的，应当签订书面的前期物业服务合同。

第二十六条 前期物业服务合同可以约定期限；但是，期限未满、业主委员会与物业服务企业签订的物业服务合同生效的，前期物业服务合同终止。

185. 业主委员会可以代表业主起诉物业服务企业吗？

法律咨询

某小区的物业服务企业是开发商前期指定的，物业服务工作不到位、服务态度差。在业主委员会依法成立之后，要求解除与该物业服务企业的服务合同，并选聘新的物业服务企业，但是该物业服务企业拒不退出小区。业主委员会经与业主商议决定起诉至法院。那么，业主委员会可以代表业主起诉物业服务企业吗？

律师答疑

与开发商和物业服务企业签订协议的是业主，业主委员会和二者不存在合同关系。业主委员会是业主大会的执行机构，主要职责是针对物业管理、服务等事项进行监督。一般情况下，业主委员会不能行使业主的合同权利，代表业主提出诉讼。不过，根据《民法典》第278条的规定，选聘、解聘物业服务企业由业主共同决定。由此可见，业主大会有权解聘物业服务企业。如果业主大会决议解除物业服务合同，而物业服务企业拒绝退出的，那么业主大会的执行机构即业主委员会就可以行使诉权。

法律依据

《中华人民共和国民法典》

第二百七十八条 下列事项由业主共同决定：

（一）制定和修改业主大会议事规则；

（二）制定和修改管理规约；

（三）选举业主委员会或者更换业主委员会成员；

（四）选聘和解聘物业服务企业或者其他管理人；

（五）使用建筑物及其附属设施的维修资金；

（六）筹集建筑物及其附属设施的维修资金；

（七）改建、重建建筑物及其附属设施；

（八）改变共有部分的用途或者利用共有部分从事经营活动；

（九）有关共有和共同管理权利的其他重大事项。

业主共同决定事项，应当由专有部分面积占比三分之二以上的业主且人数占比三分之二以上的业主参与表决。决定前款第六项至第八项规定的事项，应当经参与表决专有部分面积四分之三以上的业主且参与表决人数四分之三以上的业主同意。决定前款其他事项，应当经参与表决专有部分面积过半数的业主且参与表决人数过半数的业主同意。

《物业管理条例》

第十五条 业主委员会执行业主大会的决定事项，履行下列职责：

（一）召集业主大会会议，报告物业管理的实施情况；

（二）代表业主与业主大会选聘的物业服务企业签订物业服务合同；

（三）及时了解业主、物业使用人的意见和建议，监督和协助物业服务企业履行物业服务合同；

（四）监督管理规约的实施；

（五）业主大会赋予的其他职责。

186. 业主委员会可以要求物业服务企业返还专项维修资金吗？

法律咨询

某小区在房屋交付时还未成立业主委员会，所以业主就将房屋维修基金暂时交给物业服务企业保管。后来该小区依法成立了业主委员会，业主们认为业主委员会对专项维修基金进行保管更为妥当。那么，业主委员会可以要求物业服务企业返还专项维修资金吗？

律师答疑

专项维修资金是用于物业保修期满后物业共用部位、共用设施设备的维修和更新、改造，业主当然有使用、管理的权利。我国相关法律也明确确认了业主的这一基本权利。根据《物业管理条例》第6条，业主有权监督物业共用部位、共用设施设备专项维修资金的管理和使用。《民法典》第278条还进一步说明专项维修资金的使用、管理由业主共同决定，其中特别明确规定了使用建筑物及其附属设施的维修资金应当由专有部分面积占比2/3以上的业主且人数占比2/3以上的业主参与表决，并应当经参与表决专有部分面积过半数的业主且参与表决人数过半数的业主同意。对于筹集建筑物及其附属设施的维修资金，应当由专有部分面积占比2/3以上的业主且人数占比2/3以上的业主参与表决，并应当经参与表决专有部分面积3/4以上的业主且参与表决人数3/4以上的业主同意。由此可见，业主对专项维修资金的权利毋庸置疑。另外，作为业主大会执行机构的业主委员会，也有向法院提起诉讼的权利。所以，业主委员会有权要求物业服务企业向其返还专项维修资金。

专项维修资金的所有权和使用权属于全体业主，而作为业主大会的执行机构的业主委员会有权为了全体业主的利益向法院提起诉讼，请求由业主委员会进行管理。专项维修资金的使用和管理应当由全体业主共同决定，故是否让物业服务企业来管理由全体业主决定。一方面，业主要积极地主张这一权利；另一方面，物业服务企业要尊重业主的决定，而不能肆意侵犯业主的这一权利。

法律依据

《中华人民共和国民法典》

第二百七十八条　下列事项由业主共同决定：

（一）制定和修改业主大会议事规则；

（二）制定和修改管理规约；

(三)选举业主委员会或者更换业主委员会成员;

(四)选聘和解聘物业服务企业或者其他管理人;

(五)使用建筑物及其附属设施的维修资金;

(六)筹集建筑物及其附属设施的维修资金;

(七)改建、重建建筑物及其附属设施;

(八)改变共有部分的用途或者利用共有部分从事经营活动;

(九)有关共有和共同管理权利的其他重大事项。

业主共同决定事项,应当由专有部分面积占比三分之二以上的业主且人数占比三分之二以上的业主参与表决。决定前款第六项至第八项规定的事项,应当经参与表决专有部分面积四分之三以上的业主且参与表决人数四分之三以上的业主同意。决定前款其他事项,应当经参与表决专有部分面积过半数的业主且参与表决人数过半数的业主同意。

《物业管理条例》

第六条 房屋的所有权人为业主。

业主在物业管理活动中,享有下列权利:

(一)按照物业服务合同的约定,接受物业服务企业提供的服务;

(二)提议召开业主大会会议,并就物业管理的有关事项提出建议;

(三)提出制定和修改管理规约、业主大会议事规则的建议;

(四)参加业主大会会议,行使投票权;

(五)选举业主委员会成员,并享有被选举权;

（六）监督业主委员会的工作；

（七）监督物业服务企业履行物业服务合同；

（八）对物业共用部位、共用设施设备和相关场地使用情况享有知情权和监督权；

（九）监督物业共用部位、共用设施设备专项维修资金（以下简称专项维修资金）的管理和使用；

（十）法律、法规规定的其他权利。

第十五条　业主委员会执行业主大会的决定事项，履行下列职责：

（一）召集业主大会会议，报告物业管理的实施情况；

（二）代表业主与业主大会选聘的物业服务企业签订物业服务合同；

（三）及时了解业主、物业使用人的意见和建议，监督和协助物业服务企业履行物业服务合同；

（四）监督管理规约的实施；

（五）业主大会赋予的其他职责。

187. 业主委员会是否有权解聘物业服务企业？

法律咨询

某小区物业服务企业领导变更，致使物业服务质量明显不如以前。业主委员会经研究决定解聘该物业服务企业，于是向该物业服务企业送达了解除物业服务合同的通知书。但该物业服务企业却认为业主委员会无权解除物业服务合同，双方因此发生争执。

那么,业主委员会是否有权解聘物业服务企业?

律师答疑

首先,业主委员会的职责仅是具体执行业主大会的决定事项,以及业主大会赋予的其他职责,其无权直接决定解聘物业服务企业。其次,如果业主对物业服务确实不满意,可以召开业主大会,由专有部分面积占比 2/3 以上的业主且人数占比 2/3 以上的业主参与表决,并经参与表决专有部分面积过半数的业主且参与表决人数过半数的业主同意,业主可以决定是否解聘物业服务企业。若没有通过业主大会表决,仅是业主委员开会决定解除物业服务合同,不符合法律规定,业主委员会的诉讼请求不会得到法院的支持。业主委员会作为委托人,可以根据与物业服务企业签订的物业服务合同行使解除权。物业服务企业的选择要经过业主共同决定,采取少数服从多数的民主决议程序,这也是业主自治权的充分体现。《民法典》第 946 条规定,业主依照法定程序共同决定解聘物业服务人的,可以解除物业服务合同。决定解聘的,应当提前 60 日书面通知物业服务人,但是合同对通知期限另有约定的除外。因此,是否解聘物业服务企业,应由业主大会按照法定程序予以决定,业主委员会无权随意炒物业服务企业的鱿鱼。

法律依据

《中华人民共和国民法典》

第二百七十八条 下列事项由业主共同决定:

(一)制定和修改业主大会议事规则;

(二)制定和修改管理规约;

（三）选举业主委员会或者更换业主委员会成员；

（四）选聘和解聘物业服务企业或者其他管理人；

（五）使用建筑物及其附属设施的维修资金；

（六）筹集建筑物及其附属设施的维修资金；

（七）改建、重建建筑物及其附属设施；

（八）改变共有部分的用途或者利用共有部分从事经营活动；

（九）有关共有和共同管理权利的其他重大事项。

业主共同决定事项，应当由专有部分面积占比三分之二以上的业主且人数占比三分之二以上的业主参与表决。决定前款第六项至第八项规定的事项，应当经参与表决专有部分面积四分之三以上的业主且参与表决人数四分之三以上的业主同意。决定前款其他事项，应当经参与表决专有部分面积过半数的业主且参与表决人数过半数的业主同意。

第九百四十六条 业主依照法定程序共同决定解聘物业服务人的，可以解除物业服务合同。决定解聘的，应当提前六十日书面通知物业服务人，但是合同对通知期限另有约定的除外。

依据前款规定解除合同造成物业服务人损失的，除不可归责于业主的事由外，业主应当赔偿损失。

《物业管理条例》

第十五条 业主委员会执行业主大会的决定事项，履行下列职责：

（一）召集业主大会会议，报告物业管理的实施情况；

（二）代表业主与业主大会选聘的物业服务企业签订物业

服务合同；

（三）及时了解业主、物业使用人的意见和建议，监督和协助物业服务企业履行物业服务合同；

（四）监督管理规约的实施；

（五）业主大会赋予的其他职责。

第三十四条第一款 业主委员会应当与业主大会选聘的物业服务企业订立书面的物业服务合同。

188. 业主委员会换届后解除原业主委员会订立的物业服务合同应承担违约责任吗？

法律咨询

某小区业主委员会与物业服务企业签订了物业服务合同，约定合同期满前任何一方提出解约均需赔偿对方违约金 3 万元。后在合同有效期内业主委员会进行了换届选举。那么，业主委员会换届后解除原业主委员会订立的物业服务合同应承担违约责任吗？

律师答疑

物业服务合同的有效性并不因业主委员会的换届而终止。和物业服务企业发生合同关系的主体是全体业主，业主委员会只是作为业主大会的执行机构，代表业主与业主大会选聘的物业服务企业签订物业服务合同。因此，业主委员会的换届，并不导致物业服务合同主体的改变。《民法典》第 946 条规定，业主依照法定程序共同决定解聘物业服务人的，应当提前60日书面通知物业服务人，但是合同对通知期限另有约定的除外。解除合同造成物业服务人损失的，除不可归责于业主的事由外，业主应当赔偿损失。所以，原届业主委员会订立的物业服务合同对换届后的业主委员会及全体业主仍然具有约束力，应继续履行。如果无故解约，则业主需按照合同的约定承担相应的违约责任。

法律依据

《中华人民共和国民法典》

第九百四十六条　业主依照法定程序共同决定解聘物业服务人的，可以解除物业服务合同。决定解聘的，应当提前六十日书面通知物业服务人，但是合同对通知期限另有约定的除外。

依据前款规定解除合同造成物业服务人损失的，除不可归责于业主的事由外，业主应当赔偿损失。

《物业管理条例》

第十五条　业主委员会执行业主大会的决定事项，履行下列职责：

（一）召集业主大会会议，报告物业管理的实施情况；

（二）代表业主与业主大会选聘的物业服务企业签订物业服务合同；

（三）及时了解业主、物业使用人的意见和建议，监督和协助物业服务企业履行物业服务合同；

（四）监督管理规约的实施；

（五）业主大会赋予的其他职责。

Chapter 12

第十二章

小区专项维修资金

189. 专项维修资金交存比例是多少？何时交纳？

法律咨询

2017年年底，张某购买了一套商品房。后来，当开发商向张某交付房屋时，要求其交纳5000元专项维修资金。那么，我国相关法律对专项维修资金交存比例是如何规定的？何时交纳该笔资金呢？

律师答疑

商品住宅的业主应当在办理房屋入住手续前，将首期住宅专项维修资金存入住宅专项维修资金专户。商品住宅的业主、非住宅的业主按照所拥有物业的建筑面积交存住宅专项维修资金。故开发商要求交纳专项维修资金是合法的，但专项维修资金比例是否太高，可以要求开发商出示相关交纳依据，也可以到当地县级以上房地产行政主管部门进行查询。开发商应该按照合同的约定将房屋交付给业主。对专项维修资金交纳数额，业主有异议的，开发商有义务进行解释和说明，否则由此产生的责任应由开发商承担。

根据《住宅专项维修资金管理办法》第7条、第8条的规定，购买商品房和公有住房交纳专项维修资金的主体和比例是不一样的。已出售的商品房的专项维修资金交纳主体是物业买受人（业主），若没有出售的则由建设单位（开发商）交纳。按照业主所拥有物业的建筑面积交存住宅专项维修资金，每平方米建筑面积交存首期住宅专项维修资金的数额为当地住宅建筑安装工程每平方米造价的5%~8%。直辖市、市、县人民政府建设（房地产）主管部门应当根据本地区情况，合理确定、公布每平方米建筑面积交存首期住宅专项维修资金的数额，并适时调整。出售公有住房的，出售单位和买受人均要交纳专项维修资金，业主按照所拥有物业的建筑面积交存住宅专项维修资金，每平方米建筑面积交存首期住宅专项维修资金的数额为当地房改成本价的2%。售房单位按照多层住宅不低于售房款的20%、高层住宅不低于售房款的30%，从售房款中一次性提取住宅专项维修资金。

法律依据

《住宅专项维修资金管理办法》

第七条　商品住宅的业主、非住宅的业主按照所拥有物业的建筑面积交存住宅专项维修资金，每平方米建筑面积交存首期住宅专项维修资金的数额为当地住宅建筑安装工程每平方米造价的5%至8%。

直辖市、市、县人民政府建设（房地产）主管部门应当根据本地区情况，合理确定、公布每平方米建筑面积交存首期住宅专项维修资金的数额，并适时调整。

第八条　出售公有住房的，按照下列规定交存住宅专项维修资金：

（一）业主按照所拥有物业的建筑面积交存住宅专项维修资金，每平方米建筑面积交存首期住宅专项维修资金的数额为当地房改成本价的2%。

（二）售房单位按照多层住宅不低于售房款的20%、高层住宅不低于售房款的30%，从售房款中一次性提取住宅专项维修资金。

190. 业主大会成立前，如何使用专项维修资金？

法律咨询

不久前，老刘与甲开发商签订了一份购房合同。后来，开发商按约交付房屋。但是，老刘入住不久后发现所住楼层楼梯间出现了裂缝并漏雨。鉴于该房屋已过了保修期，只能由物业负责维修，但是小区至今尚未成立业主大会。那么，业主大会成立前，如何使用专项维修资金呢？

律师答疑

根据《住宅专项维修资金管理办法》第10条的规定，业主大会成立前，商品住宅业主、非住宅业主交存的住宅专项维修资金，由物业所在地直辖市、市、县人民政府建设（房地产）主管部门代管。直辖市、市、县人民政府建设（房地产）主管部门应当委托所在地一家商业银行，作为本行政区域内住宅专项维修资金的专户管理银行，并在专户管理银行开立住宅专项维修资金专户。开立住宅专项维修资金专户，应当以物业管理区域为单位设账，按房屋户门号设分户账；未划定物业管理区域的，以幢为单位设账，按房屋户门号设分户账。因此，业主大会成立前，业主交纳的专项维修资金由物业所在地直辖市、市、县人民政府建设（房地产）主管部门代为保管，业主要使用必须经保管人审核批准。

业主需要动用维修资金时，应按照《住宅专项维修资金管理办法》第22条规定程序执行：（1）物业服务企业根据维修和更新、改造项目提出使用建议；没有物业服务企业的，由相关业主提出使用建议。（2）住宅专项维修资金列支范围内专有部分占建筑物总面积2/3以上的业主且占总人数2/3以上的业主讨论通过使用建议。2021年1月1日,《民法典》实施后,应当由专有部分面积占比2/3以上的业主且人数占比2/3以上的业主参与表决,并经参与表决专有部分面积过半数的业主且参与表决人数过半数的业主同意。(3)物业服务企业或者相关业主组织实施使用方案。(4)物业服务企业或者相关业主持有关材料,向所在地直辖市、市、县人民政府建设(房地产)主管部门申请列支;其中,动用公有住房住宅专项维修资金的,向负责管理公有住房住宅专项维修资金的部门申请列支。(5)直辖市、市、县人民政府建设(房地产)主管部门或者负责管理公有住房住宅专项维修资金的部门审核同意后,向专户管理银行发出划转住宅专项维修资金的通知。(6)专户管理银行将所需住宅专项维修资金划转至维修单位。

法律依据

《中华人民共和国民法典》

第二百七十八条 下列事项由业主共同决定:

(一)制定和修改业主大会议事规则;

(二)制定和修改管理规约;

(三)选举业主委员会或者更换业主委员会成员;

(四)选聘和解聘物业服务企业或者其他管理人;

(五)使用建筑物及其附属设施的维修资金;

(六)筹集建筑物及其附属设施的维修资金;

(七)改建、重建建筑物及其附属设施;

(八)改变共有部分的用途或者利用共有部分从事经营活动;

（九）有关共有和共同管理权利的其他重大事项。

业主共同决定事项，应当由专有部分面积占比三分之二以上的业主且人数占比三分之二以上的业主参与表决。决定前款第六项至第八项规定的事项，应当经参与表决专有部分面积四分之三以上的业主且参与表决人数四分之三以上的业主同意。决定前款其他事项，应当经参与表决专有部分面积过半数的业主且参与表决人数过半数的业主同意。

《住宅专项维修资金管理办法》

第十条 业主大会成立前，商品住宅业主、非住宅业主交存的住宅专项维修资金，由物业所在地直辖市、市、县人民政府建设（房地产）主管部门代管。

直辖市、市、县人民政府建设（房地产）主管部门应当委托所在地一家商业银行，作为本行政区域内住宅专项维修资金的专户管理银行，并在专户管理银行开立住宅专项维修资金专户。

开立住宅专项维修资金专户，应当以物业管理区域为单位设账，按房屋户门号设分户账；未划定物业管理区域的，以幢为单位设账，按房屋户门号设分户账。

第二十二条 住宅专项维修资金划转业主大会管理前，需要使用住宅专项维修资金的，按照以下程序办理：

（一）物业服务企业根据维修和更新、改造项目提出使用建议；没有物业服务企业的，由相关业主提出使用建议。

（二）住宅专项维修资金列支范围内专有部分占建筑物总面积三分之二以上的业主且占总人数三分之二以上的业主讨论通过使用建议。

（三）物业服务企业或者相关业主组织实施使用方案。

（四）物业服务企业或者相关业主持有关材料，向所在地直辖市、市、县人民政府建设（房地产）主管部门申请列支；其中，动用公有住房住宅专项维修资金的，向负责管理公有住房住宅专项维修资金的部门申请列支。

（五）直辖市、市、县人民政府建设（房地产）主管部门或者负责管理公有住房住宅专项维修资金的部门审核同意后，向专户管理银行发出划转住宅专项维修资金的通知。

（六）专户管理银行将所需住宅专项维修资金划转至维修单位。

191. 业主大会成立后，如何使用专项维修资金？

法律咨询

半年以前，周某购买了一套商品房。不久前，他发现新房的承重墙在慢慢地断裂。周某希望业主大会能够动用专项维修资金进行维修，但是业主大会以只影响到少部分业主，不符合动用专项维修资金的条件为由予以拒绝。那么，业主大会成立后，如何使用专项维修资金呢？

律师答疑

专项维修资金是用于物业保修期满后物业共用部位、共用设施设备的维修和更新、改造。公共设施被损害找不到责任人时，一般情况下，按受益人原则分摊，具体有以下几种情况：（1）物业管理区域内、住宅楼房外的公共设施的维修工程，除由专业管理部门维修管理的部分外，其余部分的维修费用，由全体产权人按建筑面积比例分摊。（2）住宅楼内的共用部位和公用设施设备的维修费用，由该住宅楼内全体产权人按所拥有的建筑面积的比例分摊。（3）一栋住宅有两个或两个以上单元门的，专属于一个单元全体产权人使用的设施设备的维修费，由该单元门内全体产权人按所拥有的建筑面积比例分摊；在一栋住宅内，专属于一层住宅内的全体产权人使用的设施设备的维修费由该层内全体产权人按所拥有的建筑面积的比例分摊。

业主大会、业主委员会以人数的多少来判断是否使用专项维修资金，属于对法律的误解。只要是物业共用部位、共用设施设备的维修和更新、改造，都可以使用专项维修资金。业主坚持要求用专项维修资金对房屋外墙面进行维修，向人民法院起诉，请求人民法院撤销业主大会、业主委员会不同意使用专项维修资金维修的决定，法院会支持业主的诉讼请求。建筑物区分所有权制度的重要意义，就是把业主享有的专有部分和共有部分予以明确区分开来。业主对共有的共用部分应共同承担日常管理和维护义务，因此而发生的费用也应由业主分担。业主大会、业主委员会以房屋毁坏影响业主人数的多少来判断是否属于共用部分，进而决定是否使用专项维修资金，显然是错误的。因此，业主委员会以只是影响到少部分业主为由，就不同意使用专项维修资金的做法没有法律依据。

法律依据

《住宅专项维修资金管理办法》

第二十条 住宅共用部位、共用设施设备的维修和更新、改造费用，按照下列规定分摊：

（一）商品住宅之间或者商品住宅与非住宅之间共用部位、共用设施设备的维修和更新、改造费用，由相关业主按照各自拥有物业建筑面积的比例分摊。

（二）售后公有住房之间共用部位、共用设施设备的维修和更新、改造费用，由相关业主和公有住房售房单位按照所交存住宅专项维修资金的比例分摊；其中，应由业主承担的，再由相关业主按照各自拥有物业建筑面积的比例分摊。

（三）售后公有住房与商品住宅或者非住宅之间共用部位、共用设施设备的维修和更新、改造费用，先按照建筑面积比例分摊到各相关物业。其中，售后公有住房应分摊的费用，再由相关业主和公有住房售房单位按照所交存住宅专项维修资金的比例分摊。

192. 业主委员会可以使用小区的专项维修资金购买银行理财产品吗？

法律咨询

蒋大妈是甲小区的一名业主，不久前，她发现业主委员会动用10万元专项维修资金购买了某银行的委托理财产品。蒋大妈不清楚业主委员会的做法是否合法，但是她确信该理财行为存在亏损的风险。那么，业主委员会可以使用小区的专项维修资金购买银行理财产品吗？

律师答疑

专项维修资金属于业主共有，专款专用，非经法定程序任何人不能随意支配使用。业主委员会擅自动用专项维修资金购买银行理财产品是违法的。业主可以通过法律途径撤销业主委员会关于使用专项维修资金购买理财产品的决定，并依法追究责任人法律责任。

业主交纳的专项维修资金一般很少会动用，因此业主委员会想让专项维修资金保值增值的做法可以理解。但专项维修资金必须专款专用，且理财随时有亏损的风险。

《住宅专项维修资金管理办法》第 26 条规定，在保证住宅专项维修资金正常使用的前提下，可以按照国家有关规定将住宅专项维修资金用于购买国债。利用住宅专项维修资金购买国债，应当在银行间债券市场或者商业银行柜台市场购买一级市场新发行的国债，并持有到期。利用业主交存的住宅专项维修资金购买国债的，应当经业主大会同意；未成立业主大会的，应当经专有部分占建筑物总面积 2/3 以上的业主且占总人数 2/3 以上业主同意。利用从公有住房售房款中提取的住宅专项维修资金购买国债的，应当根据售房单位的财政隶属关系，报经同级财政部门同意。禁止利用住宅专项维修资金从事国债回购、委托理财业务或者将购买的国债用于质押、抵押等担保行为。因此，使用专项维修资金购买银行理财产品属于明令禁止的。

业主可以通过法律途径撤销业主委员会关于使用专项维修资金购买理财产品的决定。《民法典》第 280 条第 2 款规定，业主大会或者业主委员会作出的决定侵害业主合法权益的，受侵害的业主可以请求人民法院予以撤销。此外，根据《物业管理条例》第

19条第2款的规定，业主大会、业主委员会作出的决定违反法律、法规的，物业所在地的区、县人民政府房地产行政主管部门或者街道办事处、乡镇人民政府，应当责令限期改正或者撤销其决定，并通告全体业主。因此，业主针对业主委员会擅自动用专项维修资金购买银行理财产品事宜，可以请求撤销，还可以通过法律途径追究相关责任人的法律责任。

法律依据

《中华人民共和国民法典》

第二百七十八条　下列事项由业主共同决定：

（一）制定和修改业主大会议事规则；

（二）制定和修改管理规约；

（三）选举业主委员会或者更换业主委员会成员；

（四）选聘和解聘物业服务企业或者其他管理人；

（五）使用建筑物及其附属设施的维修资金；

（六）筹集建筑物及其附属设施的维修资金；

（七）改建、重建建筑物及其附属设施；

（八）改变共有部分的用途或者利用共有部分从事经营活动；

（九）有关共有和共同管理权利的其他重大事项。

业主共同决定事项，应当由专有部分面积占比三分之二以上的业主且人数占比三分之二以上的业主参与表决。决定前款第六项至第八项规定的事项，应当经参与表决专有部分面积四分之三以上的业主且参与表决人数四分之三以上的业主同意。决定前款其他事项，应当经参与表决专有部分面积过半数的业主且参与表决人数过半数的业主同意。

第二百八十条 业主大会或者业主委员会的决定，对业主具有法律约束力。

业主大会或者业主委员会作出的决定侵害业主合法权益的，受侵害的业主可以请求人民法院予以撤销。

《物业管理条例》

第十九条 业主大会、业主委员会应当依法履行职责，不得作出与物业管理无关的决定，不得从事与物业管理无关的活动。

业主大会、业主委员会作出的决定违反法律、法规的，物业所在地的区、县人民政府房地产行政主管部门或者街道办事处、乡镇人民政府，应当责令限期改正或者撤销其决定，并通告全体业主。

《住宅专项维修资金管理办法》

第二十六条 在保证住宅专项维修资金正常使用的前提下，可以按照国家有关规定将住宅专项维修资金用于购买国债。

利用住宅专项维修资金购买国债，应当在银行间债券市场或者商业银行柜台市场购买一级市场新发行的国债，并持有到期。

利用业主交存的住宅专项维修资金购买国债的，应当经业主大会同意；未成立业主大会的，应当经专有部分占建筑物总面积三分之二以上的业主且占总人数三分之二以上业主同意。

利用从公有住房售房款中提取的住宅专项维修资金购买

国债的，应当根据售房单位的财政隶属关系，报经同级财政部门同意。

禁止利用住宅专项维修资金从事国债回购、委托理财业务或者将购买的国债用于质押、抵押等担保行为。

193. 业主出售房屋后，可以取回自己已交纳的专项维修资金吗？

法律咨询

半个月以前，吴某把自己名下的一套商品房转卖给了同事胡某。由于吴某当初交纳过一笔专项维修资金，他便打算取回该笔资金的结余部分。那么，业主出售房屋后，可以取回自己已交纳的专项维修资金吗？

律师答疑

房屋所有权人可以根据自己的需要，以出售、赠与等方式对房屋予以处分。房屋所有权虽然改变，但房屋需要维护这一点始终没有改变。因此，业主出售房屋后，不能将自己账户中的专项维修资金取回。若出售方和买受方约定专项维修资金另行结算的，双方可以查询专项维修资金账户余额后，直接进行结算，并由出售方配合买售方办理专项维修资金账户过户手续。业主出售房屋，只是房屋的所有权发生转移，物业服务企业对房屋的维护责任依然存在，且随着使用年数的增加，维修成本还会增大。为此，《住宅专项维修资金管理办法》第 28 条规定，房屋所有权转让时，业主应当向受让人说明住宅专项维修资金交存和结余情况并出具有效证明,该房屋分户账中结余的住宅专项维修资金随房屋所有权同时过户。受让人应当持住宅专项维修资金过户的协议、房屋权属证书、身份证等到专户管理银行办理分户账更名手续。由于专项维修资金属于业主的合法财产,业主在对房屋处分时,可以一并考虑房屋中包含的专项维修资金的价值,或另行结算。但该结算只能是买卖双方以现金的方式进行结算,而不能由出售人从专项维修资金专用账户中取回。

法律依据

《住宅专项维修资金管理办法》

第二十八条 房屋所有权转让时,业主应当向受让人说明住宅专项维修资金交存和结余情况并出具有效证明,该房屋分户账中结余的住宅专项维修资金随房屋所有权同时过户。

受让人应当持住宅专项维修资金过户的协议、房屋权属证书、身份证等到专户管理银行办理分户账更名手续。

194. 专项维修资金利息等收益是归全体业主共有,还是归业主委员会所有?

法律咨询

朱某是某小区的一名业主。近来,他发现业主委员会的委员们经常出去大吃大喝,业主委员会还给委员们发放了很多节日福利。他怀疑业主委员挪用了小区专项维修资金，但其中一位委员则称并未挪用专项维修资金，只是花掉了专项维修资金所产生的利息收益。那么，专项维修资金利息等收益是归全体业主共有，还是归业主委员会所有？

律师答疑

专项维修资金及其收益应归业主共有。专项维修资金及其所得收益，应转入住宅专项维修资金滚存使用，既不能取出挪作他用，也不能直接分配给业主，而是要用于住宅共用部位、共用设施设备保修期满后的维修和更新、改造。业主将专项维修资金交存至专用账户，仅是为了便于专款专用，其所有权并未改变。因专项维修资金存入银行产生的利息、用专项维修资金购买国债取得的收益，理应归业主所有。《住宅专项维修资金管理办法》第 18 条规定，住宅专项维修资金应当专项用于住宅共用部位、共用设施设备保修期满后的维修和更新、改造，不得挪作他用。业主委员会将专项维修资金的利息、购买国债的收益用于业主委员会办公经费，违反了上述规定。《民法典》第 280 条第 2 款规定，业主大会或者业主委员会作出的决定侵害业主合法权益的，受侵害的业主可以请求人民法院予以撤销。业主委员会将专项维修资金利息等收益用于办公经费的决定，侵害了全体业主的合法权益，业主可以向人民法院请求撤销。

法律依据

《中华人民共和国民法典》

第二百七十八条　下列事项由业主共同决定：

(一)制定和修改业主大会议事规则;

(二)制定和修改管理规约;

(三)选举业主委员会或者更换业主委员会成员;

(四)选聘和解聘物业服务企业或者其他管理人;

(五)使用建筑物及其附属设施的维修资金;

(六)筹集建筑物及其附属设施的维修资金;

(七)改建、重建建筑物及其附属设施;

(八)改变共有部分的用途或者利用共有部分从事经营活动;

(九)有关共有和共同管理权利的其他重大事项。

业主共同决定事项,应当由专有部分面积占比三分之二以上的业主且人数占比三分之二以上的业主参与表决。决定前款第六项至第八项规定的事项,应当经参与表决专有部分面积四分之三以上的业主且参与表决人数四分之三以上的业主同意。决定前款其他事项,应当经参与表决专有部分面积过半数的业主且参与表决人数过半数的业主同意。

第二百八十条 业主大会或者业主委员会的决定,对业主具有法律约束力。

业主大会或者业主委员会作出的决定侵害业主合法权益的,受侵害的业主可以请求人民法院予以撤销。

《住宅专项维修资金管理办法》

第十八条 住宅专项维修资金应当专项用于住宅共用部位、共用设施设备保修期满后的维修和更新、改造,不得挪作他用。

第三十七条 违反本办法规定,挪用住宅专项维修资金的，由县级以上地方人民政府建设（房地产）主管部门追回挪用的住宅专项维修资金，没收违法所得，可以并处挪用金额2倍以下的罚款；构成犯罪的，依法追究直接负责的主管人员和其他直接责任人员的刑事责任。

物业服务企业挪用住宅专项维修资金，情节严重的，除按前款规定予以处罚外，还应由颁发资质证书的部门吊销资质证书。

直辖市、市、县人民政府建设（房地产）主管部门挪用住宅专项维修资金的，由上一级人民政府建设（房地产）主管部门追回挪用的住宅专项维修资金，对直接负责的主管人员和其他直接责任人员依法给予处分；构成犯罪的，依法追究刑事责任。

直辖市、市、县人民政府财政部门挪用住宅专项维修资金的，由上一级人民政府财政部门追回挪用的住宅专项维修资金，对直接负责的主管人员和其他直接责任人员依法给予处分；构成犯罪的，依法追究刑事责任。

195. 业主委员会可以随意决定使用专项维修资金吗?

法律咨询

邱某是乙小区的一名业主，他入住此小区已达半年之久。一周以前，他收到业主委员会的一份通知，通知称：业主委员会一致决定动用15万元维修资金对小区的屋顶进行改造。那么，业主委员会可以随意决定使用专项维修资金吗？

律师答疑

专项维修资金的管理、使用应由业主大会决定，业主委员会无权决定使用专项维修资金。专项维修资金作为房屋的“养老金”，主要用于住宅共用部位、共用设施设备保修期满后的维修和更新、改造，属于专款专用。根据《民法典》和《物业管理条例》的相关规定，专项维修资金所有权属于业主，业主有权决定对其使用，而业主行使权利的主要方式是通过业主大会进行表决。因此，只有经过业主大会进行表决通过后，才能使用专项维修资金。业主委员会作为业主大会的执行机构，其只是负责具体实施业主大会决定的事项，本身无权自主决定如何使用专项维修资金。由于业主委员会擅自决定使用专项维修资金，没有经业主大会的同意，违反了法律规定的程序，侵害了业主的合法权益，业主可以依法向人民法院起诉，请求撤销该决定。

法律依据

《中华人民共和国民法典》

第二百七十八条 下列事项由业主共同决定：

（一）制定和修改业主大会议事规则；

（二）制定和修改管理规约；

（三）选举业主委员会或者更换业主委员会成员；

（四）选聘和解聘物业服务企业或者其他管理人；

（五）使用建筑物及其附属设施的维修资金；

（六）筹集建筑物及其附属设施的维修资金；

（七）改建、重建建筑物及其附属设施；

（八）改变共有部分的用途或者利用共有部分从事经营活动；

（九）有关共有和共同管理权利的其他重大事项。

业主共同决定事项，应当由专有部分面积占比三分之二以上的业主且人数占比三分之二以上的业主参与表决。决定前款第六项至第八项规定的事项，应当经参与表决专有部分面积四分之三以上的业主且参与表决人数四分之三以上的业主同意。决定前款其他事项，应当经参与表决专有部分面积过半数的业主且参与表决人数过半数的业主同意。